数字化信任

区块链的本质与应用

赵刚　张健◎著

BLOCK
CHAINS

電子工業出版社
Publishing House of Electronics Industry
北京•BEIJING

内 容 简 介

信任是经济交易和社会合作的基础，区块链技术的本质是信任，通过信任构建高度协作的世界。本书第 1 章概要回顾了区块链技术十余年的发展脉络。第 2 章提出数字化信任是区块链技术的本质，分析了数字化信任的特点和结构。第 3 章阐述了区块链在数字经济中的应用，提出区块链为数字货币交易做信用背书，为数字资产提供可信的价值交换协议，为数字金融交易构筑可信的基础设施，为实体经济的发展提供可信的共享协作平台。第 4 章阐述了区块链在数字社会治理中的应用，提出区块链为政务服务提供了可信共享的数据，为民生服务提供了普惠均等的信任平台，为社会治理提供了共建、共治、共享的信任机制。第 5 章提出区块链作为新一代智能互联网的可信操作系统，将围绕公平、效率、安全、监管等方向进行技术创新，也将与物联网、5G、云计算、大数据、人工智能等技术协同发展，共同构建产业生态。第 6 章分析了在数字货币战争、人机信任危机、量子霸权等挑战下，数字化信任的未来趋势。

本书深入浅出、通俗易懂，适合所有对区块链技术和应用感兴趣的读者。

图书在版编目（CIP）数据

数字化信任：区块链的本质与应用 / 赵刚，张健著. —北京：电子工业出版社，2020.6
ISBN 978-7-121-35418-2

Ⅰ. ①数…　Ⅱ. ①赵…　②张…　Ⅲ. ①电子商务－支付方式－研究　Ⅳ. ①F713.361.3

中国版本图书馆 CIP 数据核字（2020）第 076500 号

责任编辑：董　英
印　　刷：三河市双峰印刷装订有限公司
装　　订：三河市双峰印刷装订有限公司
出版发行：电子工业出版社
　　　　　北京市海淀区万寿路 173 信箱　邮编：100036
开　　本：720×1000　1/16　印张：17　字数：272 千字
版　　次：2020 年 6 月第 1 版
印　　次：2020 年 6 月第 1 次印刷
定　　价：79.00 元

凡所购买电子工业出版社图书有缺损问题，请向购买书店调换。若书店售缺，请与本社发行部联系，联系及邮购电话：（010）88254888，88258888。

质量投诉请发邮件至 zlts@phei.com.cn，盗版侵权举报请发邮件至 dbqq@phei.com.cn。

本书咨询联系方式：（010）51260888-819，faq@phei.com.cn。

前 言

这仍是一本关于区块链的书。尽管市面上已经有很多关于区块链的书了，其中就有我在 2016 年 7 月出版的《区块链：价值互联网的基石》，为什么我还要在四年后写这本书？

我有三个目的。

一是升华知识。经过四年的进一步研究，我对区块链有了更深的认识。我相信这一回我看到了这项技术的本质，希望带领读者深入分析这项技术背后的东西，了解这项技术的经济学和社会学意义，以及它对未来的颠覆性影响。

二是解决问题。当前，区块链的技术发展遇到了新的机遇和挑战，机遇是国家更加重视它的应用，挑战是应用中出现了效果不佳的问题。我认为，此时需要冷静思考问题背后的问题，找到真正的钥匙，才能发现技术普及应用和商业模式创新的方向和脉络，挖掘技术应用的宝藏。

三是展望未来。我希望这是一本写给区块链未来十年的书，只有站得更高，思考得更深入，才能看得更长远。

这本书的主题是数字化信任，我认为，它就是区块链技术的本质。正如互联网的本质就是连接，通过连接，构建了高度互联的世界。区块链的本质就是信任，通过信任构建高度协作的世界。将信任作为研究主题，是一项非常具有挑战性的工作，因为信任是心理学、社会学、经济学、伦理学乃至哲学等人文学科研究的领域，尤其是从 20 世纪 70 年代以来，信任一度成为社会科学研究的前沿领域，吸引了一大批学者投入研究，包括科尔曼、卢曼、阿罗、吉登斯、福山、哈丁等大学问家。他们的研究认为，信任是一种社会资本，是一种简化复杂的机制，是经济交易的润滑剂，是社会合作的推动力，是社会秩序的向心力。这为信任的研究奠定了非常好的学术基础，但在数字化信任领域，国内外还少有学者涉及。

数字化信任的研究是跨学科的探索。信任是人文社会科学的研究对象，区块链技术是计算机科学的研究对象，数字化信任的研究是需要把两者结合起来的。人文和科技的结合，已经不是新鲜事，过去十多年以来，很多数字经济和数字社会的研究人员都在进行这方面的研究，数字技术与业务、管理、决策、社交、心智等领域的跨学科研究成果在不断涌现。

作为一名长期从事数字化研究的工作人员，我希望在数字化信任领域做一些思考和探索，抛砖引玉，让更多的人关注数字化信任。因此，读者可以把这本书归为社科类读物，因为它更多讲述的是信任，以及信任驱动的数字经济和数字社会治理，也可以把它归为技术类读物，因为它在用另外一个视角阐述区块链技术背后的真相。全书的论述方式就是从区块链技术进入信任，从信任回到数字化信任，再从数字化信任进入数字货币、数字资产、数字金融、数字经济和数字社会等领域。

本书提出了一些新的概念，最重要的概念是数字化信任，以它为核心，我们提出了信任经济、价值合作联盟、价值劳动者、智能互联网、可信操作系统、智能信任等新理念，也对数字货币、数字资产、去中心化市场、分布式商业、通证经济等进行了重新定义。

本书总结了一些新的观点，我们认为，数字化信任是一种数字化的新型的系统信任，它是区块链的技术本质。本书分析了数字化信任的结构，我们认为，区块链技术本质上是以社会参与、历史存证、签名转发、规则共识、互惠激励、契约合作等信任发展机理在数字世界构建起了数字化信任体系。

我们认为，数字货币是一种具有普遍性的数字化信任结构，数字资产是以数字化信任为载体的数字账户、数字通证和智能合约的组合体。我们认为，区块链将驱动生成四类以信任经济为核心的新商业模式，即区块链作为市场信任载体的去中心化市场模式、区块链作为制度信任载体的分布式商业模式、区块链作为价值信任载体的价值合作联盟模式、区块链作为资本信任载体的通证经济新模式。

我们认为，数字化信任是数字社会的秩序基础，是数字社会“共建、共治和共享”的基础设施。我们认为，区块链技术创新的方向是针对公平、效率和安全性的多目标优化，区块链将成为新一代智能互联网的可信操作系统。

总之，区块链将颠覆性地革新经济和社会的各个领域，它是继互联网之后的一项伟大的技术革命。这就是这本书的一些“干货”，但要消化它们，需要读者先了解一下全书。

本书第 1 章概要地回顾了区块链技术十余年的发展脉络，从技术极客的加密数字货币项目逐步走到商业社会的“信任的机器”，最终成为国家法定数字货币、数字经济发展和数字社会治理的信任载体，区块链技术实现了完美的蜕变，这完全得益于其在经济社会发展中的战略性、基础性的作用。

第 2 章提出数字化信任是区块链技术的本质，这是全书的核心。信任是经济交易和社会合作的基础，本章从分析信任的定义入手，梳理了心理学家、经济学家、社会学家和政治学家对信任的主要定义，对人际信任和系统信任进行了分类，并总结了信任的四个特点及当今世界对数字化信任的主要需求。我们提出了数字化信任的设计原则，并从数字世界的社会参与、历史存证、签名转发、规则共识、互惠激励、契约合作等六个方面分析了数字化信任的结构。我们指出，数字化信任体系的形成是六个方面的逐层递进，并在不断权衡和调和信任关系中的中心化和去中心化、公平和效率、统一和多元、利他和利己等矛盾中，促进价值共享、交易可信、经济合作、社会共治等，这是区块链技术发展和应用的精髓。

第 3 章阐述了区块链在数字经济中的应用，作为数字化经济信任体系，区块链为数字货币交易做信用背书，为数字资产提供价值交换协议，为数字金融交易构筑可信基础设施，也为实体经济发展提供可信共享协作平台。在数字货币的信任机制一节，分析了数字货币的信用背书机制，梳理了法定数字货币、加密数字货币、加密稳定币及以互联网支付为主的全球金融基础设施革新。在数字资产革命一节，分析了数字资产的属性，对构成数字资产组合体的数字账户、数字通证、智能合约和价值互联网进行了分析，并在此基础上提出数字化信任驱动的四种商业模式创新。在数字金融创新一节，介绍了数字金融的新模式和银行、证券期货及保险业的区块链应用场景。在区块链赋信实体经济一节，介绍了制造、电力、供应链、溯源、交通物流、不动产、知识产权保护领域的区块链应用场景。从信任的角度分析这些应用场景，就抓住了应用所要解决的突出问题，应用重点也豁然开朗。

第 4 章阐述了区块链在数字社会治理中的应用，作为数字化社会信任体系，区块链为政务服务提供了可信共享的数据，为民生服务提供了普惠均等的信任平台，为财政资金和资产管理提供了公开透明的账本，为社会治理提供了共建、共治、共享的信任机制，为跨区域合作提供了信任桥梁。

在公共服务区块链应用一节，主要从政府数据共享、存证、数字身份管理、诚信和声誉管理、医疗共享链、教育共享链、公益和社会救助等场景进行阐述，这些场景旨在建立公众对政府的数字化信任，实现普惠均等的服务。在社会治理区块链应用一节，主要从横向和纵向的社会穿透式治理角度，介绍了财政资金管理、税务管理、行政执法监督考核等应用场景。在跨区域合作区块链应用一节，简单介绍了区域一体化和国家间的区块链应用。

第 5 章提出了智能互联网的新概念，阐述了区块链在新一代智能互联网中的角色和作用，作为新一代智能互联网的可信操作系统，区块链自身将围绕公平、效率、安全、监管等方向进行技术创新，也将与互联网、物联网、5G 移动通信、云计算、大数据、人工智能等技术协同发展，共同构建新一代智能互联网的产业生态。

第 6 章分析了数字化信任的未来趋势，面对未来的很多挑战和不确定性，甚至可能出现的“数字信任崩塌”，如数字货币战争、人机信任危机、量子霸权等，区块链必须从容应对这些未来的挑战，这正是数字化信任的未来发展趋势。

数字化信任是魂，是全书的主题；区块链是体，是全书的叙事。我希望这本书能够成为关于区块链技术普及应用的大众读物，也能够成为关于数字化信任的启蒙读物，帮助每个人了解区块链这项伟大技术背后的数字化信任本质，了解它作为经济和社会数字化的工具，与我们的生活和工作息息相关，了解它将如何改变我们未来的社会。

本书的写作，主要部分是我来完成的，第 5 章得到了我的合伙人、赛智区块链 CEO 张健的帮助。感谢赛智时代和赛智区块链的同事魏贝、周君、冯姣姣、庞俊哲等，他们为全书的成稿提供了很多基础素材。感谢电子工业出版社博文视点的董英和南海宝编辑，董老师是我出版的三本书的编辑，她的专业精神让我非常钦佩。感谢为本书作推荐的各位专家。感谢我的父亲赵经文、母亲李艳梅、我的妻子伍春兰和两个孩子，他们在家庭生活中给予了我那么多爱和温暖，让我分出精力来进行研究和写作！

交易源于信任，合作源于信任，秩序源于信任，而区块链技术旨在构建数字化信任体系！感谢中本聪，感谢前赴后继的区块链从业者们，我们正在一起创造数字化信任的明天！

赵　刚

2020 年 2 月 20 日于北京嘉铭园

目 录

第 1 章 中本聪们送给世界的礼物

1.1 比特币的底层技术

2008 年 11 月 1 日，中本聪（Satoshi Nakamoto）在密码学讨论组贴出一篇论文，题目是《比特币：一个点对点的电子现金系统》[1]，阐述了他对数字货币的新构想。这篇论文只有 9 页纸，图文并茂、通俗易懂地阐述了比特币的技术原理，并首次提出了区块链（Blockchain）技术。这是区块链技术的奠基之作，影响深远，意义重大！图 1-1 是中本聪的比特币论文题目及摘要。

两个月后，理论转化为实践。2009 年 1 月 3 日，第一个序号为 0 的比特币创世区块诞生了。2009 年 1 月 9 日，出现了序号为 1 的区块并与序号为 0 的创世区块相连接形成了链，这标志着区块链技术的真正诞生。

起初，区块链就是比特币的记账账本，人们把区块链技术称为分布式账本技术（Distributed Ledger Technology，DLT）。为什么把区块链称为分布式账本？这是相对于集中式账本而言的，在区块链网络中，每一个分布的计算节点都拥有相同的一本账，且账本数据同步更新，这就是分布式账本，如图 1-2 所示。

Bitcoin: A Peer-to-Peer Electronic Cash System

Satoshi Nakamoto
satoshin@gmx.com
www.bitcoin.org

Abstract. A purely peer-to-peer version of electronic cash would allow online payments to be sent directly from one party to another without going through a financial institution. Digital signatures provide part of the solution, but the main benefits are lost if a trusted third party is still required to prevent double-spending. We propose a solution to the double-spending problem using a peer-to-peer network. The network timestamps transactions by hashing them into an ongoing chain of hash-based proof-of-work, forming a record that cannot be changed without redoing the proof-of-work. The longest chain not only serves as proof of the sequence of events witnessed, but proof that it came from the largest pool of CPU power. As long as a majority of CPU power is controlled by nodes that are not cooperating to attack the network, they'll generate the longest chain and outpace attackers. The network itself requires minimal structure. Messages are broadcast on a best effort basis, and nodes can leave and rejoin the network at will, accepting the longest proof-of-work chain as proof of what happened while they were gone.

图 1-1　中本聪的比特币论文题目及摘要

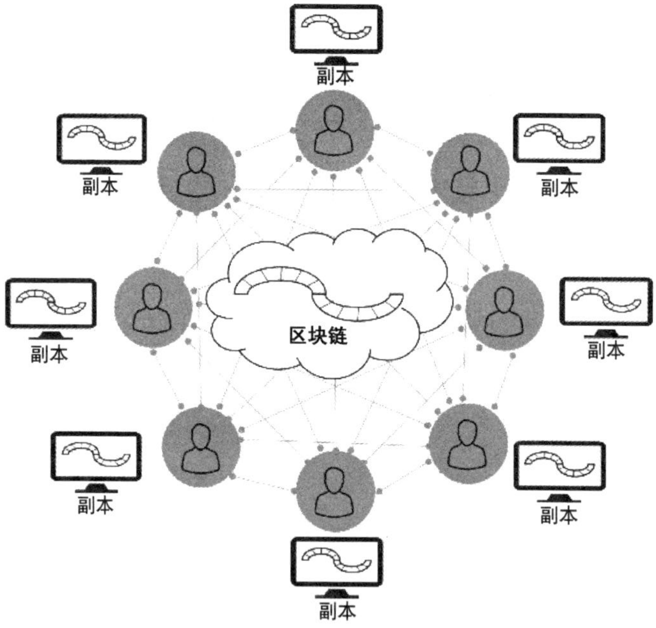

图 1-2　区块链——分布式账本技术

为什么叫区块链？简单地说，区块链就是由一个个“区块”连接组成的“链”，如图 1-3 所示。区块是分布式账本的基本记录单位，在一个时间点每次要“记账”的所有交易数据被打包成一个区块，可以比喻为账本的“一页”。区块与区块之间按时间序列链接在一起形成区块链，可以比喻为“流水账本”。以比特币区块链为例，在生成新区块时，该区块通过特定的信息链接到比特币区块链的上一区块的后面，前后按时间顺序连接起来，呈现完整的链状数据。

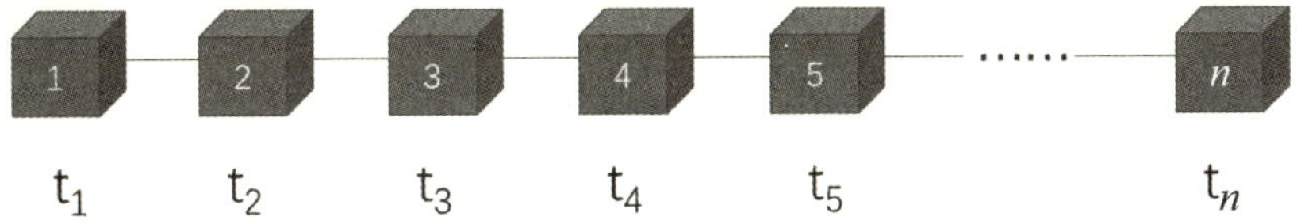

图 1-3　区块的链

区块链技术最早就是比特币的底层技术，它通过密码学等算法和程序创造了数字化的货币。因此，比特币等以区块链为底层技术的数字货币被称为加密数字货币（Cryptocurrency），它们是使用区块链技术来创建、分发和维持的数字货币。至今，以区块链为底层技术，已经产生了大量的加密数字货币。

1.2　以太坊的贡献

计算机科学家把通用计算平台称为“图灵完备”的平台。比特币区块链是第一代区块链技术，但还不是一个“图灵完备”的通用计算平台。到 2013 年，随着区块链应用需求不断增加，“图灵完备”的区块链技术通用平台呼之欲出。“图灵完备”的区块链平台要能够支撑自动化运行各种加密数字货币的应用。于是，以太坊（Ethereum）横空出世！

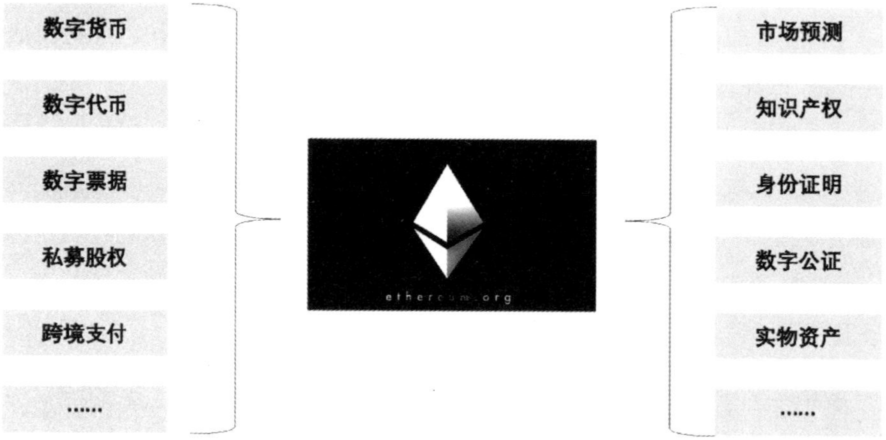

图 1-4　以太坊（Ethereum）示意图

以太坊的创始人维塔利克·布特林（Vitalik Buterin），被人们称为“V神”。他出生于 1994 年，是一个“天才神童”。2013 年 11 月，他发布了以太坊白皮书的最初草稿，他在自己的博客中说“这份初稿是我对我们称之为‘加密数字货币 2.0’领域长达几个月的思考和工作的结晶，加密数字货币 2.0，简单地说就是把区块链技术应用到货币以外的领域，不再仅仅局限于货币领域”[2]。2014 年 8 月，以太坊项目正式上线。

以太坊第一次把智能合约技术引入区块链中。什么是智能合约？简单地说，就是能够自动执行并完成任务的数字化合约。引入智能合约，意味着数字货币能够在区块链上进行记账，并且数字货币的流通和交易也能通过智能合约在链上自动化执行。部署在区块链上的智能合约应用也被称为去中心化应用（DApp），它可以基于以太坊等基础平台进行智能合约应用的定制开发，智能合约应用也运行在以太坊等平台上。以太坊区块链为加密数字资产提供了图灵完备的通用平台，催生了很多基于以太坊的加密数字代币和去中心化应用。

1.3 掀起加密数字资产创新浪潮

从 2013 年起，区块链进入了技术创新活跃期，跨境支付链、侧链、联盟链、隐私保护链、分布式文件系统、跨链、企业级区块链应用平台等新技术、新项目层出不穷，区块链应用也从加密数字货币领域逐步拓展到加密数字资产领域。

2013 年，瑞波币（Ripple）实验室利用区块链技术创建了瑞波币支付网络，可以让世界各国的银行直接进行可信跨境转账和外汇交易，而不需要 SWIFT 等第三方中介。

2014 年，Blockstream 公司提出建立一种能够挂钩比特币区块链的侧链，用以连通比特币区块链与其他区块链，在需要的时候，数字资产可以在两个不同类别的区块链之间相互转换。我们第一次实现了链间的可信交易。

2015 年底，Linux 基金会组织推出了超级账本项目（Hyperledger Project），建立了只有授权用户才能参与的联盟链，为商业社会区块链应用提供了基础平台。其中，IBM 公司提供了企业级联盟链平台 Hyperledger Fabric，它允许链上用户以任意语言开发区块链应用，很快就在银行、电力等行业取得广泛应用。

2016 年，Zcash 公司推出 Zcash 项目，通过使用零知识证明技术加密交易信息来保护区块链上用户的隐私数据。同年，Protocol Labs 发布星际文件系统（InterPlanetary File System，IPFS）白皮书，IPFS 是一个面向全球的点对点的分布式文件系统，是互联网超文本传输协议（HTTP）的重要补充，它将所有具有相同文件系统的计算设备连接在一起，成为区块链网络上的标准文件系统。

2017 年 6 月，Block.one 公司发布区块链企业级操作系统 EOS，为提高交易效率，它采用了 DPoS 共识算法，可以扩展至每秒处理百万级交易，允许快速和轻松地部署去中心化的应用。

2018 年，以太坊原 CTO 盖文·伍德（Gavin Wood）率领团队开发了 Substrate 框架，允许开发者打造自己的区块链。基于该框架开发的 Polkadot 区块链网络成为跨链解决方案的代表。

2019 年，Facebook 公司发布 Libra 白皮书，推进构建全球数字金融体系。图 1-5 是区块链技术创新里程碑。

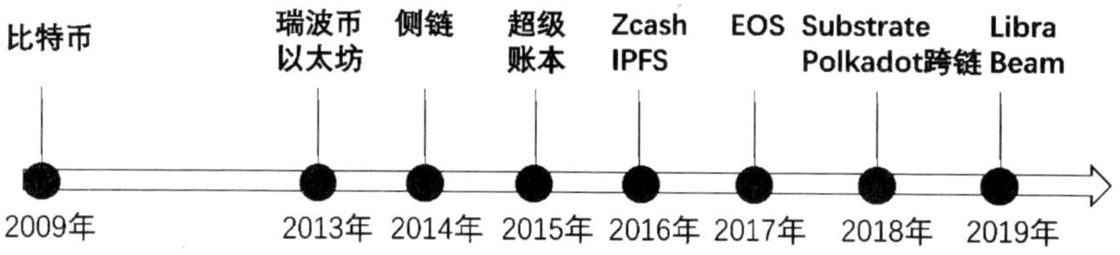

图 1-5　区块链技术创新里程碑

1.4　加快布局可信互联网

伴随区块链技术的发展，区块链逐渐从加密数字货币应用中独立出来，发展成为一种通用的可信计算范式。广义上，区块链技术是构建在点对点的网络上，利用链式数据结构来验证与存储数据，利用分布式节点共识算法来生成和更新数据，利用密码学的方式保证数据传输和访问的安全，利用由自动化脚本代码组成的智能合约来编程和操作数据的一种全新的分布式基础架构与计算范式[3]。因此，区块链技术正逐步成为新一代互联网架构的一个组成部分，将推动互联网进入“可信互联网”的时代。

面对区块链技术的革命，很多互联网公司也积极应对，开始了区块链技术的创新步伐。在区块链创新领域，互联网公司有着先天的优势，他们拥有大量用户，具有较好的技术和商业人才、产品开发能力、社交网络运营能力等，更容易探索出区块链的落地应用，实现区块链的价值。

Facebook 公司推出加密数字货币 Libra，旨在构建全球支付系统，打造全球的数字金融基础设施。在监管上，与比特币不同，比特币与任何实物资产和法定货币无关，而 Libra 与一篮子法定货币（美元、英镑、欧元、日元等）挂钩，这使得 Libra 更容易被监管当局所接受，当然 Libra 所面临的监管挑战仍然很大。在技术上，Libra 采用了联盟链，更符合现实的应用场景。在商业上，Facebook 在全球拥有 20 亿以上的用户，有多家全球公司加入，Libra 的推广将十分迅速。

区块链、大数据与人工智能、物联网是阿里巴巴的三大核心技术，阿里巴巴在区块链领域布局的重点是区块链金融应用，蚂蚁金服是国内拥有区块链技术专利最多的公司之一，以蚂蚁金服为龙头，阿里巴巴在公益善款跟踪、跨境食品供应链、医联体+区块链、城市区块链、天猫奢侈品平台等多个领域探索了区块链技术应用。腾讯公司及旗下微众银行等在区块链发票、联合贷、供应链金融、腾讯微黄金、物流信息、法务存证、公益寻人、区块链游戏等多个领域基于区块链技术进行了场景化的应用探索。百度公司在区块链技术领域的布局十分积极和大胆。2018 年 1 月以来，百度先后推出区块链宠物游戏“莱茨狗”、区块链原创图片版权管理平台“图腾”、区块链网络操作系统“超级链”、区块链原生应用“度宇宙”等，不断探索区块链技术应用。互联网公司的区块链业务布局如图 1-6 所示。

迅雷公司具有点对点网络的技术基因，从文件共享起家，做得最好的业务是视频共享，所以迅雷公司能够很敏锐地捕捉到区块链的潜在价值。2017 年 10 月以来，迅雷公司先是推出基于共享计算资源应用的“玩客币”（链克），用户通过链克来分享自己的带宽、存储空间或 CDN 等计算资源并获得相应的收益。2018 年 4 月，迅雷发布了拥有百万级并发处理能力的区块链应用——迅雷链，并开放区块链生态。

图 1-6　互联网公司区块链业务布局

360 公司也是较为积极的区块链参与者，他们的重点是区块链技术安全，360 公司陆续推出了区块链安全生态的三个系统——数字货币钱包安全审计系统、区块链安全态势感知系统、区块链节点安全解决方案等。在全球瞩目的 EOS 上线之前，360 公布其重大漏洞，这个神来之笔让其在区块链领域名声大噪。

网易公司在区块链领域也大力布局，区块链的生态价值共享平台网易“星球”曾是其布局的重点。京东公司研发智臻链，探索区块链在供应链、供应链金融、公益慈善、精准扶贫、电子发票、政府公共事务等领域的应用。

1.5　商业应用潜力巨大

区块链技术在加密数字货币领域的成功应用具有划时代的意义。自 2013 年起，区块链技术就引起了世界各地的广泛关注，很多著名的经济组织、研究机构都对区块链技术的前景充满希望，称它为一场颠覆性的技术革命！

世界经济论坛（WEF）发布的《深刻转变：技术引爆点及社会影响》的

报告[4]中称：区块链将会是改变数字世界的重要趋势之一，它可与其他现有的和新兴的数字技术共同奠定下一代金融服务的基础设施，它不仅可以让更多的人参与到全球经济中来，还能够使财富的分配更加民主化。此次研究的 58%的受访者预计，到 2027 年全球 10%的 GDP 将用区块链技术进行存储。

世界知名咨询公司麦肯锡认为[5]，区块链是继蒸汽机、电力、信息和互联网科技之后，最有潜力触发第五轮颠覆性革命浪潮的技术。作为一种分布式数据库（或称分布式账本），其核心优势是去中介化、密码安全、数据透明和不可篡改。

国际知名期刊《经济学人》在“为什么区块链将重新定义世界”的文章[6]中称，区块链是“信任的机器”，它提供了一个合作方共同享有和维护的可信的分布式账本，合作方之间彼此可以不熟悉，但可以基于“信任的机器”进行交易。这一创新所承载的意义延伸，远远超出了加密数字货币。《经济学人》杂志 2015 年的区块链封面文章如图 1-7 所示。

IBM 公司研究称，区块链是新一代事务处理应用技术，它建立了信任、问责和透明，同时简化了合作业务流程。未来，一个用于交互的操作系统，将大大减少做事情的成本和复杂性[7]。

国际知名投行高盛公司在《新兴技术雷达》的研究报告中称，比特币仅仅是区块链技术的“开场表演”，区块链技术已经准备占领舞台中心了[8]。高盛公司认为，区块链是一种共享的分布式数据库，记录各方交易，增强透明度、安全性和效率[9]。

图 1-7 《经济学人》杂志 2015 年的区块链封面文章

1.6 各国央行高度重视

世界各国高度关注区块链技术和加密数字货币的发展，一些国家大力推进本国的法定数字货币研究和试点，如中国、英国和新加坡，一些国家积极支持数字货币各类创新，如欧盟、德国、法国，一些国家审慎研究数字货币可能带来的影响，如美国和加拿大。总体上，各国央行持积极的态度研究、跟踪和推进区块链技术和加密数字货币的发展。

中国人民银行积极研究和探索数字货币及区块链技术。中国人民银行从 2014 年起就成立了专门的研究团队，并于 2015 年初进一步充实力量，对数字货币发行和业务运行框架、数字货币的关键技术、数字货币发行流通环境、数字货币面临的法律问题、数字货币对经济金融体系的影响、法定数字货币与私人发行数字货币的关系、国际上数字货币的发行经验等进行了深入研究[10]。中国人民银行认为，区块链技术是法定数字货币的一项可选的技术，但是区块链技术占用计算和存储资源较多，尚应对不了金融交易规模。2016 年，中国人民银行成立数字货币研究所。2017 年，中国人民银行牵头成立专项工作组，启动法定数字货币研发试验。2018 年，中国人民银行官方公众号发表署名文章，提出央行发行数字货币的“四点考虑”，即双层投放、中心化的、不是 M1/M2 替代、智能合约审慎加载[11]。2019 年，中国人民银行行长提出“数字货币取得了积极进展”[12]。

英国央行是全球范围内对区块链技术兴趣最高的央行之一。在 2016 年 1 月，英国央行发布题为《分布式账本技术：超越区块链》的报告，提出正在探索分布式账本技术，并且分析区块链在传统金融业中应用的潜力[13]。同年，英国央行组建了区块链技术研究团队，研发法定加密货币原型 RScoin，希望能抢占区块链技术发展的先机，重新夺回国际金融中心的地位。

新加坡金融管理局持续推进数字法币试验。2016 年，新加坡金融管理局就推出了 Project Ubin 计划，探索分布式账本技术，验证使用代币化的新加坡元（SGD）进行银行间支付和分布式账本结算的技术可行性[14]。期间，Ubin 不断探索了银行间交易、对等支付、付款交割、跨境支付等不同的实际场景。2019 年，新加坡金融管理局宣布与摩根大通和淡马锡共同开发基于区块链的多货币支付系统原型，并认为该网络具有提高企业成本效率的潜力。

欧洲央行正在积极研究发展央行数字货币。2019 年，欧洲央行行长在欧洲议会 ECON 委员会上提出，将允许公民在日常交易中直接使用中央银行的数字货币，最终目标是促进更安全、创新和集成的欧元支付[15]。但是，中央银行数字货币可能会带来风险。例如，它们可能改变货币政策的实施及改变货币政策传递给实体经济的方式，它们也可能对全球金融体系的运作及其稳定性产生影响。因此，欧洲央行加大力度研究央行数字货币及其优化设计的问题，使得央行数字货币发行能让欧元区的所有人受益，并强化欧元的国际影响力。

德国是首个承认比特币合法货币地位的国家。2013 年，德国政府允许比特币拥有者使用比特币缴纳税金或者用作其他用途。2016 年 3 月 1 日，德国联邦金融监管局（BaFin）公开了一份题为《分布式账本：虚拟货币背后的技术一区块链为例》的内部报告，对分布式账本在跨境支付中的使用、银行之间转账和交易数据的存储等领域的潜在应用进行了探讨[16]。报告认为，区块链具有为金融市场建立一个新标准的潜力。德国联邦金融监管局也提醒大家，需要注意区块链技术在应用中可能会出现的风险，呼吁世界其他的监管机构对区块链进行更加严格的监管。

法国也启动了数字货币的布局。法兰西银行行长提出，法国计划在 2020 年开始试验央行数字货币，并新建“基础设施、创新和支付局”，负责央行在数字货币、支付和基础设施方面的创新[17]。

美国审慎研究数字货币。美国加州在 2014 年就率先让比特币和其他加密数字货币合法化，之后美联储也审慎推进数字货币发展。2019 年 10 月，美联储在《数字货币、稳定币及不断发展的支付格局》的报告中提到，央行数字货币可以是一种灵活的中央银行发行的货币形式，甚至可能有助于解决美元面临的“特里芬困境”[18]。但美国政府官员表示，五年内美联储没有发行数字货币的必要，也不反对 Facebook 公司等创建数字货币，但其需要完全遵守银行保密和反洗钱规定。

加拿大中央银行审慎研究。2019 年 10 月，加拿大中央银行发表《下一代央行货币》的文章[19]，提出央行发行数字货币拥有多重优势，例如，允许与税务和安全机关共享个人数据。但是，数字货币仍然会“给稳定、低成本的资金带来风险”。虽然启动了 Jasper 项目，加拿大中央银行还在慎重考虑是否发行自己的央行数字货币。

各国央行法定数字货币计划如表 1-1 所示。

表 1-1 各国央行法定数字货币计划

	启动研发和应用试验	加快研究	审慎研究，暂无计划
中国	√		
英国	√		
新加坡	√		
欧洲央行		√	
德国		√	
法国		√	
美国			√
加拿大			√

1.7 上升为国家战略

2016 年 12 月，国务院印发《“十三五”国家信息化规划》提出，“强化战略性前沿技术超前布局”“加强量子通信、未来网络、类脑计算、人工智能、全息显示、虚拟现实、大数据认知分析、新型非易失性存储、无人驾驶交通工具、区块链、基因编辑等新技术基础研发和前沿布局，构筑新赛场先发主导优势”。

2018 年 5 月，习近平总书记在两院院士大会上指出“进入 21 世纪以来，全球科技创新进入空前密集活跃的时期，新一轮科技革命和产业变更正在重构全球的创新版图、重塑全球经济结构。以人工智能、量子信息、移动通信、物联网、区块链为代表的新一代信息技术加速突破应用”。

2019 年 10 月，中共中央政治局就区块链技术发展现状和趋势进行了第十八次集体学习。习近平总书记在主持学习时强调，区块链技术的集成应用在新的技术革新和产业变革中起着重要作用。要把区块链作为核心技术自主创新的重要突破口，明确主攻方向，加大投入力度，着力攻克一批关键核心技术，加快推动区块链技术和产业创新发展。习近平总书记指出，区块链技术应用已延伸到数字金融、物联网、智能制造、供应链管理、数字资产交易等多个领域。我国在区块链领域拥有良好的基础，要加快推动区块链技术和产业的创新发展，积极推进区块链和经济社会的融合发展。习近平总书记提出了加快推动区块链技术和产业创新发展的 14 条建议，包括技术和产业发展 6 条建议、区块链应用 6 条建议、区块链安全和监管 2 条建议。他特别强调要抓住区块链技术融合、功能拓展、产业细分的契机，发挥区块链在促进数据共享、优化业务流程、降低运营成本、提升协同效率、建设可信体系等方面的作用。

总之，区块链技术出身于比特币，经历了十多年的发展，它用程序和算法构建了数字化信任，对未来社会的发展具有战略性、基础性的作用。

第 2 章 区块链的本质

了解区块链技术的本质，首先要了解中本聪发明区块链技术的初衷。为什么要发明区块链技术？其中一个非常重要的原因是为了解决困扰数字货币流通的假币问题（专业上称为“双花”问题）。因此，中本聪设计出了分布式账本，用多方监督、共识记账、不可篡改等机制来防止造假和欺诈。在防止欺诈的战术动机下，客观上建立了加密数字货币的信用背书机制，一个通过程序代码和算法来实现的数字化信任机制。信任是区块链技术的真正目的。

2.1 信任的定义

什么是信任？信任（Trust），简单理解，就是相信对方。《牛津英语词典》中对信任（Trust）的第一条释义是“对某个人、某个事物的品质和属性或某个陈述的真实性的相信或依赖”。有个简单的模型，信任就是“A 相信 B 会做 X”，A 是信任者，B 是被信任者，X 是 A 相信 B 未来会表现的品质或履行的行为。在《论语・阳货篇》有“信则人任焉”，就是说，如果一个人是值得信任的，就能被其他人所相信、依赖或委以任务。深究起来，信任是一门复杂且热门的学问，国内外很多学者著书立说，研究信任[20][21]。

心理学家认为信任是一种心理期望。心理学家多伊奇（M.Deutsch）认为，一个人对某件事的发生具有信任，是指他期待这件事的发生并且相应地采取一种行动，且这种行动的结果与他的预期相反时带来的负面心理影响大于与预期相符时所带来的正面心理影响[22]。这意味着，人们在付出信任时，是承担了风险并有被负面心理伤害的倾向。心理学家罗特（J.B.Rotter）认为，信任是个体对他人的言辞、承诺及口头或书面的陈述之可靠性的一般性的期望[23]。心理学家萨波尔（C.F.Sabel）认为，信任是交往的双方对于两人都不会利用对方的易受攻击性的相互信心[24]。

经济学家认为信任是一种公共商品。经济学家阿罗（K.Arrow）认为，信任是经济交换的有效的润滑剂，它是控制契约的最有效机制，是含蓄的契约，是不容易买到的独特的商品[25]。经济学家赫希（F.Hirsch）认为，信任是很多经济交易所必需的公共商品[26]。经济学家诺思（D.C.North）认为，在人们的信息和计算能力有限的条件下，人与人之间的相互信任降低了人们相互作用的交易成本[27]。新经济社会学奠基人格兰诺维特（M.Granovetter）认为，信任和可信赖的行为对任何经济而言都是关键资产，因为它们会引导人们在社会网络中进行合作，使他们相互间产生比纯粹的自利动机更善良的行为[28]。

社会学家认为信任是一种社会资本。社会学家西美尔（G.Simmel）认为，信任是社会中最重要的综合力量之一，现代生活在远比通常了解的更大程度上建立在对他人诚实的信任之上[29]。社会学家科尔曼（J.S.Coleman）认为，信任是致力于在风险中追求最大化功利的有目的的行为；信任是社会资本的形式，可减少监督与惩罚的成本[30]。社会学家卢曼（N.Luhmann）认为，信任是简化复杂性的机制之一[31]。社会学家福山（F.Fukuyama）认为信任产生于那些基于共识性准则、成员行为规律、诚信且相互协助的社群中，是社群成员对其他成员的期望。他认为信任是一种社会美德和文化特质，它塑造了经济繁荣[32]。

政治学家认为信任是一种公共利益。普特南（R.D.Putnam）认为，信任、规范及网络是能够影响民主制度绩效的社会资本，是民主得以运转的关键因素，使得政府更加有效率[33]。哈丁（R.Hardin）认为，信任是基于相互包容的利益而产生的，即信任是对他人是否将来会给自己带来利益的判断，公民信任对政府成功起着关键作用[34]。沃伦（M.E.Warren）认为，信任是民主制度运作的润滑剂[35]。什托姆普卡（P.Sztompka）认为，信任是相信他人未来可能行动的“赌博”，公民对政府的信任包含四项具体内容，即职能、效率、能力和诚实，但在公众对政府的信任构建过程中，这四项内容并不一定同时具备[36]。

总之，信任是经济交易和社会合作的基础，也是社会秩序的基础。有了信任，就会增强社会成员的向心力，降低社会运行的成本，提高其运行效率。从某种意义上说，没有信任，就没有经济和社会的发展。

2.2 信任的分类

从信任双方的属性看，社会学家卢曼认为，信任可以分为人际信任和系统信任，系统信任逐步替代人际信任是历史变迁的必然结果[31]。人际信任是指人与人之间建立的信任关系。随着现代社会的发展，陌生人之间建立信任的需求不断增加，系统信任随之产生。系统信任是指人对群体、对组织、对制度、对机制等系统的信任，以及非人际间的群际、组织间的信任。

从信任者的角度看，刘易斯（J.D.Lewis）和威哥特（A.Weigert）[37]、麦克阿利斯特（D.J.McAllister）[38]等将人际信任又区分为认知性信任和情感性信任两种基本类型，认知性信任是建立在信任者对被信任者的可信性及可靠性的理性认知的基础上，情感性信任是建立在信任者对被信任者的关心及照顾等正面情感依赖的基础上。威哥特认为，人际信任是情感付出及理性思考的混合体[39]。

从信任关系构建的途径看，祖克尔（L.G.Zucker）将信任分为基于过程的信任、基于特征的信任及基于制度的信任等三种类型[40]。基于过程的信任，信任双方有关于过去的社会交换或者有对诸如声誉与礼物之类的预期的社会交换，它以交换过程为基础来确认信任；基于特征的信任，信任双方基于一些共同的特征（如家庭、种族等）来建立信任；基于制度的信任，基于人对其所处的社会制度环境的依赖所建立的信任，即认为传统习俗、合法的资质、契约合同、信用评级等能够成为信任双方不可逾越的且必须具备的制度化保障。祖克尔提出的基于过程或基于特征的信任是对应于卢曼提出的人际信任，祖克尔提出的制度信任相当于卢曼提出的系统信任。祖克尔认为，最终微观个体的基于过程或基于特征的信任，一定会被制度信任所取代，成为整合社会秩序的一个长期且便捷的重要维度。

系统信任或制度信任是现代社会文明和进步的产物。按照新制度主义观点，制度是由现存的正式制度与非正式的文化规范这两部分组成。因此，一些社会学家们又把制度信任分为了强制性信任和自觉性信任两种类型[41]，强制性信任是在现存制度环境约束下建立的任务性或契约性的信任关系；自觉性信任是在共享信念或信仰基础上建构共同预期的自觉性信任关系，通常表现为某特定社会、社区或共同体历史积累的集体经验形成的信任文化。刘易斯、福山等学者认为，信任文化是一个相对稳定的制度系统或规则系统，通过规范和价值观鼓励行动者自觉对他人、对组织保持忠诚和信任，以达成普遍主义的信用关系[42]。

从信任产生的源头看，格兰诺维特把信任分为五种类型[28]。一是基于个体理性选择的信任，信任者因为对被信任者的了解或利益的算计而产生的信任，正如哈丁提到的“在互相包容利益下”的信任，比如对商家的信任等；二是基于个人关系的信任，一个人信任另外一个人是因为他们曾有交往或者发生过互动，比如合作伙伴间的信任，或者彼此只是认识的人之间的信任；三是基于个人在群体和网络身份的信任，信任在那些自认为属于同一个群体的人中间更容易发生，比如亲属、老乡或者同一民族的人之间建立的信任；四是基于制度的信任，一个人信任别人，是因为某种制度安排，使欺骗和背叛无法实现，如客户对银行职员的信任、病人对医院医生的信任等；五是基于规范的信任，一个人认为另一个人值得信任，是因为他执着于这类行为的规范，如协议双方当事人之间的信任。从上面的分析看，一、二、三更多是人际信任，四、五更多是系统信任。格兰诺维特认为，人际信任和系统信任只是信任在不同社会网络关系维度上的表述。

从被信任者角度看，韦伯（M.Weber）、福山等学者将信任划分为基于熟人的特殊信任和基于陌生人的普遍信任，并认为普遍信任最终会替代特殊信任，这种替代将表示一个社会、一个民族及国家的进步。例如，福山的研究发现，根据现代化发展程度的不同，存在着高度信任、低度信任的国别差异。按照福山的划分，中国被归在受儒家家族文化影响的低度信任范畴。因此，大致可以得出如图 2-1 所示的信任的分类。

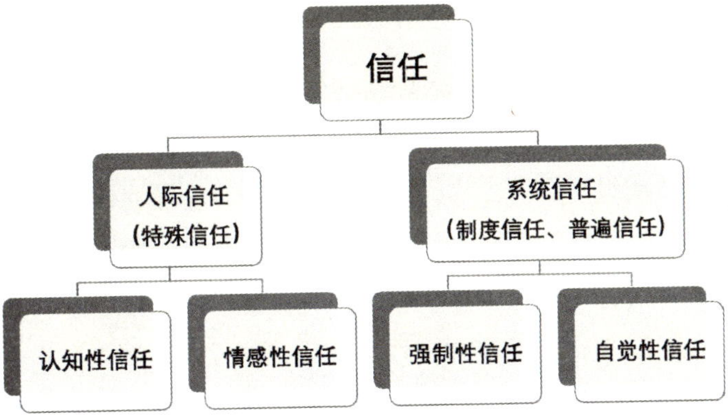

图 2-1　信任的分类

从二元分类看，信任分为人际信任（包括特殊信任）和系统信任（制度信任、普遍信任归为这类），人际信任又可分为认知性信任和情感性信任，系统信任又可以分为强制性信任和自觉性信任。学者周怡对人际信任和系统信任进行了综合研究[42]，她认为在不同水平的信任模式阶梯上，系统信任（或制度信任）取代人际信任、普遍信任取代特殊信任、自觉性制度信任（信任文化）取代强制性制度信任，将表示社会的进步。一些学者研究认为，系统信任和人际信任具有正相关性，系统信任加强，个人对他人的信任也会得到加强，系统信任逐渐衰落时，个人对他人的信任也必将慢慢减少。山岸俊男（T.Yamagishi）就认为，越是现代化的社会，越是对社会制度信任，越是对一般人的可靠性及义务承担能力有信心[43][44]。

在数字化的时代，数字化技术为系统信任提供了新的机制，即区块链技术实现的数字化信任。

2.3 信任的特点

信任有不同的定义和分类，但就其共性而言，信任有四个显著的特点。

第一，信任具有主观性。信任是信任者的一种主观的信念，在“A 信任 B 会做 X”的信任关系中，被信任者 B 是另一个人、群体、组织或制度，A 一般是个体或组织中的个体。A 的心理期望，不管是因为理性还是因为情感的因素，都会带有明显的主观倾向。在建立信任的过程中，为了达成信任，需要 A 进行一个从“算计→了解→认同”的演化过程[45]，信任者 A 需要对被信任者 B 进行更多的理性算计或感性投入，需要反复进行沟通，从而建立对 B 的深入了解，最终形成对 B 做 X 的认同。由于人为的认知和沟通效率比较低，人际信任建立的过程花费时间长，成本高。在引入了系统信任后，能够很大程度地降低信任者 A 的主观性，提升其预期的客观性。

社会各种系统（如司法、政治、经济、企业等）建立的沟通媒介（如法律、权力、货币等）通常具有较高的可靠性。提高信任者 A 的客观性，是系统信任的一个重要使命，也是数字化信任的重要任务。

第二，信任具有预期性。信任是信任者对未来的一种预期，信任者 A 相信被信任者 B 未来会做 X，正是这种对未来的信任，造成了承诺与兑现之间的时间差，使得 A 的信任具备了在未来被“贴现”或者“利用”的价值，从而让作为社会资本的信任可以转换成为一种经济和金融商品。

第三，信任具有社会性。信任是社会关系的产物，它存在于不同维度的社会关系网络中，最初是两个个体间的信任关系网络，逐步拓展到借由中介形成的三方信任关系，并衍生出一对多、多对多等的信任关系。因此，格兰诺维特用社会网络来解释信任，强调社会关系是产生经济生活中的信任的主要因素。按照社会网络结构的不同，他把信任分为四种类型——封闭网络中的强连接信任关系、结构性嵌入信任关系、关系性嵌入信任关系、弱连接网络中的普遍信任关系[46]。其中，结构性嵌入信任关系是指来自开放的关系网络中的强制性关联，如契约型信任；关系性嵌入信任关系是指来自开放的人际关系网络的关联，如情感型信任。伯特（R. S.Burt）认为，在社会关系网络中，处于网络连接中的结构洞具有信息和控制优势，成为信任关系建立的重要模式[47]。于是，跨越不同网络的媒介起到了很重要的作用，媒介化信任成为现代社会信任关系建立的重要模式。媒介可能有多种模式，比如，交易方或合作方共同认可的第三方（如共同的朋友、可信第三方机构或政府），或者以信用背书的物品（如信物、誓言、抵押物）来作为媒介。另外，交易方自身在长期经营中所积累的声誉本身也是一种媒介。

第四，信任具有风险性。信任者 A 因为期望 B 未来会做 X，做或不做是不确定的，这取决于 B，如果 B 辜负了 A 的信任，事实上可能给 A 的未来带来风险。因此可以说，正是因为有风险才产生了应对风险所需要的信任。风险是信任产生的必要条件。梅耶（R.C.Mayer）指出，信任者在特定情境中的信任水平和所感知到的风险水平才会导致彼此关系中的风险行为[48]。科尔曼也认为，信任行为的特有属性是基本的不确定性和风险的存在。为了尽可能降低风险，必须建立降低不确定性和简化复杂性的机制，为此产生了信任中介、货币、学历证明、专家系统等各种系统信任，也包括我们将要提出的数字化信任。

2.4 数字化信任的需求

在当今社会中，社会分工的精细化、社会风险的增多和不可预知、交往的陌生化，以及对社会系统的依赖性，对信任提出了新的需求[21]。

第一，当代社会分工越来越细化，每个社会中的角色、功能、职业和生活方式的分化与特殊化均已达到了很高的程度，每个人或组织必须依赖他人才能生存，形成了人们彼此之间的强烈依赖感、团结感和社会的联系感[49]。互联网和社交网络的出现，为社会分工和联系提供了信息基础设施和手段，加速了社会单元裂变的速度。社会关系网络的扩展，也增加了信任的频度和颗粒度，人际信任先呈现出向“中心化的系统信任”的过渡，在互联网应用普及后，又逐步呈现出向“数字化的分布式系统信任”的演变，这成为信任演变的新趋势。

第二，随着经济社会的发展，社会复杂大系统面临更大的不确定性，社会风险的增多和不可预知成为一种常态，要求人们必须在风险不可预知的情境下做出预先的判断和行动，应付风险，也就需要更多的信任储备和风险应对机制。这些信任储备，可以是熟人间的信任、陌生人间的系统信任，以及通过数字化技术手段来建立的新型系统信任模式。

第三，伴随着全球化，互联网把世界上各个角落的人连接在一起，社交网络成了交往的基本通道，交往的陌生化成为常态。陌生人代表着未知，为了简化未知所带来的复杂性和不确定性，陌生人之间对信任的需求大幅增长，信任的方式也在发生变化。这就迫切需要更多“即使我不认识你，我也相信你”的系统信任的机制。

第四，社会文明和技术发展产生了各种各样的系统，如货币、专家系统、计算机系统、互联网系统等。正如社会学家吉登斯指出，现代社会成为一个由专家系统主宰并依赖象征标志进行交流的社会[50]。现代人正变得越来越依靠其并不了解的、陌生的系统的运作。人们不得不与系统打交道，并学会信任他们。我们至少要保证这些系统带给人们基本的信任感，让我们知道“系统是基本诚实可信”的。

但是，系统信任有时并没有那么可靠，在人类社会系统中存在着货币造假、官员腐败、学术腐败、专家失责和计算机网络系统风险等。因此，防范系统信任的不可信，成为系统信任发展的重要方向。

在人们较为依赖的中间人信任中，信任会因中间人被认为“不考虑自身利益行事”而被激发[51]。但在较为常见的中心化信任关系中，因为交易方与中介方的信息高度不对称，中介方从事机会主义行动或暗箱操作的风险也较大，中间人如果因私心或寻租而滥用资源，势必会削弱中心化信任的可信度。

中心化信用形成的传统模式还有其他明显的局限性，由于必须经过可信任的中央节点，小范围的经济行为难以成为社会认可的信用记录，信用可及的范围小，同时也容易造成信用隔离，使得小微企业融资难[52]。因此，构建能够防范现有系统信任风险的“分布式系统信任”将成为一种发展趋势。

为了提高效率，降低成本，防范风险，人类的很多活动都逐渐被数字化，如数字化生产、数字化管理、数字化设计、数字化决策等。吉登斯说过，人类需要不断地对社会秩序、规则和制度进行反思，以确保它们是值得信任的[50]。面对传统的系统信任关系所出现的问题，信任关系的建立也同样需要数字化技术的支撑，为满足社会分工的精细化、社会风险的增多和不可预知、交往的陌生化，以及对社会系统的依赖性，区块链技术所代表的数字化信任应运而生。

2.5 数字化信任的结构

数字化信任就是基于数字化代码来构建的一种新型的系统信任机制，是促进人们进行数字化经济交易和数字化社会合作的技术手段。从这个定义来看，需要把数字化信任与网络信任、智能信任进行适当的界定。广义上，信任的数字化，应该包括互联网上的网络信任、人工智能技术支撑的智能信任，以及我们正提到的数字化信任。但从狭义上讲，数字化信任仅仅就是指基于数字化代码来构建的一种新型的系统信任机制。本书的数字化信任属于这个狭义的定义。

网络信任，就是在互联网上的信任，也称为在线信任，包括了互联网上人与人之间的信任、人与组织间的信任，组织与组织间的信任等。这是在网络社会语境下的信任关系，更多是探讨因互联网空间的不同所带来的信任关系的不同，如在电子商务、社交网络等互联网平台中因为线上平台、线上交往方式、线上信息分配方式、线上规则体系等不同所带来的信任关系的不同。但这还是属于网络社会学研究的范畴，简单地说就是把线下的社会信任关系迁移到互联网上来进行研究。因此，本书所研究的数字化信任不同于以往文献中所提到的网络信任，虽然它的确存在于互联网上，可以看作一种新型的网络信任。

智能信任，我们提出这个概念是因为，学者们在研究人工智能系统的过程中，考虑到机器人的心理预期或多智能体之间的合作时，可能会提出这个新概念。还会有其他类似的概念，如机器人信任。

我们认为，智能信任主要是根据信任的心理学、社会学和人工智能的研究成果，模拟人际信任的心理、认知和学习机制，对智能机器的理性期望、风险评估、知识构建、合作策略等进行算法建模，从而模拟和构建的机器人与人或机器人之间的信任关系。虽然智能信任和本文讨论的数字化信任有很多交叉的地方，但智能信任更多侧重于数字化人际信任的建立。在本书中，它并不是我们要讨论的主要内容。后面章节我们还会讨论这个话题。

让我们回到数字代码构建的新型系统信任——数字化信任。数字化信任的基本思路是用数字化程序和算法来建立信任，所有参与的交易方或合作方在数字化信任系统上能够实现可信的交易或合作。设计这样一个数字化信任系统起码要实现以下五方面。

第一，提供多方协作的数字化网络，每个合作方都可以通过系统平等参与交易。

第二，交易来源可信，系统要为信任者和被信任者提供可靠的交易通道，要用数字化的方式保证张三收到的交易是来自李四，而不是假冒的李四。

第三，交易记录可信。要用数字化的方式保证历史交易被真实记录、双方认可，不可篡改，内容可追溯。

第四，交易规则可信，要保证交易验证遵循参与方共同认可的规则。

第五，交易合约可信，要用数字化的方式保证交易处理的承诺能被如约履行，把信任期望转化成为信任行动。从“事后诸葛亮”的角度看，区块链技术的设计恰好完全满足了这些条件。

心理学家萨波尔认为，人际信任的双方不会利用对方的易受攻击性的信心[24]。在数字化信任的系统设计中，也要建立参与节点的这种“信心”。但是，当前的计算节点还不具备人类的理性，为了简化系统设计，“不会”的原则可以变成“不能”的原则，即参与节点不能利用其他节点的易受攻击性。因此，“不能欺诈”是数字化信任系统设计的一个重要原则。“不能”，意味着当前的数字化信任引入了强制性机制，通过计算节点的社群压力来驱使成员间进行合作，为群体利益而行动，并遵循群体规则。只有数字化机制保障了合作方不再执着于追求更深入的信息和证据来确认他人是否值得信任的时候，认知层次上的信任就真正产生了。正如卢曼所言，当人们开始信任他人的信任时，信任的认知基础才开始真正形成。数字化信任系统的一个设计原则正是通过监督和防范经济和社会交换中的欺诈行为，促进了网络成员间的基本信任。

数学中，解决多方数字化信任的数学模型被称为拜占庭将军问题（Byzantine Failures）。拜占庭将军问题是著名计算机科学家兰伯特（L.Lamport）在 1982 年提出的[53]。他是美国国家科学院和国家工程院院士，他的分布式计算理论是计算机学科的奠基之作。

拜占庭将军问题的故事是这样的，如图 2-2 所示，拜占庭帝国派出 10 支军队，去包围进攻一个强大的敌人，至少 6 支军队同时进攻才能攻下敌国。但是，其中一些将军可能是叛徒，会发布假的（相反的）进攻意向。将军们需要找到一种共识机制，通过远程协商赢取战斗。围攻城堡的联盟将军只能靠信使来传递信息。将军们思考的问题是：如何防止被其中的叛徒欺骗、迷惑从而做出错误的决策？兰伯特替他们设计了一套算法，让将军们在接到上一位将军的信息之后，加上自己的签名再转给除发给自己信息之外的其他将军，每个将军根据接收的消息来决定自己的策略。在这样的信息连环周转中，让将军们得以在不找出叛徒的情况下达成共识，从而保证得到的信息和做出的决策是正确的。

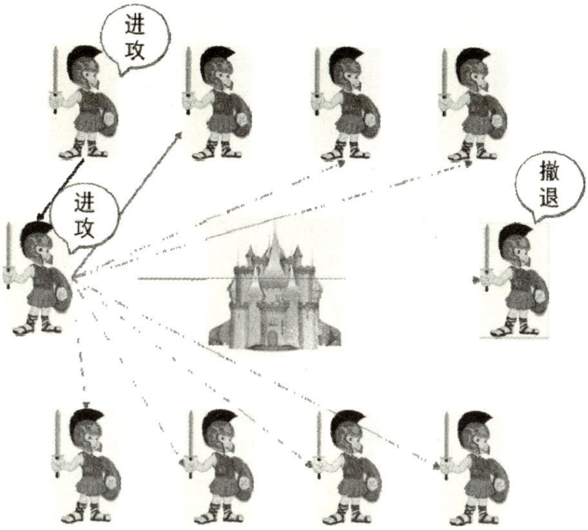

图 2-2　拜占庭将军问题

区块链正是基于拜占庭将军问题而设计的，它构建在点对点通信网络（P2P）上，用非对称加密算法和时间戳等实现了将军们的“签名转发”机制，保证了区块链无须信任单个节点却能创建共识网络。区块链不关心参与者是不是叛徒，每个参与者无须了解其他人的背景资料，也不需要借助第三方机构来担保或保证，但区块链技术保障了最后的共识结果是可信的。

作为一个数字化信任系统，区块链要保证参与节点间的“相互信任”。从原理上看，第一，区块链引入了对等网络（P2P），建立了多方协作的数字化网络，保证参与者平等参与社会网络合作。第二，区块链通过交易方加密数字签名验证的方式来保证交易数据来源是可信的。第三，区块链引入分布式数据库、链式数据结构、哈希算法等技术，通过多方参与和验证的方式来提高交易记录的透明性和不可篡改，实现交易内容的可追溯，进而保证交易记录可信。第四，区块链引入了共识算法来实现基于共识规则的交易结果一致，保证交易规则可信。第五，区块链引入了智能合约技术，通过计算机系统客观准确地按照约定内容执行合约，来保证交易合约可信。

“不能欺诈”也融入了区块链的设计中。第一，通过点对点网络实现了社会监督，让欺诈行为置于所有参与节点的监督之下，提高作假的成本；第二，通过加密的分布式账本实现了数据的公开透明和不可篡改，让数据作假无处遁形；第三，通过密码学算法和共识机制实现了规则的公平公正，也防范了小集体51%欺诈的可能，提高了规则作假的成本。

区块链创造了数字化信任，它从社会参与、历史存证、签名转发、规则共识、互惠激励、契约合作等六个方面在数字世界构建起了数字化信任体系，如图2-3所示。它用数学和数字化代码的方式建立了信任关系，靠数字化手段保证了交易结果可信任，实现了信任自动化，从而促进数字货币、数字资产、数字金融、数字经济交易和数字社会治理。这样的数字化信任体系，可以在无法保证所有人互相信任的前提下，或者在没有中介机构的情况下，达成信任和共识，将交易过程中的摩擦和沟通成本大幅降低。

图2-3 数字化信任体系

因此，数字化信任是一种新型的系统信任，在“A 信任 B 做 X”的信任结构中，信任者 A 是数字化信任系统的用户；被信任者 B 由两个部分组成，一部分是数字化信任系统自身，另一部分是数字化信任系统中的用户，这些用户因为被数字化系统加持，因而被 A 信任，X 是基于数字化信任系统所做的交易或合作。

2.6 数字世界的社会参与

社会学家艾克斯罗德在《合作的进化》一书中提出，生存下来的策略一般都是结成大小不等的群体[54]。领地因其在空间上凝聚群体、加强群体、稳定群体的功能而成为生存的必要策略。领地的边界帮助不同群体成员获得了相互的识别性。领地的扩大或改变需要重组群体，并构建与之相适应的信任系统[21]。格兰诺维特指出，关系网络是行动者信任对方的必要条件[28]。

构建数字化信任，前提是要有一个数字化空间（或称为领地），一个交易各方平等参与的数字化网络。点对点（P2P：Peer to Peer）网络，也称为对等网络，是区块链采用的基础通信架构，构成了数字化信任中多方参与的社会活动空间。点对点网络是一种很常用的计算机通信架构。在大家所熟知的客户端－服务器（C/S）网络架构中，大量计算处理在后台的中心服务器上进行，计算机客户端通过访问中心服务器来获得数据和服务，如图 2-4 左图所示。与 C/S 架构不同，在 P2P 网络环境中，大量彼此连接的计算机都处于对等的地位，各个计算机节点直接相连，节点可以自由（或授权）进入和退出，整个网络一般不依赖集中的服务器，如图 2-4 右图所示。P2P 对等网络使区块链成为一个分布式系统，没有中心枢纽，即所谓“去中心化系统”。每个参与到对等网络中的计算机通常被称为区块链网络中的一个节点，就像拜占庭问题中的一个将军。

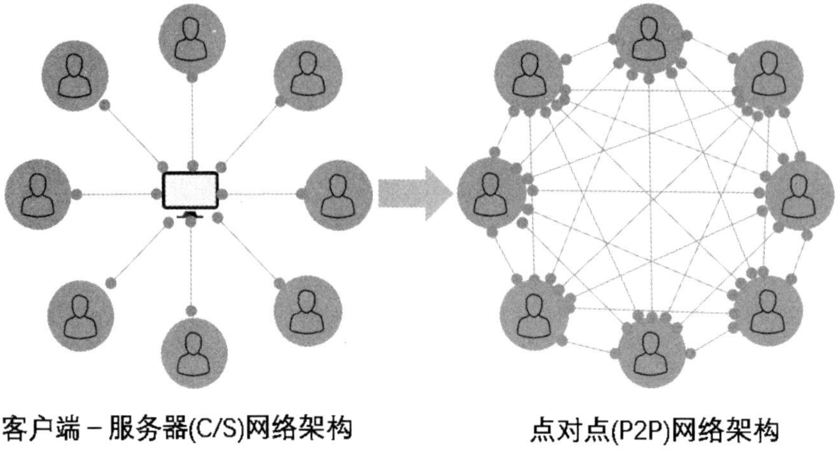

图 2-4　服务器网络架构和对等网络的比较

对等网络技术的背后是“去中心化”的多方参与的社会群体，在数字世界引入了多方参与和社会监督的机制。在对等网络中，参与节点平等结群，既是一个社会合作空间，也是一个社会监督的空间。每个节点可以代表一个合作方，多个节点构成了合作网络，各方在交易权、监督权、投票权等权益上基本对等，从而确保了区块链系统的公平性。但是，对等网络所建立的社群并不完全等同于互联网上的社交网络，在互联网社交网络中的用户只是每一个社交活动的参与者。在对等网络中的每个计算节点首先是一个候选的记账节点，是为构建数字化信任的服务节点。同时，每个节点也可以是一个交易用户节点。所以，这些计算节点既拥有参与交易的权利，也拥有社群监督的义务，既是生产者（或服务者）又是消费者，既是监督人又是被监督人。

当然，在现实的经济或社会活动中，参与权并不总是对等的，有些经济或社会活动，只允许被授权的对象才能参与。在区块链中，按照计算节点是否需要被授权参与，把区块链分为公有链和联盟链，如图 2-5 所示。

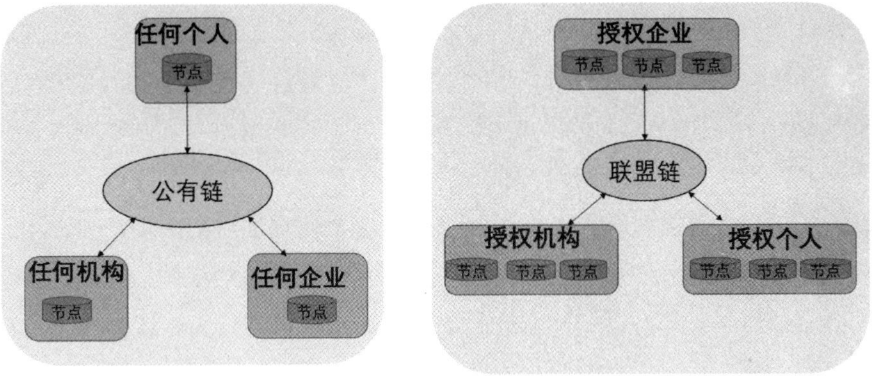

图 2-5　公有链和联盟链的区别

公有链是面向全世界所有用户开放，并且计算节点能自由加入、参与交易、记账和验证的区块链。公有链一般需要全网计算节点通过共识算法来进行记账。比特币、以太坊就属于公有链。公有链的主要优点是公平性好，任何节点都可以不受限制的参与，真正实现了交易的“去中心化”。公有链适用于加密数字货币、加密数字资产交易等应用场景。公有链的主要缺点是交易效率低、资源浪费大。以比特币为例，链上有数万台计算节点被用来处理交易，由于区块大小受限，每秒只能处理少量事务，导致交易延时且效率低下。同时，算力竞争激烈，导致资源和成本的大量浪费。

联盟链是仅限于若干被授权的联盟节点参与的区块链。联盟链的数据只允许联盟内的授权计算节点进行读写和交易，并且共同记录交易数据。HyperLedger（超级账本）就是联盟链。联盟链仅限于若干个被授权的计算节点参与，所以交易效率高、记账成本低、数据有一定的隐私性，适用于行业区块链应用。联盟链的缺点是，它不是完全的去中心信任体系，天平偏向了中心化就会牺牲其可信度。

联盟链主要用于构建行业组织间的战略合作联盟，库玛（N.Kumar）研究认为，网络成员依赖性的改变对战略联盟信任程度的维持会产生重要影响[55]。他制定了如表 2-1 所示的分析矩阵，按照组织自身的依赖性高低和合作伙伴的依赖性高低，可以划分出战略联盟的四种类型，分别是双方高度相互依赖（有效合作）、合作者相对强大（傀儡）、双方低度相互依赖（漠不关心）、组织自身相对强大（得意忘形）等。库玛通过对 400 家制造企业的研究发现，高度相互依赖的战略联盟中，公司信任度和对联盟关系的满意程度最高。而那些合作者相对强大的傀儡企业常常努力减少对其合作者的依赖性，从而进一步导致合作之间的关系的冷漠和不信任。因此，在合作方依赖性不对等时，弱小企业如果试图减小依赖性压力，就会导致信任的离心力量。相反，对这些弱小企业来说，信任的维持更加重要，应该使自己对于合作者来说更有价值，提高双方相互依赖的程度。在联盟链中，势必存在相互依赖性的不对等，例如在供应链联盟链中，核心企业与供应商之间的依赖性并不完全对等，供应商只有提高自身对核心企业的价值，让双方依赖性相对公平，才更有助于构建起信任。因此，联盟链的相对公平性、弱小者加强自身对合作者的价值都对于维护基于联盟链的信任显得至关重要。

表 2-1　制造商-零售商战略合作联盟的合作关系

组织依赖性高	合作者相对强大 （傀儡）	双方高度相互依赖 （有效合作）
组织依赖性低	双方低度相互依赖 （漠不关心）	组织自身相对强大 （得意忘形）
	合作伙伴依赖性低	合作伙伴依赖性高

那么，数字化信任体系中是不是需要权威？例如，在区块链网络中，是否能够存在特权节点，作为整个区块链网络的“系统管理员”？技术上，这是可以实现的，尤其是在联盟链中，可以设计出与其他节点完全不对等的超级特权节点。现实中，社群也需要“长官”的出现。但是，这样的设计与区块链所要实现的数字化信任体系的初衷是不相符的，也将极大牺牲数字化信任的可信度。

2.7 数字世界的历史存证

人类的社会性基础使得人类能够以累积的方式逐代传递大量适应性的文化信息。社会学家卢曼认为，信任需要历史作为可靠的背景[31]。以过去的经验去预见未来，正是信任的一种根据和形式。按照心理学家罗特对人际信任的定义[23]可以理解为，如果他人的言辞、承诺及口头或书面的陈述之“可靠性”越高，越容易获得个体更高的正向“期望”，就越容易被信任。而这种可靠性，正是从个体过去的社会学习经历中获得的，个人的经历会使他形成对他人的可信赖程度的一般化期望。

数字化信任体系，也需要有交易历史的存证，需要保证所有的存证数据的可靠性，需要每个参与节点具有最基本的“社会学习经历”，成为一个社群成员间“知根知底”的数字化系统。这一使命是通过不可篡改的分布式账本来完成的。分布式账本是区块链软件的主要组成部分，如前所述，区块链可以形象地比喻为一个可以无限“增加页数”的分布式账本，每个区块可以看作这个账本的“一页”，每增加一个区块，账本就增加一页，“每页”账本记录了一笔或多笔交易。这个分布式数据库采用的是链式数据结构，每个区块链是由“区块+链”构成的。

那么，什么是区块呢？在区块链中，一个时间段内的所有交易记录数据以数字化的形式被永久储存下来，我们将存放某个时间段内这些交易记录数据的数据存储单元称为区块（Block）。因此，每个区块都有一个时间标记，也称为时间戳。区块是按照时间序列生成的，每隔一定时间生成一个，每一个区块中记录了它在被创建期间发生的所有交易活动。

那么区块长什么样？这是由区块结构（Block Structure）所决定的。每一种区块链的区块结构设计可能不完全相同，但一般区块的结构都包含区块头（Header）和区块体（Body）两部分。一个区块的区块头包含了关于区块的关键信息，也就是区块元数据。其中，最为重要的一个信息是上一个区块的哈希值（Hash，也称散列值），用于和上一个区块链接起来，它是区块形成“链”的关键纽带。区块头还记录了区块高度（就是区块序号）、本区块的生成时间（时间戳）、本区块中的交易数量、本区块的总交易金额、本区块大小等相关信息，区块头能为整个区块链数据库提供完整性的保证。一个区块的区块体则记录了经过验证的、区块创建过程中所发生的所有交易的记录。

一个个区块按时间顺序被链接成区块“链”，形成区块链网络中交易的完整记录。区块结构有两个非常重要的特点：第一，每一个区块上的交易纪录是上一个区块形成之后、该区块被创建前发生的所有交易活动，这个特点保证了数据库的完整性。第二，在绝大多数情况下，一旦新区块完成并被加入区块链的尾部，则这个区块的数据记录就再也不能被改变或删除。这个特点保证了数据库的严谨性，即数据无法被篡改。

但是，在区块链数据库中，存储的并不是交易事件的原始明文数据，它保存的是交易加密存证数据，即交易的哈希值。为了保障数据可靠、可信赖，也就是区块数据的一致性、完整性和安全性，区块链一般都采用了哈希算法，例如比特币区块链就采用了密码学的 SHA-256 哈希算法。

什么是 SHA-256 哈希算法？SHA 是安全哈希算法（Secure Hash Algorithm）的英文缩写。SHA 是美国国家安全局（NSA）设计、美国国家标准与技术研究院（NIST）发布的一系列密码哈希函数。哈希算法能将任意长度的一串数据转化为一个长度较短、位数固定的唯一输出值，即哈希值（Hash）。简单地理解，通过这样的哈希算法任何“明文”比如一个 Word 文档、一个交易订单或者一段视频文档，就变成了一个唯一“代码”。SHA-256 是 SHA 算法的一种，它把一串数据转化成为 0～2^{256} 位之间的一个哈希值。SHA-256 哈希算法在区块链中的应用原理如图 2-6 所示。

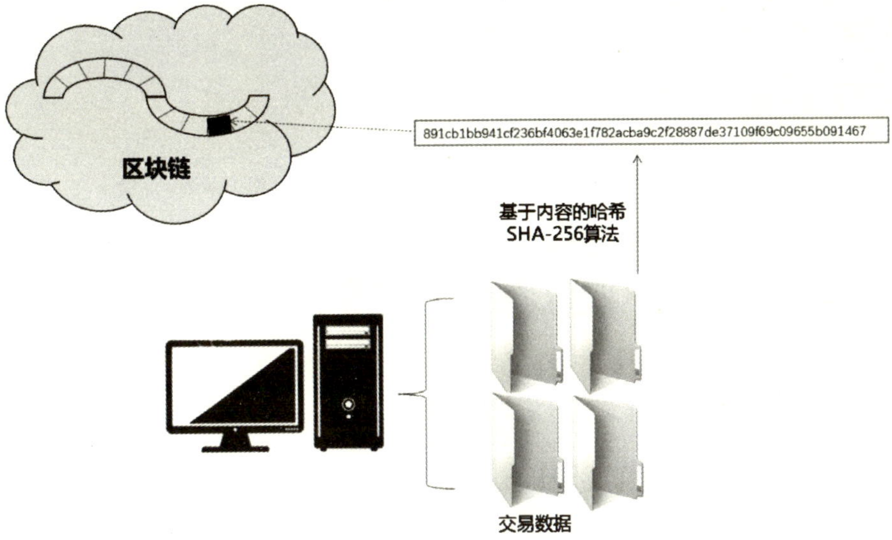

图 2-6 区块链的 SHA-256 哈希算法

SHA-256 算法具有如下三个特点。

第一，每个生成的哈希值是唯一的，任何一段数据做 SHA-256 处理后形成唯一的哈希值。

第二，SHA-256 生成的哈希值具有不可逆性，也就是不能从哈希值直接解码出之前的原始数据。

第三，SHA-256 哈希算法能够保证相同的数据产生相同的哈希值，不同的数据产生不同的哈希值，哪怕只是一个标点符号的不同，哈希值也是不同的。所以，一串数据所产生的哈希值就可以用于检验该数据的完整性。只要数据被改动了，哪怕是一点点蛛丝马迹，经过 SHA-256 哈希算法都能够辨识出来。SHA-256 哈希算法一般被用于加密。这样一种加密算法机制保证了区块数据的完整性和不可篡改性，任何企图篡改区块链交易数据的行为都会立即暴露，因为新的哈希值与旧的哈希值是不匹配的。

区块是按照时间顺序链接在一起的。简单地说，交易数据经过加密后形成区块的哈希值，这个哈希值将成为下一个区块的重要标记，表明“我是你的父亲”。这个哈希值会向全网所有节点广播出去。每个区块也会被标记一个时间，称为“时间戳”。时间戳表示这些交易数据是这个时间点写入的，证明了这些交易数据的存在，也表明“我出生的时间”。 每一个新生区块的区块头都包含了前一个区块的哈希值，这就使得从创世区块（第一个区块）到当前区块链接在一起，形成一条长链。区块链的结构如图 2-7 所示。

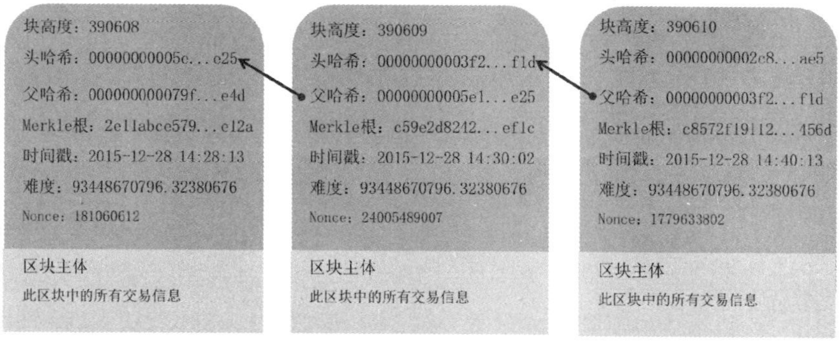

图 2-7　区块链的结构图

因此，区块链数据库记录了一个区块链网络中所有交易事件的“流水账”，它用时间戳记录了历史，通过一条“事件链”可以从当前交易事件追溯到任何一个时间点的交易事件，直至第一个交易事件。它为所有交易事件提供了完整的账务记录存证，而且这个账本是全网所有节点共同拥有的、公开、透明、可审计、可追溯的账本。因此，一切有账可查。可靠的交易历史存证数据让“大家”相互“知根知底”，所以节点之间就更容易建立信任关系。

有人会问，关于账务的记录会不会出现分歧？比如一些节点认可这些账务记录，另一些节点认可其他的账务记录。这种情况确实可能存在，这在技术上称为分叉。

虽然有分叉出现，但在某个时间所有节点共同认可的最长的链才是唯一合法的链。项目方要进行技术升级，也会主动对区块链进行技术性分叉，这又分为硬分叉和软分叉。硬分叉是指区块链网络中不向前兼容的分叉,它是对该区块链技术的永久更改，所有用户都需要切换到新版本协议上；软分叉是指在区块链中向前兼容的分叉，旧版本用户仍可以使用旧版本协议。

因此，由于前后不兼容，硬分叉更容易产生分歧。比特币和以太坊都曾出现过硬分叉事件。比如，为了提高交易效率，比特黄金提出了“每个区块存储空间扩容”的技术方案，这一技术与比特币的现有技术不兼容。于是，2017 年 10 月，在比特币区块链上硬分叉出了比特黄金区块链，当然比特币节点共同认可的仍然是比特币区块链，比特黄金的节点则共同认可比特黄金区块链——虽然同根，却发生了分叉。

再如，2016 年 7 月，因为黑客利用智能合约漏洞盗窃了 DAO 项目资金，以太坊社区决定对以太坊区块链进行硬分叉，以太坊开发团队修改了以太坊软件的代码,在发生盗窃的第 1 920 000 个区块上利用数据回滚技术，把 DAO 被黑客转移走的资金都退了回来，新分叉的以太坊区块链仍然称为 ETH。

但是，分歧也产生了。另一部分人认为强行修改代码失去了去中心化的意义，不同意对以太坊进行升级，仍然在原来的那条区块链上进行继续挖矿，保留了原有以太坊的代码规则和特色，改由新的开发团队主导，这条链被称为“原链”，就是 ETC。

当然，V 神和大部分社区成员支持的还是 ETH 区块链。不管哪种分叉方式，最终需要达成全网共识，区块链网络中所有节点共同认可的最长的链才是唯一“合法”的区块链。

分布式账本存储在对等网络中的每个计算节点中，相当于每个节点有一份账本的拷贝，即使某个计算节点受到破坏，只要有一个节点还在网络上，数据就是安全的。这从另一个层面保证了存证数据的可靠性。

2.8 数字世界的签名转发

个人签名是个人权责清晰的表态，公章则代表着集体权威与团体组织的公信力，它们都是可以明确追索的依据，是一种系统信任。法律上，签名和盖章也是作为合同生效的前提条件。

数字化信任系统是一个交易来源可靠的数字化系统，它支持交易的数字签名和转发。区块链采用了常用的数字签名算法——非对称加密算法，实现了拜占庭将军们的“签名转发”机制，通过数字密钥的方式来保证交易账户上的资产安全。

什么是非对称加密算法？简单来说，就是在“加密”和“解密”的过程中，分别使用一个“密钥对”中的两个密钥，如果两个密钥满足以下两个条件：第一，对信息用其中一个密钥加密后，只有用另一个密钥才能解开；第二，其中一个密钥公开后，根据公开的密钥别人也无法算出另一个，那么我们就称这对密钥对为非对称密钥对，公开的密钥称为公钥，不公开的密钥称为私钥。

公钥是全网公开可见的，通常就是用户的账户地址，所有人都可以用自己的公钥来加密一段信息，生成一个哈希值，保证信息的真实性、完整性；私钥是只有信息拥有者才知道的，通常就是对应用户的密码，被公钥加密过的信息只有拥有相应私钥的人才能够解密，保证信息来源的可靠和安全性。

常见的非对称加密算法包括 RSA、Elgamal、D-H、ECC（椭圆曲线加密算法）、DSA 等，比特币区块链是基于 ECDSA（椭圆曲线数字签名算法）来实现的。关于 ECDSA 算法的细节，不再赘述，读者可以查阅密码学相关资料。

以比特币交易为例，如图 2-8 所示，假设有三个交易，代表用户 0 给用户 1 支付比特币的“交易 1”，用户 1 给用户 2 支付比特币的“交易 2”，用户 2 给用户 3 支付比特币的“交易 3”。

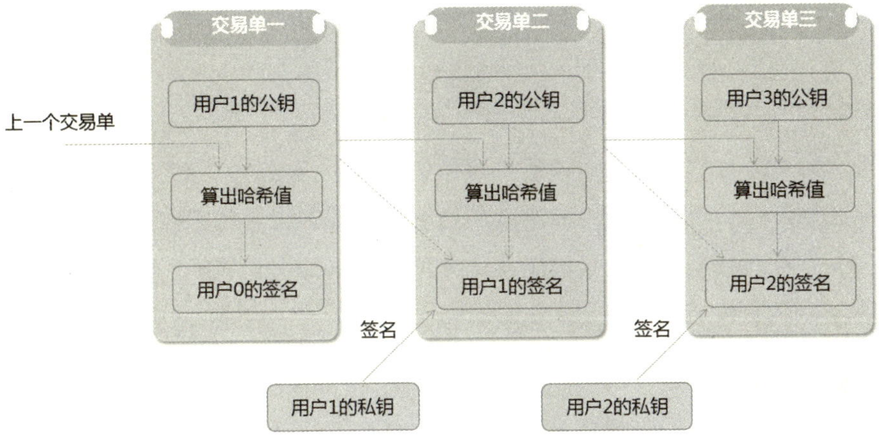

图 2-8　交易的非对称加密

以交易 2 为例，交易 2 的数字签名过程是付款人（用户 1）来完成的，用已经公开的收款人（用户 2）的公钥加密交易数据，算出哈希值 x，付款人（用户 1）用付款人私钥对 x 进行加密，得到付款人（用户 1）的签名，将付款人签名附加在交易中，发给收款人（用户 2）。

交易 2 的验证过程是收款人（用户 2）来完成的，用公开的付款人（用户 1）的公钥来解密用户 1 的私钥，进一步解密付款人（用户 1）的签名，得到哈希值。收款人（用户 2）利用自己的公钥和上一交易的数据，也得到另一个散列值 y。如果 x=y，交易有效。

非对称加密算法的机制实现了数字签名，保障了每个交易的完整性、可靠性、可认证性和不可抵赖性。

2.9 数字世界的规则共识

人类社会生活中有一些“入场证”，比如血统、嫡庶等天然证明，或者货币、学历、专家推荐信等人为证明，这些证明在社会生活中充当着“不会被拒绝”的媒介，“不会被拒绝”本质上就是信任。因为这些证明在人类社群中被广泛认可，因而能成为信任的媒介。在这些“不会被拒绝”的证明背后，是人类基于某种规则或制度所形成的共识，我们称为规则共识，如布雷顿森林规则体系下的美元、高考制度下的大学学历、专家评议制下的专家成果鉴定等。

在数字化信任体系中，形成集体信任的一个前提是，所有社群成员遵循共同的规则，按照规则能够产生“不会被拒绝”的证明，拥有这些证明的成员能够被所有成员共同认可。区块链技术作为一个分布式网络系统，所有成员的首要任务是保证区块链上新增数据的全网一致性，这个任务是通过共识算法来完成的。共识算法就是区块链节点公平的竞争记账权证明的规则。这需要全网计算节点在每个新区块生成时，按照共同认可的规则选出一个拥有“不会被拒绝”证明的记账节点，由这个记账节点把新区块加入区块链中，并对这一记账行为进行集体验证确认。共识算法就是帮助区块链网络选出记账节点并进行集体验证的算法，它保证了全网区块数据的一致性，共识算法的结果是赢得记账权的节点获得某种类型的证明，例如工作量证明或权益证明。因此，共识算法是区块链技术的灵魂，是数字世界中的规则共识，类似现实世界中的比赛规则、选举法、合资法、议事规则或者合作原则等，在不同的应用场合下有不同的共识算法。

当前，主流的共识算法包括工作量证明算法（PoW）、股权证明算法（PoS）、代表权证明算法（DPoS）和 PBFT 类选举证明算法等。

1. 工作量证明

工作量证明算法（Proof of Work，简称 PoW），是一个比拼算力（Work）的共识规则，谁的算力强，谁就能优先获得记账权。简单地说，获得记账权的节点将获得一份工作量证明的证书，它能够证明这个节点为此工作付出了工作量并获得了大家的认可。比方说，大学四年学习，你拿到了本科毕业证书，证明你确实认认真真地学习了四年，这就是一个工作量证明。

工作量证明的简单原理是，一方（通常称为证明人）出示计算结果，这个结果众所周知是很难计算的。但验证计算结果很容易，通过验证这个结果，任何人都能够确认，证明人确实执行了一定量的计算工作来产生这个证明，因而将得到大家的认可。

PoW 可以用很多工具来实现。但第一个 PoW 工具是贝克（A.Back）在 1996 年开发的“哈希现金（HashCash）”程序[56]，贝克也是发明侧链技术的大师。中本聪正是受哈希现金程序的启发，设计了比特币区块链的工作量证明算法。

哈希现金程序最早被用于反垃圾邮件。原理是这样的，邮件的发件人在邮件头要附加一个随机数，每次对随机数进行哈希算法加密，产生一个哈希值。如果这个哈希值与要破解的难题中的哈希值相匹配，那么就算求解了这道难题，找到了随机数——“一个中奖号码”，也就荣幸地领到了工作量证书，于是系统会发送包含随机数的邮件信息给收件人。为了增加哈希值难度的匹配，难题中的哈希值的前面若干字节都是 0（比如 20 个），0 代表计算的位数，位数越多，破解难度越大。收件人收到信息以后，也对这个由发件人发现的随机数进行哈希计算，验证发现前 20 字节确实是 0，于是相信发件人不是一个垃圾制造者，他发的是一个正常的邮件。在这个案例中，工作量大概是发件人平均需要经过 2^{20} 个随机数搜索后，可以找到一个前 20 字节是 0 的哈希值。因为前 20 字节，每一字节是 0 的概率都是 1/2，所以总的概率就是 $1/2^{20}$。可想而知，这个计算量有多大！

比特币区块的生成过程中也使用了哈希现金程序，比特币区块链 PoW 的工作方式，是要求计算节点拼全力找到一个“随机数”，称为 Nonce，使得其 SHA256（信息+随机数）算法产生的哈希值是以一串 0 开头，和上一个区块的哈希值前面的 0 的数量刚好匹配，然后把找到的随机数与信息一起发送出去，作为其工作量证明。这个过程被称为“挖矿”，从事记账权竞争的计算节点被称为“矿工”。

下面来看一下 SHA256 算法是如何工作的。SHA256 算法也被称为单向函数，即其结果很难计算得出，但却很容易被验证。如果想把这个结果反向计算出来，需要尝试遍历每个输入的随机数，直到某个随机数与之匹配为止。所谓遍历就是一个一个地尝试，就好像我们不知道别人的密码，但如果知道这是一个两位数，就把两位数的各种组合全部试一下，最终总能试出来。

下面是一个区块的哈希值：

“000000000000000052d657768acaedd6ce0f21bb73b4189ec439fdebf1f536e”。

前面有一串 0，0 的个数决定了区块的难度系数。0 越多，算力攻击的概率难度越是呈指数上升。例如，找出以“0”打头的 SHA256 的输入值平均需要尝试 16 次，“00”打头的平均需要尝试 256 次，以此类推。上面这个区块，17 个 0，平均需要尝试 2^{68} 次才能找到一个随机数。

工作量证明如此之难，也是为了阻止欺诈者轻易伪装成若干计算节点，凌驾于区块链网络之上，引入另一个区块链，并推翻之前的交易，引入新的交易。要达到这样的目的，任何想要攻击区块链网络的人，都必须完成极其巨量 SHA256 运算，这样做的成本根本不划算。

要找到匹配的区块哈希值，需要经过大量尝试性的计算，计算时间取决于计算节点的哈希运算速度。当某个计算节点提供出一个匹配的区块哈希值，说明该节点确实经过了大量的尝试性计算。这个计算次数就是工作量。当然，并不能得出计算次数的绝对值，因为寻找合理哈希值是一个概率事件。当节点拥有全网 *n*%的算力时，该节点即有 *n*/100 的概率找到区块哈希值。

但是，这也产生了一个很严重的问题：工作量证明是相当浪费计算资源的。比特币网络每秒约进行 600 千亿次运算，最终这些运算并没有任何实际或科学的用途。其唯一目的在于解决工作量证明问题。当然，在没有其他选择的情况下，这种工作量证明的浪费相对于获得全球数字货币流通的公正性而言，可能是值得的。

PoW 算法能确保只有被共识的区块才能被加进区块链。一旦一个基于哈希算力的 PoW 难题被某节点求解了，该节点获得记账权，新区块经过共同验证后链接到区块链中，就会被永久地存储起来，任何人或机器都无法修改。而每个区块的合法性验证包括了对其中的所有交易的合法性检验及区块之间数据关联性规则的检验。只有第一个完成这个难题的计算节点才能把新的区块加入区块链中。新的区块被加入后，全节点立即向网络中的其他节点通知更新本地的数据库。区块链就这样按照时间顺序和交易持续不断地增加区块的数量。

在 PoW 算法下，中本聪也预料到了计算节点们可能的合伙勾结和欺诈，发起所谓的“51%攻击”。理论上，当攻击者拥有了超过全球 51%的比特币算力时，将可能伪造比特币网络的任何数据，这就是 51%攻击。然而，中本聪通过 PoW 算法引入了一种成本透明的机制。欺诈的成本是可以预见的，非常巨大！当做坏事拥有最昂贵和最直接的成本时，PoW 机制催生的分布式账本和数字信任的环境就产生了，它具有根本上的创新性和变革性！从这个意义上看，与 PoW 的共识机制相比，还没有其他任何机制比它更公平。不支持 PoW 的人说它“太耗能”，但天下没有免费的午餐，为了历史记录的不变性，人们不得不牺牲某些能量和成本。至少它对所有人是公平的，对它振振有词的人还找不到更经济的或者“不劳而获”的方式来获得 PoW。

但毕竟人们还是需要替代性的方案，股权证明就是一个不错的选择。

2. 股权证明

股权证明（Proof of Stake，PoS）算法提供通过持币数量和持币时间来形成的股权证明，此刻谁持有的股权多，谁就更优先获得记账权。PoS 要求证明人提供当期一定数量的加密数字货币的股权。PoS 所蕴含的理念与股份制公司的原理是一样的，谁拥有股份，谁就在达成共识中具有更多的“发言权”，获得记账的概率就更大。为了免除 PoW 竞争记账的高耗能，在 PoS 算法中，记账权随机地在全网产生，获得记账权的概率和每个矿工钱包中当期的代币持有量（即股份）成正比。为了保证记账的公平性，PoS 算法引入了币龄的概念，就是该账户的持币时间。“PoS 证明 = 股权×币龄”，每次记账发生后，该记账节点币龄被清空，这样保证其他股份相对较少的节点在下次有更多机会获得记账权。

PoS 最早是在 Peercoin 中被采用[57]的。根据矿工持有的数字货币的数量和时间，可以分配利息。在 PoS 算法下，假设每个币每天产生 1 币龄，如果参与者持有 100 个币，总共持有了 30 天，那他的币龄就是 3000。每具有 365 币龄，假设将会从区块中获得 0.01 个币的利息，可以理解为年利率 1%。如果矿工获得记账权，创造了一个 PoS 区块，他的相应的币龄就会被清空为 0，这位矿工获得了利息 0.08 个币（3000×0.01 / 365）。币龄被清空后，持币时间将从 0 重新算起，这样，再过若干天，你才能再次获得利息。

与 PoW 机制不同，在 PoS 机制中，币龄在某种程度上就代表着算力。PoS 的 SHA256 哈希运算是基于如下打包的数据：交易输入数据、其他固定数值数据、时间戳数据等。哈希运算的难度是与交易输入的“币龄”成反比的。虽然这种矿机的算力会随着时间增长，但每次发现一个新区块，其算力就会归零。

PoS 的设计理念旨在解决比特币 PoW 机制持续发展所存在的一些“缺陷”：

第一，PoS 利息机制提高了矿工参与挖矿的积极性。比特币的区块产量每 4 年会减半，在不久的未来，随着比特币区块产量越来越低，难度越来越大，大家挖矿的动力将会不断下降，矿工的人数就会越来越少，整个比特币网络就有可能会逐渐陷入瘫痪。如果很多矿工都减少了上线运行比特币客户端的时间，就越来越难找到一个节点去连接和同步网络数据。但在 PoS 的设计中，矿工只有打开钱包（客户端程序），才能创建 PoS 区块，也才会获得利息，这就促使很多不想挖矿的人，也会常常打开自己的钱包，这从某种程度上保证了 P2P 网络的健壮性。

第二，PoS 算法旨在增加 51%的攻击难度。在比特币发展的若干年后，随着矿工人数的下降，比特币很有可能被一些高算力的人（或团队、或矿池）进行 51%的攻击，导致整个比特币网络崩溃。在 PoS 的设计中，即使攻击者拥有了全球 51%的算力，也未必能够进行 51%的攻击，因为，有一部分货币并不是挖矿产生的，而是由利息产生的，这要求攻击者还需要持有全球超过 51%的货币量，看起来是杯水车薪，但进一步提高了 51%攻击的难度。

第三，PoS 算法具有防范通货膨胀和通货紧缩的能力。比特币是一个永远不会通货膨胀的体系，因为他的货币总量是固定的。相反，比特币其实是一个通货紧缩的体系。当矿工忘记了钱包密钥，矿工可能永远无法再拿回钱包里的钱。这意味着，每年都会有一些比特币随着钱包的丢失而永远被锁定，形成了实质上的通货紧缩。在 PoS 的设计中，PoS 提供一定的年利率，将尽可能保证既不通货膨胀，也不通货紧缩。

PoS 机制是在 PoW 基础上的一个新机制，相比 PoW 有着不同的见解和先进的理念。

首先，PoW 比拼的是矿机算力，对劳苦大众公平；PoS 比拼的是币龄算力，对财富拥有者公平。在 PoW 挖矿中，决定谁更可能挖到币的是矿机的运算速度，而 PoS 挖矿不会占用大量的计算资源。在 PoS 中，决定谁更可能挖到币的是“币的数量”和“币龄”。币数越多的，币龄越长的，就越可能挖到币。

其次，挖出的币的数量不同，在 PoW 中，一个区块产生的币和你现在所持有币的数量无关，4 年内就是固定数量的比特币（当前是 12.5 个比特币）。但在 PoS 中，用来挖矿的币越多，这些币的币龄越长，矿工挖到的币也就越多。

最后，背后的经济学原理不同。PoW 的规则，因为加入了大量计算成本，劳动最光荣，有利于“无产阶级”。PoS 币的规则因为没有计算成本的问题，马太效应明显，富者愈富，有利于“资产阶级”。PoS 币的利息越高，该币将会产生的不公平性就会越高，剩余价值都被“资产阶级”剥夺了。

关于 PoW 和 PoS 孰优孰劣的争论，在加密数字货币社区从未停歇过。PoS 支持者攻击 PoW 挖矿太浪费资源，是不可持续的；而 PoW 支持者则反唇相讥，认为 PoS 机制的代币分配不公平，会导致富者愈富问题的发生。从加密数字货币发行看，如果发行总量恒定，PoW 更适合前期发展，而 PoS 更适合后期发展。值得一提的是，当前，以太坊所使用的同样是 PoW 机制，但创始人 Vitalik 透露，以太坊区块链在到达某个区块的时候，其区块链的共识机制将可能通过硬分叉从 PoW 切换至 PoS，如 Casper，以省去挖矿所需的电力，并减少区块的间隔时间。

3．股权代表证明机制（DPoS）

股权代表证明机制（Delegate Proof of Stake，DPoS），相当于股东代表

大会，它的原理是让每一个持有股份的人进行投票，由此产生有限数量的代表，例如产生 100 位代表，可以将他们理解为 100 个超级节点，发给他们作为代表的证明，而这 100 个超级节点彼此的权利是完全相等的。从某种角度来看，DPoS 有点像是代表大会制度，如果代表不能履行他们的职责——当轮到他们时，没能生成区块，他们会被除名，网络会选出新的超级节点来取代他们。Bitshares 和 EOS 都采用了 DPoS 的共识算法。

本质上，PoS 和 DPoS 又回到了中心化信任机制，通过牺牲公平性来提高效率，在这两种算法中，我们做了一个假设，相信有利益的人或者他们的代表能够记好账。这可能与区块链的理想——去中心化信任相悖，但它又是针对现实要求进行平衡的结果。

4. PBFT 类共识算法

PBFT 类共识算法是按照拜占庭问题的思路，用拜占庭算法来“选举”记账节点[58]。PBFT 是从全网节点中选举出一个主节点（Leader），新区块由主节点负责生成。计算节点在每一轮共识过程中通过“投票选举”的方式选出当前轮次的记账节点，首先获得半数以上选票的计算节点将会获得基于选票证明的记账权。PBFT 共识机制效率高，支持秒级出块，而且支持强监管节点参与，具备权限分级的能力，在安全性、一致性、可用性方面有较强优势。

但是，在 PBFT 系统中，一旦有 1/3 或以上记账节点停止工作，系统将无法提供服务。当有 1/3 或以上记账节点联合作恶，且其他所有的记账节点被恰好分割为两个网络孤岛时，恶意记账节点可以使系统出现分叉。这是 PBFT 的缺陷。

下面我们对上述不同共识机制进行比较，如表 2-2 所示。

表 2-2 共识机制比较

共识机制	原 理	优 点	缺 点	币 种
PoW 工作量证明	通过哈希计算，找到一个满足规则的随机数，获得本次记账权	完全去中心化，节点自由进出	(1)挖矿造成大量的资源浪费。(2)共识达成的周期较长	比特币 以太坊
PoS 股权证明	根据每个节点所占代币的数量和持有时间，优先获得记账权	大幅缩短了共识达成的时间	还是需要挖矿，只是牺牲普遍的公平性来赢得效率	点点币 NXP
DPoS 股权代表证明	类似于股东大会投票，持币者选出一定数量的节点，代表他们进行验证和记账	大幅缩小参与验证和记账节点的数量，可以达到秒级的共识验证	更进一步地进行集中化和信任化，牺牲了去中心化的好处	比特股 DPoS
PBFT 类共识算法	类似于选举，从全网节点中选举出一个主节点（Leader），新区块由主节点生成	共识机制效率高，支持秒级出块，而且支持强监管节点参与，具备权限分级能力	一旦有 1/3 或以上记账节点停止工作，系统将无法提供服务	Hyperledger

通过共识算法，不同的节点能够公平地获得记账权，同时也获得共识证明。对计算节点而言，共识证明的积累本身就是格兰诺维特所说的信任资产[28]的积累，或者是科尔曼所说的社会资本[30]的积累。于是，人们自然想到用数字货币或数字通证来为这种资产或资本进行计量，这正是比特币设计的科学和美妙之处。

2.10 数字世界的互惠激励

古人说“以利相交，利尽则散；以势相交，势败则倾；以权相交，权失则弃；以情相交，情断则伤；唯以心相交，方能成其久远”。在数字化信任体系中，一个基本问题是分布式计算节点参与到区块链网络的动机是什么？

在公有链，计算节点是自愿加入的；在联盟链，计算节点是授权加入的。这就带来了一个问题——这些分布式计算节点为什么愿意持续参与生成和更新区块链数据？

在计算节点利他行为的背后，可能有着不同的动机，有的是纯粹出于内心的喜好，志愿参与，即“以心相交”；有的是受经济激励参与，即“以利相交”；有的是被命令或者强制要求参与，即“以权相交”。

在计算节点不同动机的背后，其实是人类的本性在发挥作用。道金斯在《自私的基因》中提到，生物基因永远是自私的，其目的就是繁衍自身，个体只是基因的奴仆[59]。人类的基因是自私的，利己符合自然选择进化论。但生物还有四种彼此帮助的利他动力，并且也是自然选择在发挥作用：一是亲族选择，即发生在亲族间的利他行为。二是互利共生，即互相帮助才能生存下去。三是互惠的利他行为，即你有利于我，我也有利于你，包含直接互惠和间接互惠，间接互惠主要是因为声誉或惩罚采取的互惠。四是群体选择，即利他性群体能获得相比利己种群更大的利益[60]。阿克塞尔罗德通过“重复囚徒困境”试验证明，最成功的合作策略就是“一报还一报”，即互惠的利他行为有助于在合作中胜出[54]。

在一个数字化信任体系中，通常采用的激励机制就是互惠的利他行为。互惠是构建信任的基础，让计算节点都能获得经济上的激励，才能激发计算节点主动参与区块链记账，这是更加市场化的机制。经济上的互惠激励可以通过多种方式来实现，可能是在区块链上直接获得数字货币收益，也可能是在区块链上获得拓展业务的机会，或者降低合作成本的机会。这就形成了区块链系统的两种经济激励方式，一种是区块链发行自己的数字货币进行经济激励，另一种是区块链网络通过提供联盟业务合作机会或低成本可信经济环境来进行激励。

第一种方式，通常是公有链的经济激励机制，即通过区块链系统自己发行的数字货币（代币或 Token，也称为通证）来进行激励，这就形成了该区块链的经济体系。如上节所述，通证来自共识算法，某种程度上，可以看作“不可拒绝”的证明，是数字化信任资本的计量和证明。发行自己的数字代币的区块链，被称为有币区块链。在比特币等公有链中，需要设置出数字货币发行和激励的机制，才能保证记账节点（矿工）自愿奉献出算力来参与到 P2P 网络中，挖矿的目的就是为了获得加密数字货币激励。一些联盟链，也设置了数字积分等形式的代币，通过积分来进行计算节点的经济激励。

第二种方式，通过授权有限数量的计算节点保证拓展业务和成本降低等机会在成员中进行共享，授权节点也愿意积极参与到区块链记账中来。这类不发行数字货币的区块链，被称为无币区块链。在联盟链中，数字货币或代币只是可选项，很多联盟链是无币区块链。其实，在联盟链，如 Hyperledger，每个节点都有机会获得选票，多次当选也是在联盟中威望的体现，理论上“选票”也可以成为联盟链中的通证或代币。

现在，让我们看看比特币区块链的经济体系是如何运行的，如图 2-9 所示。

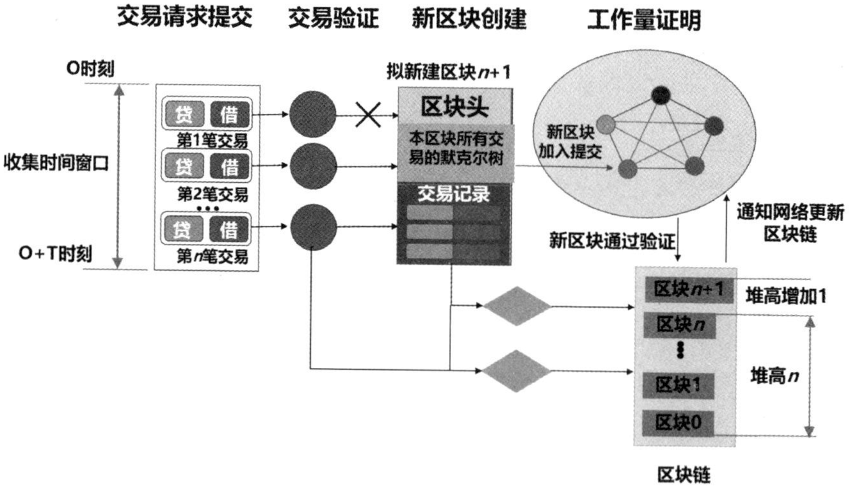

图 2-9　比特币区块链的运作原理

第一步，所有比特币交易在一个比特币区块链的对等网络（P2P）上进行，每个新的交易广播给 P2P 网络上的所有计算节点。

第二步，每个节点把收到的一个时间段内所有新的交易信息打包，做哈希运算，盖上时间戳，形成一个区块（Block）。

第三步，为了给自己的区块竞争记账权，把形成的新区块加入区块链中，每个节点努力工作以提交工作量证明，也就是解 SHA256 密码学难题。

第四步，如果一个计算节点解开了 SHA256 难题，找到了工作量证明，赢得这个区块的记账权，将向全网所有节点广播这个区块，包括所有交易信息，并由全网其他计算节点进行验证。

第五步，如果区块中的所有交易是有效的，那么所有节点接受这个区块。它被链接到区块链的尾部。该计算节点（矿工）获得比特币奖励。每个比特币区块（Block）第一个 4 年奖励 50 个比特币，每 4 年减半，现在是每生成一个新区块奖励 12.5 个比特币。

第六步，所有节点转向创造下一个区块，也表示大家都接受了当前这个区块。被接受区块的哈希值，将作为父区块的哈希值纪录在下一个区块的区块头中。

从这个过程看，每生成一个新的区块，记账节点将获得新发行的比特币奖励。这是成千上万的比特币矿工进行挖矿的直接动力。

虽然以太坊的定位是一个区块链智能合约应用开发平台，但以太坊也有自己的数字货币——以太币（ETH），并且以太坊上还支持创建各种有自己 ERC20 代币的智能合约应用。这些智能合约应用可以通过在以太坊上发行自己的代币来募集以太币，这一方式激发了区块链项目代币化，也反过来提升了以太坊平台的流动性。同时，在以太坊上，每笔交易都需要缴“税”，以太坊称为 Gas，要在以太坊“行驶”，就要缴纳“汽油税”。激励机制和数字货币发行，使得区块链系统从一个技术系统转变为一个经济系统。

激励机制仅仅是引入数字货币或代币的一个理由，代币所具备的权益性、资产通证性和流动性使得其在整个区块链经济系统中的价值得以凸显。以代币为纽带的数字资产权益分享、统一流通标准、数字资产升值等经济系统的合理性就更为关键。因此，有币区块链系统是更有应用场景的区块链系统！无币区块链系统，从某种程度上更像一个分布式数据库和可信环境，远不是一个活的数字资产的可信载体。

与利他激励相关的是在数字化信任体系中的声誉或信用的积累。一些节点总是能够获得记账权，必然会积累其信任资本，获得更多的通证或者选票，从而积累起其在社群的声誉或者信用，但这会带来中心化的倾向，削弱数字化信任的公平性。因此，在算法设计中，数字化信任体系会有意提高节点记账的公平性。

2.11 数字世界的契约合作

经济社会发展中，信任和契约总是相辅相成的。经济学家阿罗认为，信任也是控制契约的最有效机制，因为信任使契约的执行更有效。在系统信任关系中，信任者 A 是把自己的利益押在“假定一般人是有能力及有责任感去履行他人托付给他们的事务”这一概括化的信念之上的。如果这种系统信任不是托付给文化价值观形成的自觉责任，而是托付给强制的契约，那么这种信任被称为契约性信任。此时，信任就是指内化了这种合约托付之后所形成的那种对一般合约对象会履行合约内含的义务及责任的信任。因此，契约型信任是一种基本的信任关系，尤其是在非熟人信任的现代社会中。在这种契约性信任中，信任和契约的关系是“契约是落实信任的行动”。A 信任 B，A 可以与 B 签订契约，共同完成一个交易。即使当人们之间出现不信任的问题时，人们也可以通过契约的方式来保证他们之间可以拥有信任关系。即使 A 不信任 B，但 A 仍可以勉强与 B 签订契约，通过签订合同，A 与 B 仔细考虑计划的未来部分，希望重新引起 A 与 B 的信任。总之，通过法律约束的形式，建立 A 与 B 的系统信任关系，共同完成一个交易。

当前，数字化信任就是一种契约性的信任，是一个信守合约的数字化系统。智能合约（Smart Contract）正在成为第二代区块链（或区块链 2.0）的标准配置。智能合约是一套以数字化形式定义的承诺，包括合约参与方可以在上面执行这些承诺的协议。它决定标的的资产在哪里，所有权及将如何处理。例如，有一个存款合约，形式为“A 每天最多提现 *X* 个币，B 每天最多提现 *Y* 个币，A 和 B 一起可以随意提取，A 可以停掉 B 的提现权”。

智能合约就是一个数字化合同。与普通合同不同的是，智能合约的核心是利用算法程序（或者称为脚本）来替代人去执行合约的，它可以不受人工干预，自动执行合约中的协议条款。智能合约被写入计算机可读的代码中。一旦达到触发条件，由计算机自动执行。智能合约相当于在计算机系统中构建一份参与方均可读的合同，允许在没有第三方的情况下进行可信交易。

智能合约并不是一定要依赖于区块链来实现的。自尼克 • 萨博 1993 年提出以来，智能合约始终停留在理念层面。重要原因在于，长久以来没有支持可信代码运行的环境，无法实现自动强制执行。而区块链第一次让智能合约的构想成为现实，区块链的透明、可信和可审计的特性决定了智能合约更加适合于在区块链上来实现。执行智能合约有一个前提，被签订的资产交易在执行前不能被篡改。去中心化、安全、不可篡改，这正是区块链技术所具备的特性。因此，区块链技术就成为最理想的智能合约的底层支撑技术，它能保证在智能合约程序执行前，合约内容不被篡改。执行智能合约的脚本就存储在区块链上，当条件满足时会自动执行。

智能合约的引入意味着区块链技术不仅仅是对货币交易进行记账的，通过把更广泛的合约指令嵌入区块链中，各种数字化资产的复杂交易和流通都能被区块链技术有效支撑。智能合约不仅是由脚本定义的，也是由脚本来自动触发执行的。智能合约的引入，本质上是引入了一个自动化的“合约机器”，真正实现了去中心化。一方对另一方的资产交易不需要通过任何第三方中介机构，资产持有双方在区块链上直接履行合同金，不需要金融中介机构。脚本程序能够自动验证合约条款是否履行，合约验证一旦完成，将会授权进行交易处理，不需要任何中间人的存在，而结果会永久地记录在区块链数据库中。智能合约的示意如图 2-10 所示。

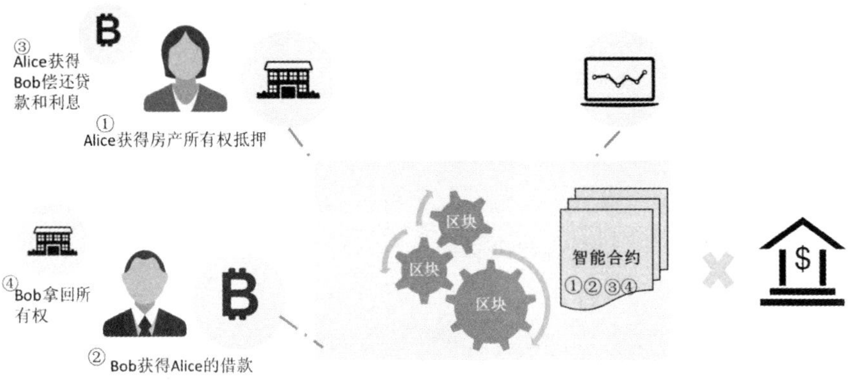

图 2-10　智能合约的示意

执行合约的脚本是区块链技术中一项非常重要的创新。如果区块链技术只是为了适应某种特定的交易，那么脚本的嵌入就完全没有必要，区块链系统可以直接定义完成价值交换活动所需要满足的条件。然而，在一个去中心化的环境下，所有的协议都需要提前取得共识，脚本的引入就显得必不可少了。有了编程脚本，区块链技术就会灵活地定制一些无法预见到的交易模式，保证了应用的灵活性和可扩展性，也增加了技术的实用性。

智能合约脚本中包含了众多指令的列表，这些指令记录了资产交易的程序，例如在每一次的资产交易活动中，资产交易的接收者如何获得这些资产，以及变卖自有资产需要满足哪些附加条件。与比特币的加密算法一样，一段发送资产到目标地址的脚本内嵌了加密算法，要求资产的持有人提供一个公钥和一个签名，才能使用自己之前收到的资产。

脚本最大的好处在于它具有可编程性，通过脚本你可以改变游戏规则，比如，可以灵活改变售卖资产的条件。例如，脚本系统可以要求同时提供两个私钥，或几个私钥，或无需任何私钥等；可以灵活地在发送资产时附加一些资产再转移的条件。例如，脚本系统可以约定这一笔发送出去的资产以后只能用于支付证券公司的手续费，或只能支付给政府等。

相比传统合约，基于区块链的智能合约优点如下。

（1）合约制定的高时效性：智能合约在制定中不必依赖第三方权威机构或中心化代理机构的参与，只需合约各方通过计算机技术手段将共同约定条款转化为自动化、数字化的约定协议，大大减少了协议制定的中间环节，提高了协议制定的响应效率。

（2）合约维护的低成本性：智能合约在实现过程中以计算机程序为载体，一旦部署成功，计算机系统就会按照合约中的约定进行监督和执行；一旦发生毁约就按照事前约定由程序强制执行。因此，极大降低了人为监督与执行的成本。

（3）合约执行的高准确性：在智能合约的执行过程中，由于减少了人为参与的行为，因此利益各方均无法干预合约的具体执行，计算机系统能够确保合约正确执行，有效提高了合约的执行准确性。

智能合约同样也有很多局限性。智能合约的法律问题是要考虑的问题之一，关键是智能合约能不能得到现有法律的保护和认可。智能合约的安全性是问题之二，很多智能合约很简单，可能存在合约漏洞和 bug，容易造成重大的损失，很多数字资产遗失的案件，问题就出在智能合约的漏洞上。

2.12 数字化信任的特点与意义

总结一下本章的内容。区块链是数字世界的社会参与、历史存证、签名转发、规则共识、互惠激励、契约合作的机制，通过六个部分的递进，逐步建立了数字化信任体系，即通过 P2P 对等网络建立了数字化社会合作空间，通过分布式账本建立了数字化交易历史存证，通过非对称加密算法等建立了数字化交易签名转发机制，通过共识算法等建立了数字化的规则共识和通用证明机制，通过通证激励等建立了数字化互惠激励机制，通过智能合约建立了数字化契约执行机制，从而在数字世界构建起一个数字化信任机器，成为一种新型的数字化的系统信任。

数字化信任首先是一种信任关系，信任所具有的四个特点（主观性、预期性、社会性、风险性）在数字化信任中当然也具备。

一是主观性。如前所述，在“A 相信 B 会做 X”的信任结构中，信任者仍需要做出自身的主观判断，只是因为有区块链作为信任的载体，信任者做出这种判断的信心会更足，所做判断会更加客观。

二是预期性。数字化信任也是信任者的一种预期，有区块链作为信任的载体，预期更加可靠，基于预期的交易和社会行为会成倍增长，衍生更多基于信任的经济，从而促进经济发展和社会合作。

三是社会性。数字化信任是一种新型的社会资本形式，可以成为以社会网络为特征的经济交易和社会合作的数字化工具，衍生出更多基于数字化信任的创新模式和业态。

四是风险性。数字化信任也具有风险性，但比其他信任形式更具有简化复杂性和降低风险的作用。

但与人际信任和其他的系统信任不同，数字化信任有自身的显著特点。

一是数字化。数字化信任是由计算机、软件程序和算法构建起来的信任机制，数字化程序借鉴了人类信任构建的部分原理，建立起一种仅仅依靠计算机网络、计算机节点、区块链软件、密码学和共识算法、智能合约代码等就能自动运行的系统信任机制。发生在网络中的每一笔交易都会被以数字化的方式永久记录下来，且不可篡改。触发交易执行的规则也能用数字化的方式进行编码和部署，数字化也带来了信任机制的标准化、公开化和可追溯性等特点。

二是公共性。数字化信任是信任者和被信任者之间共享的公共商品或设施。数字化信任的建立也需要多方合作贡献计算资源，数字化信任的达成需要多方参与交易或合作，数字化信任系统是让参与交易的各方受益的，数字化信任发生的成本也是多方共担的。

三是耦合性。通过分布式账本与智能合约的结合，数字化信任实现了信任预期和信任执行的耦合，强化了信任关系的建立，减少了“失信”“背信”的机会，也进一步提高了交易的执行效率，降低了交易成本。

数字化信任的这些特点能够促进交易可信、经济合作、社会共治和价值共享，使得它对经济社会的发展具有重要意义。因而，以数字化信任为根本的区块链技术就成为数字货币信用背书、数字资产可信交易、社会可信协作的底层数字基础设施。

第 3 章 区块链与数字经济发展

区块链本质上是建立了数字化信任体系，通过经济活动的数字化分布式账本和智能合约等技术为数字货币提供了信用背书的机制，为数字资产提供了真实交易记录和价值交换协议。区块链将极大推动数字经济模式创新，优化供给侧结构、资产配置和产权结构，具有显著提升经济协作的效率和质量、大幅降低经济活动的交易成本的巨大潜力。

3.1 数字货币

3.1.1 数字货币的信任机制

货币通常有三个职能：一是交换的媒介，二是价值的尺度（或称记账的单位），三是价值储存的手段[61]。熊彼特说，信用是货币的创造者[62]。货币本身就是一种系统信任，是人们借以获得最终支付手段（即消费资料）的一种交换凭证或媒介。而且，货币是一种具有普遍性的信任凭证和简化机制[31]，一方面它把质的规定性简化为量的规定性，抹去了任何事物的特殊性；另一方面，它通过匿名抹去了相互交换主体的特征。由于建立了普遍原则的信任结构[21]，货币获得了巨大的成就，一切物品都可以买卖，一切物品的买卖都受法律保护，私有财产的权利也受法律保护。最终，货币成为国家信任的物证。

数字货币是数字化货币的总称。我们可以认为，数字货币是一种具有普遍性的数字化信任结构。数字货币也遵循货币的普遍性原则，但在信任结构上有了重大突破，它主要采用数字化信任来作为信用背书机制。如图 3-1 所示，我们对数字货币和纸币进行了比较，它们有很多相似性，但在信任结构上完全不同。

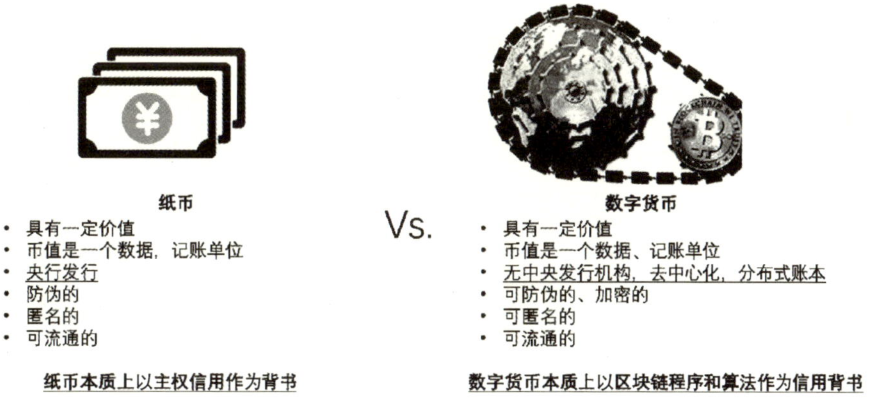

图 3-1　数字货币与纸币的比较

按照信用背书机制，数字货币也主要分为加密数字货币和法定数字货币两种类型。加密数字货币完全以区块链作为底层技术和信用背书机制，法定数字货币仍以主权信用作为背书，一般具有强中心化的属性，但也吸收和借鉴了区块链技术的很多精髓，可以把区块链技术作为辅助的信用背书机制。

相比于货币的以往形式，基于区块链技术的数字货币实现了两大本质创新。

第一，区块链为数字货币发行和流通建立了信用背书的新机制。纸币的发行需要有中央银行的主权信用作为背书。区块链用程序和算法建立了数字化信任体系，从技术上为货币的信用背书提供了新机制。由于货币具有主权属性，基于或借鉴区块链技术，法定数字货币仍由各国央行发行，如我国央行正在研发的 DCEP、英国央行正在研发的 RSCoin。但事实上，非法定数字货币可以由其他主体发行，如比特币、Libra 等。这为数字货币的流通和交易提供了多种路径选择，有助于通过多种方式形成网络空间上的货币流通。它也为跨主权货币交易和流通建立了信用背书机制，有助于探索全球一体化的、去中心化的、可信的货币金融新体系，重建全球货币金融的秩序。

第二，区块链为货币流通建立了分布式账本和数字账户体系。不同于传统银行的账本和账户体系，基于区块链技术的数字货币采用了分布式账本，构建了数字账户体系，部署了智能合约，大幅提高了货币与其流通交易的耦合度。

因此，基于区块链技术的数字货币流通具有三个明显的优势。一是货币流通更加安全。它从根本上解决了数字货币的“重复支付”难题，杜绝了假币的产生，以比特币为例，自其发行以来未曾出现一枚假币。二是货币流通更加透明。基于分布式账本技术，建立了全网、全历史的货币交易记录，可实现货币交易透明、可审计和追溯。并能对货币供应量及结构、流通速度、流向等进行更为精确的测算，提升货币政策的有效性。三是货币流通更加高效。通过分布式共享账本，能实现货币支付即结算、支付即清算，清结算效率大幅提升，成本大幅下降。智能合约的引入，让链上的交易可以摆脱人为操作，满足合约规则就可以自动交易，使交易效率进一步提升。

法定数字货币以国家主权信用作为背书，仍是中心化的信任机制，但采用了多项数字化信任相关技术，加密数字货币以区块链程序和算法作为信用背书，是去中心化的数字化信任结构，加密稳定币是锚定实际价值的折中的数字化信任结构。下面将分别进行分析。

3.1.2 法定数字货币

在数字经济时代，各国中央银行需要研究区块链技术对金融基础设施带来的革命性影响，在支付体系运行、货币体系运行等方面进行积极应对，于是法定数字货币研发被提上了日程。

法定数字货币，就是中央银行代表国家发行的数字货币（Central Bank Digital Currency, CBDC），即基础货币的数字化形态，属于中央银行负债，具有法偿性。虽然各国中央银行都在积极研究法定数字货币，但截至 2019 年 12 月底还没有正式发行的法定数字货币。

中国是较早研究和设计法定数字货币原型的国家。中国在研的法定数字货币是 DCEP（Digital Currency Electronic Payment），DC 是指数字货币，EP 是指电子支付。自 2014 年起，中国人民银行就开始组建团队研究法定数字货币。2016 年，中国人民银行成立了数字货币研究所，设计和研发法定数字货币及其概念验证应用。

我国法定数字货币的最初设计遵循四个原则，即双层投放、中心化的、不是 M1/M2 替代、智能合约审慎加载[11]。

第一，法定数字货币 DCEP 是双层投放，按照现行人民币管理原则，不改变现在的货币投放路径和体系，法定数字货币的发行和回笼基于“中央银行—商业银行”的二元体系来完成。中央银行负责法定数字货币的发行与验证监测，商业银行从中央银行申请到法定数字货币后，直接面向社会，负责提供数字货币流通服务与应用生态体系构建服务。

第二，法定数字货币 DCEP 是中心化的，不是去中心化的。在央行法定数字货币体系中，由央行做中心化发行，数字货币管理也由认证中心、登记中心和大数据分析中心等承担，这一点与比特币等加密数字货币完全不同。

第三，央行法定数字货币仅仅替代一部分 M0，即替代部分现金。由于 M1（狭义货币）和 M2（广义货币）基于商业银行账户，已实现电子化或数字化，法定数字货币不是对基于商业银行账户的狭义货币 M1 或者广义货币 M2 的替代。简单地说，在数字钱包中的央行数字货币，就像你兜里的现金，本身不能获得存款利息，利息是通过数字货币的存款账户来获得的。

第四，智能合约审慎加载，以保证货币功能的严谨性。

我国法定数字货币体系的总体框架是一种币、两个库、三个中心。一种币是指法定数字人民币，两个库是指央行发行库和商业银行流通库。三个中心是指认证中心、登记中心和大数据分析中心，如图 3-2 所示[63]。

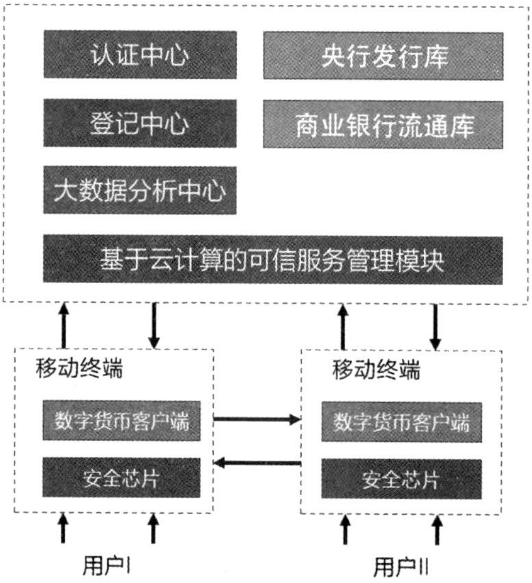

图 3-2　我国法定数字货币系统总体框架

从我国法定数字货币的技术体系看，DCEP 是把数字货币（DC）和电子支付（EP）结合起来的数字货币体系。在法定数字货币 DCEP 的技术体系中，建立了基于云计算的可信服务管理模块，也就是说 DCEP 采用了多项旨在建立数字化信任的技术，涉及交易技术、安全技术和可信保障技术[64]，如图 3-3 所示。交易技术包括在线交易技术和离线交易技术。安全技术包括基础安全技术，如加解密技术和安全芯片技术，保证钱包安全；数据安全技术，如安全存储技术和传输保护技术，保证服务器数据安全、钱包数据安全等；交易安全技术，如匿名技术、电子认证、防重复交易技术、防伪技术等，保证交易过程的数据隐私、身份认证、防止双花、防伪造等。可信保障技术包括可信服务管理技术，涉及认证中心、登记中心和大数据分析中心等。在技术实现上，央行法定数字货币不预设技术路线，可以在市场上公平竞争选优，既可以考虑区块链技术，也可以采取在现有的电子支付基础上演变出来的新技术。

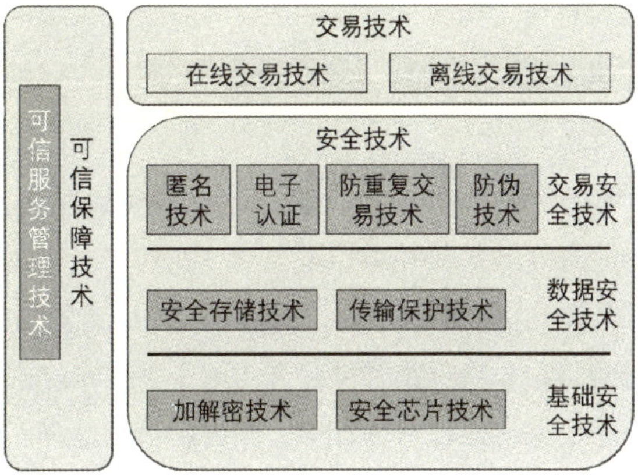

图 3-3 我国法定数字货币的核心技术体系

截至 2019 年 12 月，法定数字货币 DCEP 基本完成顶层设计、标准制定、功能研发、联调测试等工作，下一步将合理选择试点验证地区、场景和服务范围，稳妥推进数字化形态法定货币的应用[65]。法定数字货币 DCEP 还会有一系列的研究、测试、试点、评估和风险防范，特别是数字货币跨境使用，还会有反洗钱、反恐融资等一系列的监管要求[12]。在 DCEP 设计、发行和流通的各个环节，会充分考虑和验证所面临的多样性和复杂性。央行需要准确测定、核算并建立托管规则，通过实现百分之百备付金来保持稳定，同时灵活校正激励机制[66]。

在法定数字货币 DCEP 体系下，商业银行是流通方。商业银行需要开发自己的数字钱包（相当于现钞的金库）和数字货币运行系统，并与央行数字货币发行系统对接、与客户的数字钱包对接。商业银行在央行开户，按照百分之百的比例（全额）缴纳准备金，个人和企业通过商业银行或商业机构开通数字钱包。客户使用数字货币必须有专门的数字钱包，商业银行需要为客户制作数字钱包，这个钱包只能由央行发布，或央行委托商业银行发布。用户只要下载注册一个数字钱包 App，便可使用。商业银行要开展数字货币与记账货币、纸币、硬币的兑换服务。在账户方面，在现金账户之外，还要增加数字货币账户。商业银行要代理央行做好数字货币对社会的发行工作和管理工作，包括数字货币的回笼[67]。与取现金一样，商业银行对 DCEP 也会按照现行的现金管理规定，设置一定的门槛，以防在特殊情况下发生挤兑危机。

在法定数字货币流通和使用中，DCEP 的功能和属性与纸钞完全一致，是“具有价值特征的数字支付工具”，与纸钞支付类似，不需要账户就能够实现价值转移。具体支付路径体现为：支付双方手机均安装有 DCEP 数字钱包，即便没有网络，只要保持开机状态，两个手机碰一碰就可以完成货币转账，而且并不需要绑定任何银行卡。不过，手机持有人如果向数字钱包充钱，或者从数字钱包提取资金，依然还需要绑定银行账户。

但是，央行法定数字货币的现有原型版本，本质上还是纸钞的电子化和数字化，仍然以国家主权信用作背书，采用中心化信任结构，虽然采用了很多数字化信任的技术，但并不是以区块链为基础的分布式数字化信任。因此，央行法定数字货币的发行会面临很多挑战。比如，如何防止双花？如何建立其他国家对于人民币的信任？怎么建立基于数字人民币的全球支付的信任体系？因此，央行法定数字货币不会固步自封，它也一定会有自身的迭代演进版本，但不管在哪个阶段，建立数字化信任体系都是其发展的基础，区块链技术或许将是央行法定数字货币下一个版本的技术选择。

3.1.3 加密数字货币

加密数字货币是完全基于区块链技术且不需要主权信用作为背书的数字货币，也被称为虚拟货币，如比特币、瑞波币、以太坊等。世界各国对加密数字货币的法律地位界定并不相同，考虑现有的加密数字货币大多具有很强的投机性和不稳定性，很多国家把它们界定为数字商品或数字资产，并不承认它们是货币。

加密数字货币是数字货币技术创新、应用场景创新和金融创新的重要试验场，为数字货币的发展做出了巨大的贡献，也应是数字货币领域不可或缺的组成部分。加密数字货币已经经历了大致三代的演变，从以比特币为代表的第一代加密数字货币，到以以太坊为代表的加载了智能合约的第二代加密数字货币，再到以 EOS、Libra 等为代表的针对企业级应用的第三代加密数字货币，逐步通过区块链技术创新来解决数字货币交易效率低、小微支付通道、共识算法升级、应用场景加载、智能合约正规化、跨链交易、隐私保护、监管合规等问题。截至 2020 年 1 月，全球市值最大的十大加密数字货币如图 3-4 所示。

当前，加密数字货币还不能成为法律地位上的数字货币，原因如下。

第一，从法律地位看，比特币等加密数字货币在美国、中国等全球主要经济体中还被认为是商品或资产，其使用和流通受到了严格的限制。

第二，从规模和影响来看，截至 2019 年年底，全球加密数字资产的总市值大约 3000 亿美元，体量还相对很小。

第三，从风险看，加密数字资产具有较高的风险和波动性，还不能被更广泛的人群接受，对法定货币构成的威胁相对较小。

第四，从信任度看，加密数字货币运营通常伴随有欺诈、安全漏洞和运营故障等问题，现阶段，人们对其信任度不是很高。

#	Name	Market Cap	Price	Volume (24h)	Circulating Supply	Change (24h)	Price Graph (7d)
1	Bitcoin	$165,404,600,516	$9,095.44	$29,569,939,253	18,185,437 BTC	5.03%	
2	Ethereum	$19,008,333,403	$173.66	$11,275,027,930	109,458,132 ETH	2.84%	
3	XRP	$10,256,429,501	$0.234778	$1,758,099,101	43,685,558,183 XRP *	1.73%	
4	Bitcoin Cash	$6,717,608,711	$368.16	$4,049,832,748	18,246,538 BCH	3.00%	
5	Bitcoin SV	$5,610,970,529	$307.91	$3,351,561,326	18,222,577 BSV	9.42%	
6	Tether	$4,642,712,597	$1.00	$38,783,638,501	4,642,367,414 USDT *	-0.20%	
7	Litecoin	$3,895,598,869	$60.91	$4,017,179,311	63,952,174 LTC	7.37%	
8	EOS	$3,876,565,885	$4.08	$3,882,031,266	950,536,399 EOS *	9.16%	
9	Binance Coin	$2,779,557,667	$17.87	$235,747,093	155,536,713 BNB *	1.89%	
10	Cardano	$1,260,106,982	$0.048602	$100,775,840	25,927,070,538 ADA	8.02%	

数据来源：coinmarketcap.com

图 3-4　全球市值最大的十大加密数字货币

第五，从市场价值看，加密货币的一个重大缺陷是其市场价值来自它们与其他货币的兑换价值，这也导致了加密货币的价格充满高度的投机性。这些特性决定了现阶段加密数字货币还不是各国政府所能认可的数字货币。

基于区块链技术，每种类型的加密数字货币形成了一个相对完整的生态系统，涵盖了矿机、矿场、项目方、加密数字货币钱包、加密数字货币应用、交易所等多个环节。为了更好地理解这个生态，我们简单举个例子，看看加密数字货币生态是如何运营的。假设项目方要发起一个用于解决数据“可用不可见”的区块链项目“Datachain”，并发行加密数字货币“Datacoin”。

首先，项目方是加密数字货币生态的核心。通常，加密数字货币项目又分为加密币（Coin）和加密代币（Token）两种类型。加密币通常是基于项目方自主的区块链技术创建和发行的，加密代币通常是基于以太坊等智能合约系统发行的。Datachain 这个项目拥有自己的区块链技术和计算节点，并要上线自己的主链 Datachain，因此这个 Datacoin 是加密币。创建一个新的加密数字货币项目，项目方总是想要解决区块链技术或应用的某个问题，并在其社群中发行一个新的币种。例如，Ripple 主要是跨境支付应用项目，Zcash 主要是隐私保护应用项目，以太坊主要是智能合约应用项目，而 Datachain 是要解决数据“可用不可见”的项目。

对于加密币项目，自愿加入区块链网络中的计算节点称为矿机，拥有这台矿机的主人也被称为矿工。很多加密数字货币采用了 PoW 共识算法，为了比拼算力，要求矿机具备很好的并行计算能力，这对矿机芯片就提出了很高要求，矿机芯片一般采用 GPU、ASIC 或 FPGA 等技术。国内的比特大陆、嘉楠耘智等公司都是世界级的矿机和矿机芯片的制造商。

为了实现挖矿利益的最大化，矿机通常被大规模组织起来，以提升整体计算和产出能力，就形成了矿场，比如鱼池、蚁池等都是较大的矿场。

矿场是挖矿硬件的集合，矿池是矿机产出算力的集合。矿工将自己的矿机接入某个矿池，贡献算力到该矿池，共同挖矿以获取收益，收益按算力贡献进行分配。矿工通过矿池联合起来与其他矿池进行挖矿竞争，可以使收益更加稳定。矿场需要大型数据中心的支持，耗电量也比较大，对地方实体经济并没有贡献实际的价值，并不是地方政府鼓励发展的业态。

矿工使用矿机挖到了矿，即获得该区块链的记账权，并获得相应的加密数字货币的奖励，这也是比特币等加密数字货币的发行机制。这些奖励的加密数字货币会进入矿工的数字钱包 App，数字钱包 App 用于存储和支付加密数字货币。Datachain 项目也有自己的矿工、矿机和数字钱包，用于挖取和存储 Datacoin。

项目方为了开发和运营区块链网络和加密数字货币，发展区块链社群，通常需要募集运营资金。Datachain 项目通过发行自己的加密数字货币 Datacoin 来募集比特币或以太坊等加密数字货币，这被称为首次币发行（ICO）。在我国，ICO 当前被定性为非法集资，是法律明令禁止的。经过 ICO，Datachain 要发行的加密数字货币 Datacoin 和比特币（或以太坊）之间就建立了一种兑换关系。很多新发行的加密数字货币都会和比特币、以太坊等主流加密数字货币形成兑换关系，这就形成了一个加密数字货币交易市场，提供加密数字货币交易的平台被称为数字货币交易所，如 Okcoin、火币等都是数字货币交易所，类似于股票或外汇交易市场，用于帮助拥有加密数字货币的用户买卖加密数字货币。与金融市场交易类似，加密币或者代币的交易也有币值管理、加杠杆、期货等金融服务。伴随着比特币等加密数字货币交易的不断活跃，交易所交易票据（ETN）、比特币合约交易、比特币期货、交易所交易基金（ETF）等比特币衍生产品也成为加密数字货币市场的催化剂。2017 年 12 月，美国芝加哥期权交易所（Cboe）将比特币期货上市交易，合约交易量逐渐放大。监管机构对比特币交易所交易基金（ETF）还是非常审慎的。但数字货币交易所及其相关交易，在我国当前是法律明令禁止的非法行为。

项目方为了发展更多用户，通常会鼓励开发者或者创业者用智能合约在区块链上开发针对自身技术特点的 DApp 应用，比如在 Datachain 上可以用智能合约开发医疗数据共享、个人数据共享、教育数据共享等应用。这些开发者或创业者可以基于 Datachain 发行自己的 Token，衍生出加密代币的子社群。加密数字货币生态体系如图 3-5 所示。

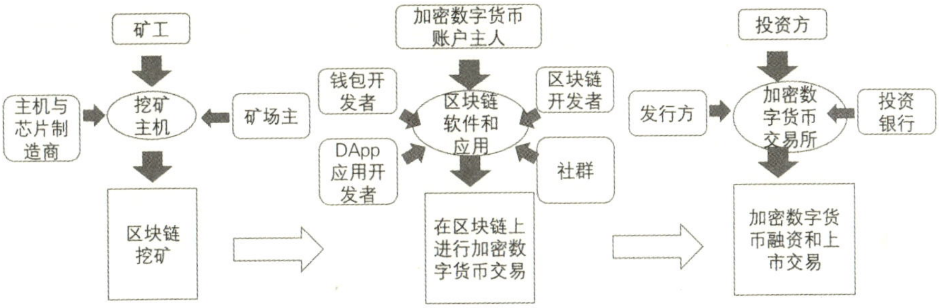

图 3-5　加密数字货币生态体系

如上所述，加密数字货币项目及其关联生态通过区块链技术自建了一个新的社群生态体系。与一般科技创业项目完全不同，加密数字货币项目有两个明显特征：第一，它是自带加密数字货币发行、融资和经济激励的项目，具有明显的金融投资属性。加密数字货币是一种项目资产权属的数字化证明，早期持有者因为社区的扩大、持有人数的增多、社群内经济活动的增加会获得越来越大的利益。这一特点使得加密数字货币具有类似股权的优点，使得社群形成一致的价值预期，产生共同的内生的经济动力，但也增加了投机性。第二，它是能对大量人群产生影响的社群经济项目，项目的成败对很多人会产生影响。项目方通常由三个群体构成：第一个是项目基金会，为项目筹集资金并制定和管理加密数字货币的发行和流通规则；第二个是项目开发者社区，为项目提供区块链技术开发和系统维护；第三个是项目用户社群，拥有、使用和推广该加密数字货币。

3.1.4 加密数字货币监管

加密数字货币有其创新的一面，所以一些国家（如瑞士、新加坡等）对加密数字货币创新采取支持态度。但加密数字货币却是和很多国家现有的金融证券监管体系不兼容的，必然会受到一些国家监管机构的禁止或严格监管，比如美国、中国等。

监管缺失或者监管真空会带来很多问题。例如，在我国就产生了项目注册在海外却在国内运营的监管真空地带，正是由于监管的缺位，加密数字货币的整个生态圈存在着大量暗箱操作、非法套利、资金盘、非法传销等违法犯罪活动，同时加密数字货币也为洗钱、贩毒、勒索等犯罪活动提供了资金渠道，促进了地下黑市的运行。基于区块链技术的加密数字货币却成为各种金融欺诈和经济犯罪的工具，这实在是对数字化信任的一个很大的讽刺！正如马克思所言，资本只要有10%的利润，它就会到处被人使用；只要有20%的利润，它就会活跃起来；只要有50%的利润，就会引起积极的冒险；如果有了100%的利润，就会使人不惜冒违反法律的风险；有了300%的利润，就使人甘愿犯罪、冒绞首的风险[68]。加密数字货币，因为具备了“点石为金”的能力，于是很多人做起了不劳而获的梦，在监管真空中，整个加密数字货币生态圈就变成了一个巨型的韭菜收割机，肆意从事着欺诈和违法犯罪行为。这是区块链的发明者所始料未及的。

世界各国根据自身发展情况，对加密数字货币采取了不同的监管措施，这是由加密数字货币对本国法定货币的影响所决定的。

（1）美国：严格监管

在美国，比特币等加密数字货币都被定义为商品，其使用和流通受到了严格的限制。美国监管部门一直密切关注区块链、ICO与加密数字货币（虚拟货币）的动向，出台相关政策强化对其监管。2018年1月，美国证券交易委员会（SEC）和商品期货交易委员会（CFTC）联合发布《关于对虚拟货币采取措施的联合声明》，提出要持续打击虚拟货币市场的违法行为。IRS（美国国内税务局）则是从税收政策的方面加强对虚拟货币的监管，2018 年 2 月 IRS 成立调查小组，负责审查虚拟货币交易所的逃税行为。

（2）英国：监管沙箱

英国对加密数字货币持温和态度。英国已开展对数字货币及区块链的监管研究，在全球首个推动监管沙箱，金融行为监管局（FCA）已经为 11 家区块链和分布式账本技术相关公司提供了监管沙箱服务。

（3）中国：明令禁止

2017 年 9 月 4 日，中国人民银行、中央网信办、工业和信息化部等七部委发布《关于防范代币发行融资风险的公告》，指出 ICO 本质上是一种未经批准非法公开融资的行为，涉嫌非法发售代币票券、非法发行证券及非法集资、金融诈骗、传销等违法犯罪活动。还明确规定任何所谓的代币融资交易平台不得从事法定货币与代币、“虚拟货币”相互之间的兑换业务，不得买卖或作为中央对手方买卖代币或“虚拟货币”，不得为代币或“虚拟货币”提供定价、信息中介等服务。

（4）瑞士：资产监管

瑞士在涉及加密货币监管事务上，数字货币企业直接被 FINMA（瑞士金融市场监督管理局）监管或成为金融服务标准委员会的成员并遵守其有关反洗钱方面的规定。

（5）亚太地区：积极审慎探索

亚太区域日本相对活跃，积极探索加密数字货币应用，并且创建了全球范围内首批正式获得政府批准的虚拟货币交易所。新加坡则对加密数字货币采取积极支持的态度，是全球第二个落地金融科技企业沙盒监管的国家。中国国内创业者的很多加密数字货币项目就注册在新加坡。

3.1.5 加密稳定币

作为数字货币，价值的相对稳定是保证流通性的必要条件，也为拥有者提供了更好的储值手段。但是，比特币等加密数字货币的价格一直处于剧烈波动状态。当前，它更多被认为是具有投资价值的加密数字资产，还不能很好地承担数字货币的职能。

在各国法定数字货币诞生之前，加密数字货币间的交易就迫切需要“稳定币”的存在。稳定币是一种价值稳定的加密数字货币，它自身也是一种去中心化的加密数字货币，相对于其他加密数字货币，它又具有较高的价格稳定性。稳定币应具有货币所应具有的“价值尺度”“交换媒介”和“价值储存手段”等三种职能。作为价值尺度，各种加密数字货币应以稳定币作为锚定；作为交换媒介，在交易过程中，交易方不会承担巨大的价格浮动风险；作为价值储存手段，投资者可以更有效地管理数字资产，减少过度资产缩水的出现。

稳定币之所以“稳定”，还是依靠货币供应链的上游资产来进行锚定的。根据稳定币背后的抵押资产类型，通常市场上的稳定币被分为三大类，即法定资产抵押型稳定币、加密资产抵押型稳定币和无资产抵押型稳定币[69]。

法定资产抵押型稳定币，是以法定资产作为抵押的，主要代表是 Tether 公司的 USDT。为了实现币值稳定，最简单且被信任的设计是将稳定币与法定资产锚定，通过保证 1∶1 的兑换比例，稳定币的价值可以得到保证。例如，USDT 稳定币与美元 1∶1 锚定。用户每购买一个 USDT 代币，Tether 公司承诺会在其账户上增加一美元的资金储备。当用户需要兑换美元时，Tether 就会将相对应的代币销毁，用户缴纳 5%的手续费。还有一些稳定币锚定黄金，如 DigixDAO（DGD）、HelloGold（HGT）等。

加密资产抵押型稳定币，是以主流加密资产作为抵押的，主要代表是 Maker 公司的 DAI。采用基于以太坊的智能合约，DAI 也有效地实现了币值的稳定性，币值基本保持与美元锚定。若抵押率为 400%，用户每向系统抵押一个以太币，就可以获得 0.25 DAI。若以太币升值两倍，用户可以偿还 0.25DAI，赎回抵押的以太币，从而实现两倍收益。系统也会激励用户创造更多的 DAI 从而让币值重新与美元锚定。若以太币价值降至原价值的 1/2，用户没有及时偿还 DAI 或者补充以太币，系统将会检测出抵押物价值不足，将抵押的以太币拍卖，拍卖所得以 DAI 的形式偿还债务。

无抵押型稳定币，主要代表是 Seignorage Shares 和 Basis。Seignorage Shares 系统设有两种代币，一种为股份，另一种为稳定币。两种代币可以自由兑换，兑换会收取手续费。当稳定币高于锚定价格，系统会自动增发，增加供给降低价格。当稳定币低于锚定价格，系统会自动将股份拍卖，所得融资用于回购稳定币，从而降低供给抬高价格。Basis 对于 Seignorage Shares 进行了改进，在股份和稳定币的基础上引入了债券权。系统中存在三种代币——Basis、Bond Token 和 Share Token。当稳定币 Basis 低于锚定价格时，系统会发行 Bond Token。用户可以使用 Basis 购买债券，每份债券会有一个 Basis 的息票收益。回购的 Basis 会进行销毁，从而减少流通量使价格升高。当价格高于锚定价格时，系统自动增发，优先分配给债券持有者并支付利息。为了避免“死亡螺旋”，系统还设置了偿还期限，即在一定时间后将不履行偿还责任。若还有 Basis 剩余，则按比例分发给 Share Token 持有者。

但是，三种类型的稳定币均存在一些问题。法定资产抵押型稳定币中心化程度很高，例如 USDT，人们对法定资产托管人 Tether 公司的信任度就需要很高，需要保证其不作恶。当前，人们就对于 Tether 公司的账本上是否存在如此庞大的美金储备存在很多争议。关于 Tether 通过增发货币操纵比特币价格的言论也一直没有断过。如果锚定黄金等流动性不强的资产，用户的提现成本很高。加密资产抵押型稳定币虽然在很大程度上解决了信任的问题，但是带来了更多的价格浮动，而且其有效性依赖于抵押资产的价值呈稳定上升的趋势。如果以太币在短期内出现急剧贬值，DAI 无法在短期内补仓的话，就会面临崩盘风险。为了抵御这种风险，以太币的价值就要多于流通中的 DAI，意味着巨额的以太币将被用于抵押，造成资产浪费。无抵押型稳定币全由算法来稳定币值，这就对算法提出了更高要求，现有算法能否满足要求也面临很多挑战。总之，稳定币经济体系的设计会是加密数字货币领域中的一个持续不断的研究课题。

除了上述的办法，国际货币基金组织（IMF）的专家提出另外一种解决方案，就是要求稳定币提供商必须使用央行储备金来支持稳定币，因为央行储备金是最安全、流动性最强的资产。就像支付巨头支付宝和微信支付在中国的做法一样。IMF 提出了“合成央行数字货币”（Synthetic Central Bank Digital Currency，sCBDC），这是一种“公私结合”的模式，中央银行将专注于其核心功能建设，提供信任和效率；而作为稳定币提供商，私人公司会在适当的监督和监管下处理其他工作，并尽其所能地实施创新、与客户互动[70]。

实际上，货币就是发行方的债务，稳定币也是如此，所以客户资产必须受到保护，以防止稳定币提供商破产。如果稳定币提供商将客户资产保存在中央银行，意味着客户其实是间接持有了央行债务，而且他们使用稳定币所进行的交易也应该被看作央行债务交易，这其实就是“央行数字货币”的本质。在这种情况下，所谓“合成央行数字货币”可能会比需要参与支付链多个环节的原生央行数字货币更成熟、也更有优势。IMF 认为，对于那些希望提供数字货币作为现金替代品的中央银行而言，其实应该将“合成央行数字货币”作为一个潜在的选择，因为创新将会改变银行业和货币市场的格局。稳定币分类如表 3-1 所示。

表 3-1　稳定币分类

类　别	锚定资产	代　表	缺　点
法定资产抵押型稳定币	美元、黄金	Tether（USDT）、DigixDAO（DGD）	中心化程度高
加密资产抵押型稳定币	比特币、以太坊等加密数字资产	Maker（DAI）	价格浮动大
无抵押型稳定币	股份、债权等代币与稳定币进行兑换	Seignorage Shares 和 Basis	算法成熟度挑战大
合成央行数字货币	本国央行数字货币	IMF sCBDC	中心化程度高

3.1.6　开启全球金融基础设施革新

2019 年 6 月，全世界最大的社交网站 Facebook 发布了 Libra 数字货币白皮书，宣称将要建立一套简单的、无国界的货币和为数十亿人服务的金融基础设施。Libra 是 Facebook 拟发行的一种加密数字货币，与比特币不同，比特币与任何实物资产和法定货币无关，而 Libra 与一篮子货币（美元、英镑、欧元、日元）挂钩，这使得 Libra 更易被大众所接受。作为一款全球性的加密数字货币，主要应用有支付和跨境汇款。

在我国，以微信支付和支付宝为代表的互联网支付风靡全国，逐渐替代现金。但是，微信支付和支付宝是以用户银行账户为基础的，它们只是第三方支付手段，还不是数字货币，但其对人民币纸币的替代效果是十分明显的。由于微信支付和支付宝的广泛使用，个人用户已经很少携带纸币进行消费。按照 IMF 经济学家阿德里安（T.Adrian）等人的观点，100%准备金存缴央行后的支付宝和微信支付，相当于以中央银行负债进行交易，本质上就是央行数字货币[70]。阿德里安分析认为，技术上，100%准备金存缴意味着数字货币的发行、流通、收回、销毁等全生命周期均要依附于传统账户体系，尤其是跨机构的流通，除了央行的该数字货币账本更新，还要处理相应准备金账户间的清结算，这不仅增大了中央银行中心系统的压力和复杂性，而且难以实现“账户松耦合”的目标，会使金融创新不容易展开，跨境支付的想象空间亦大打折扣。

目前，微信支付和支付宝的影响还主要在我国境内，成为全球支付体系仍有很长的路要走。但 Libra 如果成为一种国际通用的数字货币，那对于微信支付和支付宝等移动支付行业也会产生巨大的挑战。

以 Libra 为代表的互联网全球支付，并未得到各国央行的支持。发行 Libra，相当于在区块链网络中复制了一个“美元体系”，这让美联储很紧张，Libra 在听证会上受到美国政府的质疑。Libra 在其他主权国家也会遇到挑战，以我国为例，Libra 的推行可能会对我国近年来大力推行的“人民币国际化”进程产生影响，当前与 Libra 挂钩的一篮子货币中并没有人民币，如果 Libra 成为区块链中的“美元”，无论是对人民币还是对央行未来发行的数字货币 DCEP 来说，都将是很大的挑战。

3.2 数字资产革命

3.2.1 重新定义数字资产

广义上，数字资产（Digital Assets）是指组织或个人拥有或控制的以电子数据形式存在的资产。狭义上，数字资产就是指登记在区块链分布式账本上的数字资产。区块链建立了数字化信任体系，为数字资产交易提供了分布式账本，并为数字资产流通提供了价值交换协议。

基于区块链的数字资产具有如下属性。

（1）数字化属性。数字资产是以数字化形式存在的资产，依附于计算机软硬件系统，不能独立存在并发挥作用，资产形式上更加标准化。资产的数字化形态既可以是一串二进制的加密信息，也可用中心化或分布式账本的形式来表达，未来还可以是以量子比特的形式存储的量子信息[63]。

（2）可编程性。数字资产是受数字算法和程序控制的，在区块链分布式账本上通过智能合约程序可以自主、自治地进行交易，不需要人工干预。它不只是一行数字符号，资产之间的交换可以体现为代码与代码的交换，如跨链的资产转移。

（3）原生性。数字资产自带资产历史交易的全量、原生、加密存证信息。通过数字化信任来保障原生数据的可信是资产数字化的根本要求，数字资产的流通环节也需要数字化信任体系的支撑以保证其安全、高效、协同等。

（4）可分割性。数字资产的数量供应不受物理条件的限制，数字资产的数量多少是由程序和算法控制的。如果程序允许，它可以进行分割，它的供应可以是无限的。

（5）流动性。数字资产天然具有流动性，这一点很像证券，更加灵动和自主地流转。资产的数字化使融资成本可以更低，范围可以更广，效率可以更高。

从数字资产的类别来看，包括加密数字货币、数字化金融资产、各类实体资产的数字化三类。第一类，比特币、以太坊等加密数字货币，虽然被称为数字货币，但各国法律上是把其作为数字资产或者商品界定的。加密数字货币是目前最为人们所熟悉的一类数字资产。第二类，数字化金融资产，包括数字票据、数字债券、数字股权、数字期权、数字保险、数字金融合约等，区块链技术也被应用于这些数字金融资产的注册、存储和交易。第三类，各类可数字化资产（非金融资产），例如数字化的不动产、设备资产、能源资产、钻石、知识产权、文化遗产，以及数据资产、物联网资产、人工智能资产，甚至包括有价值的理念、思想等，区块链技术将延伸到各类非金融资产的登记、流通和交易，如图 3-6 所示。

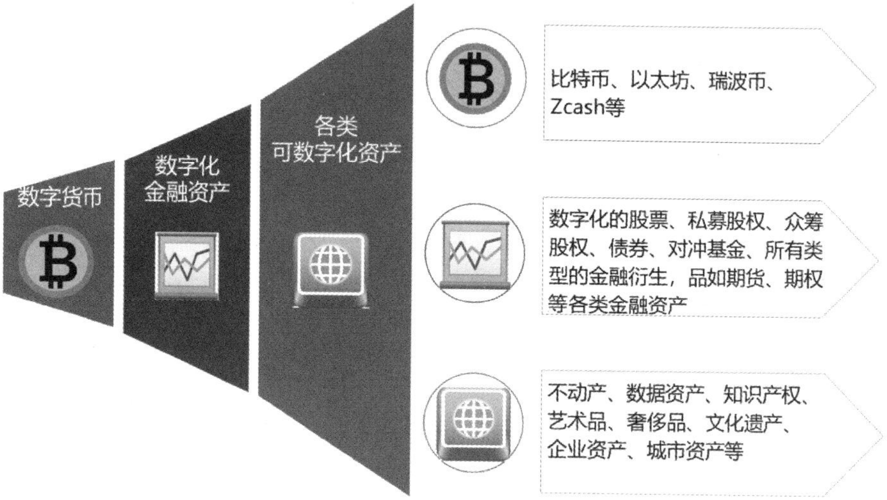

图 3-6　区块链：数字化资产的分布式账本

区块链对数字资产具有重要意义。区块链是数字资产流通交易的数字化信任载体，也能形成数字资产价值交换的协议，可用于资产登记、交易、记账和结算等。区块链是数字资产的底层技术，它利用不可篡改、分布式账本、共识机制等关键特性来解决数字资产交易过程中的信任和安全问题。资产将被数字化并由区块链保管，区块链记录了资产历史转移的记录和当前的所有权，得到交易指令后区块链便将资产可信转移。

区块链用共识规则和智能合约形成了资产价值交换的协议。区块链中各节点进行交易时，不需要再依托金融机构或金融中介进行调节，而是使用共识算法来验证交易，使用加密算法和数字签名保证交易的完整性，并用智能合约提高交易效率，从而降低交易成本。通过执行智能合约，资产可能被变更所有权，这一切是自动化执行的。例如，预先建立的智能合约能够在某人已经偿还全部房贷后自动执行合约，将抵押的房屋所有权从银行转到个人名下，这个过程是全自动执行的。

在数字资产流转时，既可以采用数字资产账户（Account）模式，也可以采用数字资产通证（Token）模式，各种模式可以相互转化。在数字资产账户模式下，资产流转体现为账目数据的变化。在数字资产通证模式下，数字资产流转就被标准化为数字通证的流转。

3.2.2 数字资产账户体系

区块链建立了数字资产的分布式账本，也将建立用户的数字资产的账户。

在传统支付系统的账户模型中，一个账户具有账户名（账户 ID）和密码，通过账户 ID 和密码认证即可获得对该账户的使用权和支配权。也就是说，该账户内的所有资产归经过密码安全认证的人所有。

比特币的账户是基于公私钥建立的基于 UTXO（Unspent Transaction Output，未消费的交易输出）的账户模型。在比特币交易系统中，没有账户 ID 和账户密码，也没有账户余额计算。但是比特币账户有公钥（钱包地址）和私钥，可以浅显地类比理解为：公钥就是账户 ID，私钥就是账户密码。在比特币交易系统中，知道对方的公钥就可以给对方转账。拥有了私钥就代表着拥有了该地址下所有 UTXO 的使用权和控制权。UTXO 可以通俗地理解为某地址已经收到的但是尚未花费出去的加密数字货币。

以太坊有两种类型的账户：一种是外部拥有的账户，由私钥控制，并且没有与之相关的代码；另一种是合约账户，由合约代码控制，并有与之相关的代码。外部拥有的账户可以通过使用其私钥创建和签署交易，将消息发送到其他外部拥有的账户或其他合约账户。两个外部拥有账户之间的消息只是一个价值转移。但是从外部拥有账户到合约账户的消息会激活合约账户的代码，允许它执行各种操作（例如转移 Token、写入内部存储、创建新的 Token、执行一些计算、创建新的合约等）。与外部拥有的账户不同，合约账户不能自行发起新的交易。相反，合约账户只能触发交易以响应其他交易（从外部拥有的账户或其他合约账户）。每个用户都可以开设账户，账户余额是拥有的以太币或其他基于 ERC20 标准的代币。

经济学家周子衡认为，中央银行发行数字货币的核心目标旨在确立新的法定（数字）货币账户体系[71]。现代货币是账户货币，中央银行发行数字货币标志着一元化的货币账户体系裂解为二元货币账户体系。由此，法定数字货币账户体系确立后，数字货币的更新迭代亦将在这一新账户体系内完成。央行发行数字货币之前，法币即为银行货币，银行账户体系是唯一的货币账户体系。央行发行数字货币后，法币一分为二：银行货币与数字货币。两套货币体系，需要两套账户体系：银行账户体系和数字货币账户体系。这就是说，必须在银行账户体系之外另行建立一套数字货币账户体系，以满足发行和运行数字货币的需要。数字货币账户体系和非数字货币账户体系之间虽或有桥接，但两套账户体系各自运行，平行而不相交。

周子衡认为法定数字货币的真正到来，其冲击首先体现在账户体系方面。法定数字货币自身的技术调整、升级或完善需要一个有效的进程，但是账户体系的确立与运行为之提供了一个现实基础。法定（数字）货币账户体系的建立标志着将数字货币资产纳入财务会计科目，成为法定资产[72]。

他认为，相对“法定”数字货币的产生，既有的加密数字货币就是“私人”数字货币。这就出现了法定数字货币与私人数字货币的界分。那么，法定数字货币账户体系与非央行发行的私人数字货币账户体系之间是否出现桥接？这完全取决于监管要求，且私人数字货币与商业银行之间既有的账户联系或许也将受到新的监管约束。

3.2.3 数字资产权益证明

区块链的本质是数字化信任，数字化信任需要数字化的信任凭证。

Token（代币或者通证）代表了数字资产的权益证明，Token 不仅可以代表数字货币，也可以代表其他任何数字资产权益（例如数字化的实物资产等）。因此，Token 是区块链技术所承载的信任媒介，Token 经济（也称为通证经济），就是指任何数字权益都可以通过 Token 进行自由流通的一个经济系统，其本质就是信任经济。因此，数字资产的 Token 化被认为是数字经济的关键，意味着现实世界的各种权益证明（股权、债券、积分、票据等）都可以用 Token 形式来表达，在数字世界里自由流通。孟岩认为，通证经济的核心是通证经济系统的设计[73]。

比特币是一个加密数字货币系统，也是一个通证经济系统。它的通证经济体系是如何设计的？

第一，货币总量是恒定的，比特币总量是 2100 万枚，没有货币超发的风险，防范了通货膨胀。

第二，没有谁能天生拥有比特币，所有比特币都是 PoW 算法选出的矿工产生的，谁算力强，谁就获得比特币奖励，保证了比特币发行和分配的公平性。每次挖矿发行和奖励一定数量的比特币，这个奖励量（发行量）约每四年减半。

第三，每笔比特币的交易都要根据数据量的大小收取一定的手续费，既要支持比特币交易，又要用于支撑比特币系统运行并奖励矿工，同时要防止无效的比特币交易，如 DDoS 攻击。

第四，比特币可以上市交易，实现比特币与法币或者其他数字加密资产的兑换。从经济系统设计来看，比特币的经济系统对所有参与者都是很公平的，这保证了它旺盛的生命力。

以太坊是第二代的通证经济系统。那么，以太坊的经济系统设计如何呢？相对于比特币经济系统来说，以太坊经济系统的设计更加复杂一些。从货币总量看，以太坊发行总量是通过一个公式计算出来的，即“预售量

（Pre-mine）+ 区块奖励（Block Rewards）+ 叔块奖励（Uncle Rewards）+ 叔块引用奖励（Uncle Referencing Rewards）”。

以太坊的第一次发行总量是与比特币锚定的初期预售量挂钩的，计算公式为第一次发行总量=X+0.099X+0.099X，其中 X 代表以太坊第一期预售量，0.099X 是新增出来分配给在预售之前参与开发的早期贡献者的奖励，0.099X 是新增发行出来分配给长期项目研究者的奖励。从以太坊 2017 年 42 天的预售情况来看，一共筹集了 31531 个比特币，可以算出以太坊的发行量 X 约为 6000 万 ETH，加上项目前期的开发者和长期的研究者奖励，以太坊第一次的发行总量约为 7200 万 ETH。

从发行机制上看，以太坊每年的发行量恒定为 0.26X，根据上面的计算，每年挖矿产生的新币约为 1560 万 ETH。尽管以太坊每年都会发行固定数量的以太币，但是由于每年都有找不回来的以太币，以太币的通胀率每年都在递减。从区块奖励来看，以太坊当前每挖出一个区块奖励 5 ETH，大约每 14 秒挖出一个区块，每年约挖出 225 万个区块，可计算出每年发行约 1130 万 ETH，基本符合每年恒定的 1560 万 ETH 的发行量。

除了区块奖励，还有叔块奖励和叔块引用奖励。由于一些区块挖得比较晚，因而没有成为主链的一部分。在以太坊中，这些区块被称为“叔块”，而且后续区块可以引用这些“叔块”。如果有人引用某个“叔块”，就会给挖出“叔块”的矿工带来 4.375ETH 的“叔块奖励”。以太坊每天约产生 500 个叔块，即每天有额外的 2000 ETH 进入流通。按这个速度，每年会额外发行约 700 万 ETH。在一个叔块后出块的矿工，也可以得到 0.15ETH 的“叔块引用奖励”，但最多只能引用 2 个叔块。

在以太坊上，可以使用智能合约在其区块链之上构建新的代币（Token）。以太坊的 ERC20 代币接口提供了一种标准化的方式来开发与现有以太坊生态系统兼容的代币。因此，在以太坊系统上锚定以太币，各种 Token 可以通过建立自身的经济系统来实现经济价值的兑现。这些 Token 系统可以通过智能合约来确定其 Token 总量、每年的 Token 发行量、Toekn 发行或奖励规则、Token 分配规则、交易中 Token 的消耗、Token 使用的交易费等，并可以区分权益类 Token 和功能类 Token。这些经济系统的设计直接影响 Token 经济系统的运行效率，也会对数字资产市场的价格和 Token 应用价值等方面产生直接影响。

实物资产数字化后也可以发行数字通证。银行、保险、工业、农业、供应链、共享经济等各个领域的实体经济资产可以实现数字化，并进一步通证化，让资产信息更透明，让资产动态可跟踪，从而促进整个社会的资产流通和配置。这正是通证经济的价值所在。

但在运行层面，这也带来了另外一个问题。数字世界的经济体系中真的需要那么多种数字 Token？每一个社群就有一个 Token 是不是必然？不同社群之间 Token 的兑换是提升了效率还是降低了效率，是增加了成本还是降低了成本？好像现实社会中，各种积分卡满天飞，或者在 20 世纪 70 年代，粮票、布票、油票满天飞，是进步还是落后？Token 本身是一种权益证明，标准化是基本要求。数字世界根本不需要那么多 Token 或代币。没价值的公有链代币也一样没有价值，公有链上很多应用根本不需要自己的 Token，完全可以使用平台提供的 Token。所以，Token 也需要规范和洗牌。

3.2.4 数字资产智能合约

在区块链上，信任者与被信任者之间的复杂交易行为和社会行为可以通过智能合约来规定和执行。因此，人类各种复杂的交易和合作模型在数字化信任体系下可以体现为各种预先定义的智能合约代码。智能合约的部署和自动化执行提升了合作的效率，减少了违约、欺诈的机会，降低了合作协调的成本。

契约，在通俗意义上被称为合同或合约，是当事人之间对于权利和义务的承诺。而在经济学意义上，通常契约的范围要更广泛一些，泛指所有具有实际利益的关系[74]。契约理论是将所有的交易和制度都看作一种契约，在考虑信息不对称的情况下，设计最优的契约来减少道德风险、逆向选择和敲竹杠等问题，以提高社会总福利。契约理论主要包括委托代理理论、不完全契约理论及交易成本理论等。

在一个契约关系中，通常把发出邀约的一方称为委托人（Principal），而把接受邀约的一方称为代理人（Agent）。在二十世纪七十年代后期，委托-代理人理论兴起，并在经济学家中引发了对于如何设计一份最优激励契约的探索。经济学家霍姆斯特朗（B.Holmstrom）在 1979 年发表的研究报告显示，为制定一份最优激励契约，应当将所有潜在的可以提供代理人行为信息的结果都联系起来，即满足“充足信息原则”（Informativeness Principle）[75]。霍姆斯特朗提出的契约理论也被称为完全契约理论。完全契约理论是一种理想性的契约，它的假设前提是，契约双方都是理性的，且契约和履约的环境都是完全竞争市场，该理论认为当事人可以设计出涵盖所有可能的契约。激励理论则是在完全契约理论的基础上发展起来的，是指在信息不对称的条件下，委托人通过相关契约努力约束代理人的机会主义倾向，激励代理人最大限度地为委托人的利益而工作。

经济学家哈特等人对完全契约理论进行质疑，发展出了不完全契约理论[76]。哈特教授认为：第一，由于世界总是充满了不确定，所以人们不可能预料到未来的所有情况；第二，即使人们可以预料到未来的所有情况，签约双方也难以用共同的语言将这些写入合约；第三，即使签约双方可以达成一致，他们也很难将契约的内容交由第三方裁决。因此，契约是不完全的，这就给了签约的某一方事后“敲竹杠”或做出机会主义行动的机会。

在不完全契约的基础上，哈特与格罗斯曼认为，如果一份契约无法在未来清晰地阐述各契约方的行为，那么就必须阐明各契约方在意见不一致之时，谁是有权决定之人[77]。哈特认为，在合同不完全时，所有权是权力的来源。一项资产的所有者拥有这项资产在合同中未提及的处置权力，即所谓的剩余控制权。因为，谁拥有了剩余控制权，谁的事前专用性的投资就有了保证。

交易成本理论是由科斯最早提出的，威廉姆森从契约的角度对交易成本理论做了进一步的深化[78]。他认为交易成本包括为达成交易的搜寻成本、信息成本、议价成本、决策成本，以及监督契约执行的监督成本和违约时所需付出的事后违约成本等。按照契约达成前后，交易成本可以分为合同签订前的交易成本和合同签订后的交易成本。威廉姆森认为，按照不同的交易频率和投资特点，各种不同的交易可以还原为不同的治理结构。例如，根据交易频率，交易分为偶然的交易和经常的交易；按照投资特点，交易分为专用的交易、非专用的交易和混合的交易。这些交易的治理结构是不同的，契约正是对这些治理结构的说明，交易者会选择交易费用最小的契约安排和治理结构。例如对经常的、非专用的交易，就应该采用各种可能的古典式合同；对偶然的、混合用途的交易，就应该引入第三方仲裁专家，采用三方治理的合同。因此，不同治理结构也就构成了不同的合同形式，如表 3-2 所示。

表 3-2　威廉姆森：交易的有效治理结构

			投资特点		
			非 专 用	混　合	独　特
交易频率	偶然	交易类型	购买标准设备	购买定制设备	建厂
		治理结构	市场治理	三方治理	三方或者统一治理
	经常	交易类型	购买标准原材料	购买定制原材料	中间产品经过各不相同的车间
		治理结构	古典式合同	双方治理	统一治理

在数字资产的流通中，区块链所提供的数字化信任机构为交易双方提供了一种新的系统信任方式，历史交易被记录且不可篡改，交易双方相信发生的交易也不可抵赖，这能够在很大程度上降低契约达成的交易成本。

另外，对于一些经常发生的交易，可以将其合同固化在智能合约代码中，以进一步提高交易的效率。对于偶然发生的交易，也可以通过编制专门的智能合约代码来执行，这也会涉及三方治理，需要引入第三方专家仲裁节点。智能合约一旦部署在区块链上，触发条款满足就可以自动执行。目前，智能合约还只是代码，智能合约要真正成为数字资产的“契约”，还必须考虑不完全契约的决策权，以及针对不同交易类型的交易治理结构的设计等。数字资产智能合约执行示意图如图 3-7 所示。

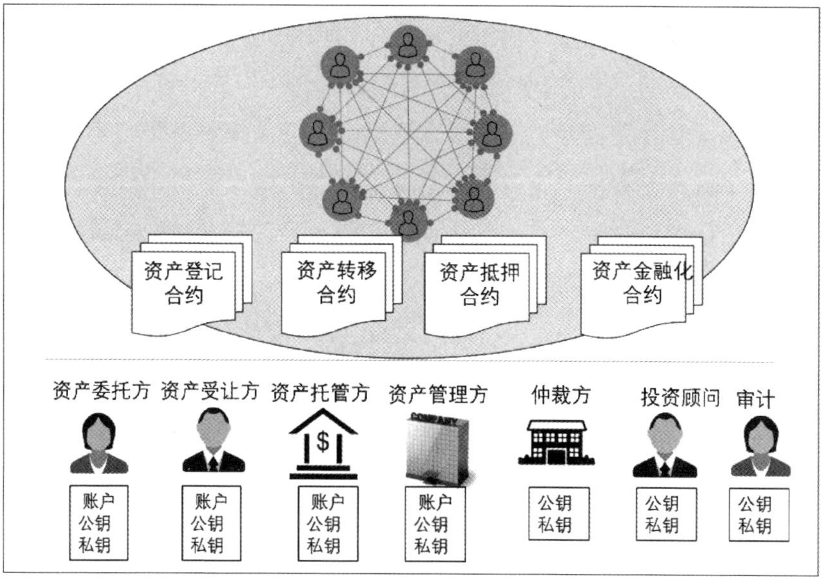

图 3-7　数字资产智能合约执行示意图

3.2.5　数字资产价值互联

总结起来，数字资产并不是实物资产，但它可以是实物资产的数字化，并在区块链分布式账本上建立了数字资产的账户体系。数字资产不同于证券，但它可以通过数字 Token 体现资产权益。数字资产可以基于区块链和智能合约运行，体现了资产流通的算法处理和契约执行。因此，数字资产网络是基于区块链的数字账户、数字通证和智能合约的组合体。

通常人们把传递信息的互联网称为信息互联网，而把传递数字资产“价值”的互联网称为价值互联网。因此，价值互联网就是传递和交付数字资产价值的网络。从功能上讲，互联网正在从信息互联网向价值互联网演变。如图 3-8 所示，在价值互联网上，“互”代表互动，人人可以相互信任地进行数字资产等有价物的交易；“联”代表开放，有价值的数字资产可以自由地在网络上流动；“网”代表着平等，最终人们通过各自贡献的价值来获得收益，促进共同富裕[79]。

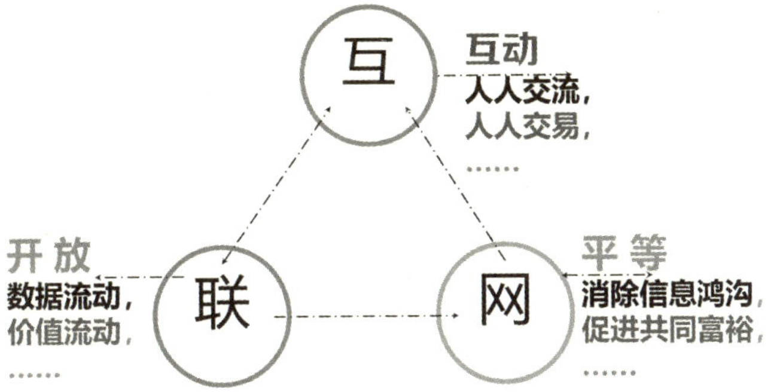

图 3-8 价值互联网的涵义

区块链是一个分布式账本，本质上是数字化信任，可以在互联网上支撑数字资产等有价物的发行、确权和交易。区块链用算法和程序构建起了信用载体和社群共识的规则，形成了价值交换的协议；用数字货币给资产定价；用 Token 实现不同资产在社群内的资产权益的“证券”化。用智能合约来实现资产的自动化交易。因此，我们说，区块链是价值互联网的基石，让价值在互联网上自由传递，成为数字经济发展的战略性支撑技术。

3.2.6 信任经济的模式创新

互联网带来了商业模式的颠覆性变革，其主要价值是连接，把个体、企业、市场都通过网络高效地连接在一起，实现了供给和需求的市场连接，实现了生产活动各个环节及供应链的连接，实现了经济资源的全球化配置，也实现了金融资本的全球流动。

区块链也将带来商业模式的颠覆性变革，其主要价值是信任，让个体、企业、市场及其他经济主体之间通过区块链建立信任，降低供给和需求市场的交易成本，实现生产活动各个环节及供应链的可信协同合作，实现数字资产的标准化和全球化配置，推进金融资本在全球更高效、更细粒度地流动。因此，麦肯锡认为，区块链是继蒸汽机、电力、信息和互联网科技之后最有潜力触发第五轮颠覆性革命浪潮的技术。我们认为，区块链当之无愧。区块链技术所支撑的经济模式可以称为区块链经济，其本质是信任经济。

从数字化信任的本质看，区块链将驱动生成四类新的商业模式：区块链作为市场信任载体的去中心化市场模式、区块链作为制度信任载体的分布式商业模式、区块链作为价值信任载体的价值合作联盟模式、区块链作为资本信任载体的通证经济模式。

1. 区块链作为市场信任载体的去中心化市场

信任是市场交易的基础，基于区块链的数字化信任能极大地降低交易成本，实现支付即结算、支付即清算，提高市场的透明性。在适当克服其交易效率低的固有缺陷后，能够建立基于信任的去中心化市场，在全球数字货币支付市场、数字金融交易市场、数字资产交易市场、数据交易市场等方面都具有广泛的应用前景和市场潜力。

2. 区块链作为制度信任载体的分布式商业

信任是组织活动的基础，区块链为网络社会活动建立了社群空间，并为社群成员提供了信任载体，分布式账本和智能合约也为社会上各种经济活动提供了公共的共享的财务管理和治理机制，极大降低了个体、微组织、小组织的管理成本，也提高了小微组织动态结群和合作的能力，促进了区块链上的微经济、点对点经济、去中心化经济、共享经济、社群经济、零工经济（Gig Economy）等去中心化或分布式新商业模式的发展。

我们认为，在区块链所构建的数字化信任的背景下，这些经济形式都可以统称为基于区块链的信任经济。不论是去中心化商业还是分布式商业，都只是形式上描述不同，但分布式商业的提法更为中性，也更容易被接受。马智涛认为，分布式商业是一种由多个具有对等地位的商业利益共同体所建立的新型生产关系，是通过预设的透明规则进行组织管理、职能分工、价值交换、共同提供商品与服务并分享收益的新型经济活动行为[80]。如图 3-9 所示，在区块链的信任支撑下，更多资产能够采用分布式商业模式进行分享。

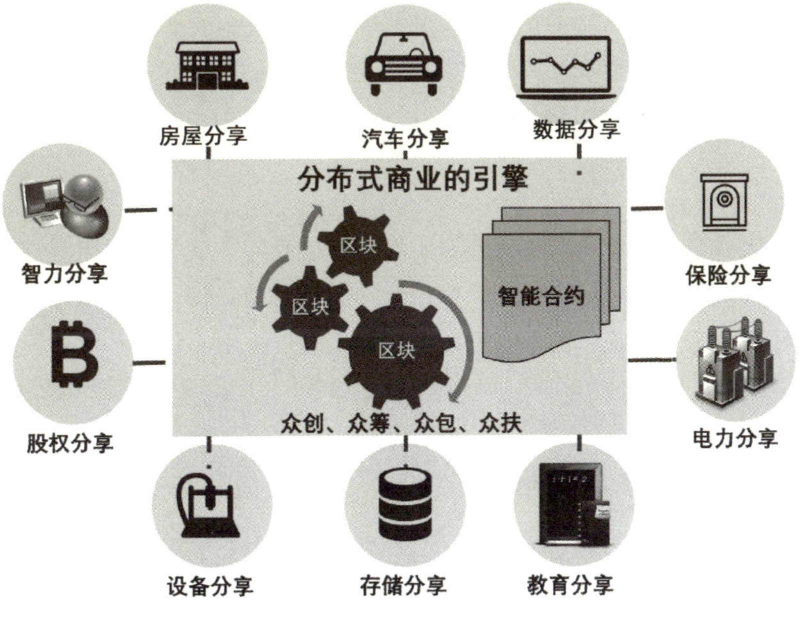

图 3-9 基于区块链的分布式商业模式

3. 区块链作为价值信任载体的价值合作联盟

信任是价值合作的基础，基于区块链技术建立的数字化信任系统能够建立灵活的松耦合的经济价值合作或协作联盟，有价值的劳动者不再被固定的企业、单位所限制，根据自身的价值，自由从事自己喜欢的活动，并获得价值贡献的最大回报。由此，产生了很多新的任务导向的价值合作联盟的组织形式，接下来会产生更多价值贡献型的自由职业人或零工，我们可以称之为价值劳动者，如手工业者、作家、艺术家、学者和自媒体人等。

4. 区块链作为资本信任载体的通证经济

信任是一种社会资本，借助区块链可以实现“社会资本”的资产化、数字化和通证化，产生通证经济的新模式。这是在高度互联的网络世界中随时可以挖掘和变现的资本，将带动金融产品创新，也将为社会提供更多财富。

3.3 数字金融创新

区块链建立的分布式账本和数字化信任，有助于增强金融信用，重构金融基础设施，在跨境支付、联合信贷、数字票据、供应链金融、金融交易后结算、联合资管、股权众筹、区块链保险、去中心化金融市场等领域有着广泛的应用前景。

3.3.1 银行业区块链应用

银行是一个依靠信用提供中介服务的机构，储蓄客户因为信任银行而把钱存在银行获取存款利息，银行也因为信任信贷客户，把钱再贷给信贷客户以获取利差。储蓄客户对银行的信任是因为银行具有信誉、风险管控能力或者政府背书等，这是一种储户对银行的系统信任。银行对信贷客户的信任则是依赖第三方信誉评级和抵押物等来建立的，是一种银行对信贷客户的系统信任。

对银行来说，区块链所代表的数字化信任的出现对银行的两种基本信任关系会产生很大的冲击。

首先是对储蓄客户的冲击。如果区块链所代表的数字化信任及其服务在利息、安全性和服务效率等方面都好于银行所提供的信任，就可能出现储蓄大量从银行账户向区块链数字资产账户转移的趋势，这些账户未必是银行的，可能就是 Facebook、蚂蚁金服、以太坊或者瑞波币的账户。这将动摇银行业的根基。

其次是对信贷客户的冲击。如果一些银行建立了针对信贷客户的区块链信任网络，就能够和供应链上的龙头企业和供应商结成紧密的战略联盟，这样既降低了信用评级的成本，又形成了与客户业务的点对点关联，银行就能在信贷市场的竞争中获得竞争优势。这事关银行的核心竞争力。

因此，世界各国银行纷纷加速区块链的应用创新。以瑞士联合银行（UBS）为例，该银行在伦敦建立了一个区块链技术实验室，在区块链上试验了 20 多项金融创新应用，包括金融市场交易、支付结算、发行智能债券等。很多银行推出了自己的加密数字货币计划，以建立新一代金融基础设施。例如，花旗银行发行了自己的数字货币——花旗币（Citicoin），并于 2015 年底上线运行；日本三菱东京 UFJ 银行在 2016 年发行了数字货币 MUFGCoin，以降低成本，并探索改变金融交易共同管理的方式；2019 年，摩根大通推出名为 JPMCoin 的区块链支付结算工具，提供给白名单企业客户用于财资管理、证券结算等。去中心化的金融市场和金融业务是未来银行区块链应用的主要方向，当前区块链已经被用于银行多方协作的应用场景中，在跨境支付、联合信贷、数字票据、供应链金融、国际贸易金融等领域取得了明显的示范效果。

1. 跨境支付

跨境支付需要将 A 国的法定货币跨境兑换为 C 国的法定货币，利用区块链技术实质上是把 A 国银行账户上的法定货币实现数字化和标准化，成为数字资产，通过区块链传递给 C 国，C 国再将数字化和标准化的数字资产转化为 A 国银行账户上的法定货币。SWIFT（环球同业银行金融电讯协会）跨境支付如图 3-10 所示。

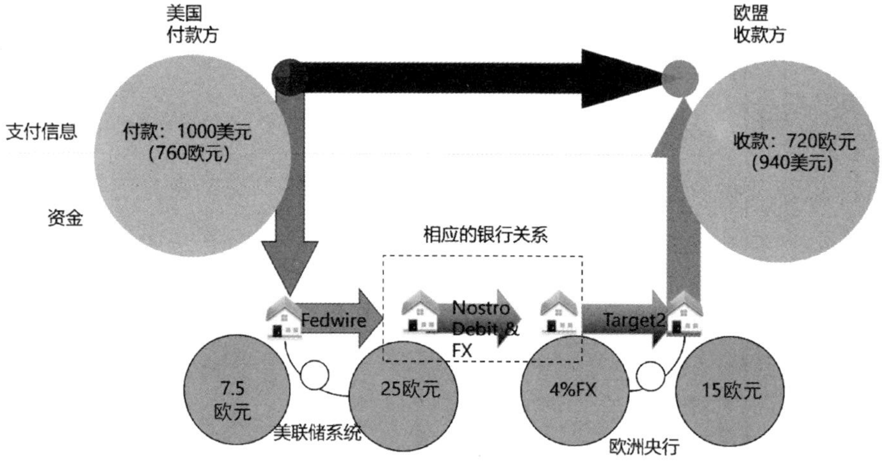

图 3-10　SWIFT 跨境支付

在传统跨境支付的流程中，每笔交易都需要在多家机构间进行传送，包括 A 国银行、B 国银行、SWIFT、SWIFT 代理行等，存在中间费用高、支付效率低、会员门槛高、中心化安全隐患等问题。区块链是一个多方共享的合作账本和价值传递网络，实现了去中心化，可以把跨境支付传统“点对中心”的关系转变成“点对点”的关系，实现跨境直接兑换。因此，在跨境支付中应用区块链技术能实现瞬间到账，在加快交易进度的同时省去了大量的手续费。例如，传统的基于 SWIFT 跨境汇款需要 2 到 6 个工作日，但使用了区块链技术可以省去大量时间，全球第一笔基于区块链的银行间跨境汇款在几秒之内即完成了。

跨境支付区块链平台瑞波币（Ripple）是这一行业的领先者，它致力于建立一个去中心化的全球汇款系统，主要为银行等金融机构提供底层技术平台，以代替传统的成本高昂的 SWIFT 技术，从而帮助传统银行以更快的速度、更低的成本来进行跨境清算和汇款。瑞波币的网络成员不断扩大，很多银行加入了这个区块链网络。例如，美国 CBW 银行与瑞波币合作，推出了实时支付系统 ONE Card，为客户实时结算提供了便利。加拿大皇家银行也利用瑞波币技术开展跨境支付。瑞波币跨境支付原理如图 3-11 所示。

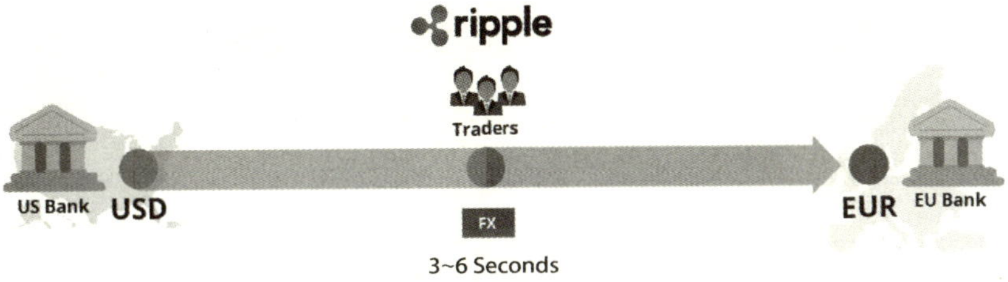

图 3-11　瑞波币跨境支付原理

基于区块链技术的跨境支付优势明显。去中心化交易提高了交易效率，降低了交易成本。在区块链网络中，所有参与跨境支付的节点共享分布式账本，节点间点对点直接交易，不再需要交易双方建立层级账户代理关系，不再依赖于传统的中介提供信用证明和记账服务，任何金融机构都能利用自身网络接入系统，实现收付款方之间的支付信息传输。对等网络降低了跨境支付参与方的门槛，金融机构无论大小，都能加入区块链网络，成为平等交易的主体。区块链实现跨境交易的可追溯性，时间戳技术可确保所有的跨境支付交易活动都可被追踪和查询到。自动执行的智能合约提高跨境支付效率，按照客户认证（KYC）政策对客户身份进行审核，通过区块链智能合约限定跨境支付的条件，提高交易的自动化程度。区块链保障了跨境支付的安全性和业务连续性，区块链网络分布式的系统架构不存在中心节点，网络上的每个节点在遵循必要协议的基础上自发进行交易和记账，具有更强的稳定性、可靠性和业务连续性保障。区块链在跨境支付中应用的优势如表 3-3 所示。

表 3-3　区块链在跨境支付中应用的优势

汇款方式	线上/线下汇款	汇款时间	汇款费用	汇款效率	会员门槛	安　全
传统	线下	受银行工作时间限制	40～1000 元不等	常规 3～7 个工作日；最快十几分钟	高	中心化安全隐患
区块链	线上	7×24	几乎无费用，仅汇率费用	几秒	低	去中心化

受到瑞波币等跨境支付区块链平台的挑战，传统跨境支付的龙头 SWIFT 也启动实施区块链跨境支付的技术应用平台。Visa 欧洲创新实验室也开发了区块链汇款应用，帮助 Visa 实现在分布式账本上的实时结算。招商银行联手永隆银行、永隆深圳分行等，也推出区块链跨境人民币汇款业务。

在一些加密数字货币的创业项目中，比特币成了跨境支付的媒介。Veem 公司主要基于比特币为中小企业提供跨境汇款服务，其思路是将汇款方的货币兑换成比特币、再将比特币兑换成接收方所需要的货币来完成汇款流程，并基于比特币区块链的跟踪机制为用户提供及时的汇款进程信息，如图 3-12 所示。Bitwage 公司致力于帮助跨国公司通过比特币实现跨国工资支付，企业邀请员工在 Bitwage 平台上建立一个工资账户，平台将其企业发放的法币工资兑换成比特币打给员工账户，或者再将比特币兑换成当地货币以满足员工的需要。但是，如果这一跨境兑换缺乏监管，也容易成为洗钱、腐败和恐怖活动的渠道。

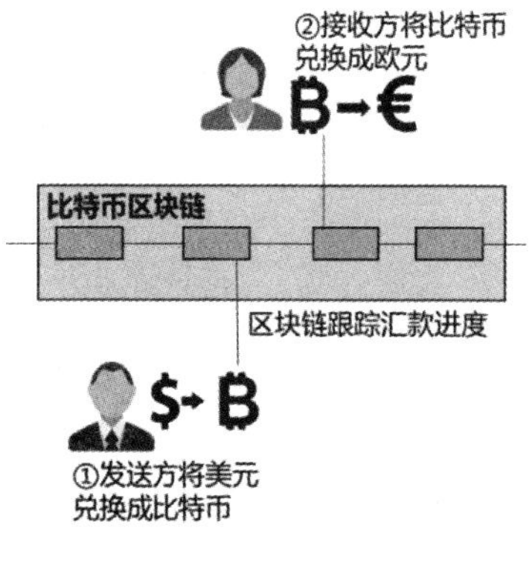

图 3-12　Veem的跨境支付原理

2. 联合信贷

利用区块链技术可以实现多家金融机构在业务层面的可信合作和产品创新。联合信贷就是区块链技术支撑的信贷业务创新，一些合作方拥有资金优势，另一些合作方拥有用户优势，多方通过区块链技术建立分布式共享账本，构建数字化信任体系，实现信贷资产数字化、标准化和共享化，共同推动在区块链上的联合信贷业务创新。与传统金融业务代理不同，联合信贷的合作方的合作事项的信息更为透明、合作结算的效率更高。

2016 年，微众银行与华瑞银行等联合开发了一套区块链应用系统，用于两家银行的“微粒贷”产品的联合贷款业务的结算和清算，如图 3-13 所示。微众银行是腾讯公司投资的银行，拥有大量腾讯个人用户资源；华瑞银行等在资金储备方面具有优势。微粒贷是微众银行面向个人的消费贷款，累计有上千万笔贷款，发放金额超过千亿元。其中，80%的资金来自其他银行，合作方式是联合放贷，共享收益。对微众银行来说，其与 20 多家合作银行之间的资金清算显得非常重要。建立区块链联合贷的应用系统，微众银行将与合作银行共享账本，完成联合贷款结算和清算业务。合作银行可以选择将部分信息写入区块链中，由微众银行提供统一标准的链上对账服务、统一的操作视图和交互接口，让合作银行可全面、实时、高效地了解信贷及资金交易信息，进行实时的头寸监控。2017 年，中国工商银行、德商行、瑞信、ING 及 UBS 等 5 家银行也基于区块链共同开发了联合借贷产品。

当然，联合信贷应用属于同业的合作。如果合作方在客户资源、市场区域等方面存在较强的竞争关系，信任的基础并不稳固，可能会对这类业务的开展形成障碍。

3. 数字票据

票据是代表一定数量货币请求权的有价证券，如汇票、本票、支票等，是典型的信用凭证。票据可以流通交易，具有汇兑、支付、结算等基本功能。由于其具有中心化信任的特点，传统的票据市场充斥着众多的票据掮客或中介，纸票中“一票多卖”、电票中“打款背书不同步”、高杠杆错配、违规交易等现象屡禁不止，诱发多种风险。由于票据市场信息的不对称和时效差，监管机构只能通过现场审核的方式进行监管，也缺乏对业务模式和流转全流程的快速审查和调阅手段。

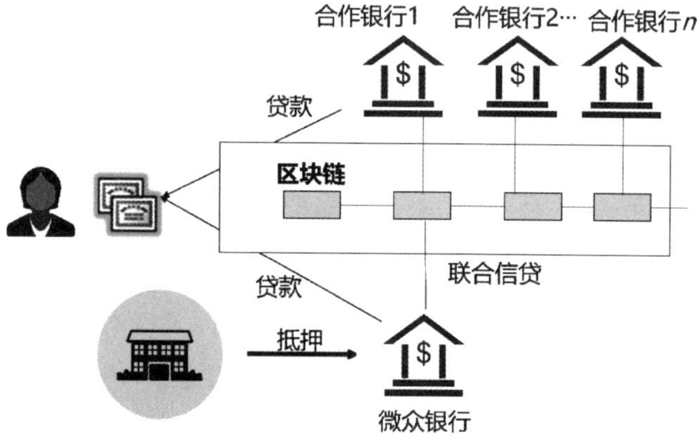

图 3-13　微众银行联合信贷

票据数字化通常有三种方式，第一种是纸票的电子化，第二种是电子化票据，第三种是基于区块链的数字票据。前两种方式都依赖于央行提供的信息系统，属于完全中心化的模式。以电子商业汇票系统（ECDS）为例，由中央银行牵头开发完成中心化的登记和数据交换系统，其他银行或者企业通过直连或网银代理的方式接入，使得所有的电子化票据的承兑、交易、托收等环节都需要通过 ECDS 系统做数据通道。ECDS 不仅是集中式数据存储平台，也是第三方的认证和资源交互平台。ECDS 与基于区块链的数字票据的比较如图 3-14 所示。

区块链技术为票据数字化提供了第三种方式，即基于分布式共享账本的数字票据。数字票据建立了分布式的数字化信任体系，能够解决票据流通中的很多问题。

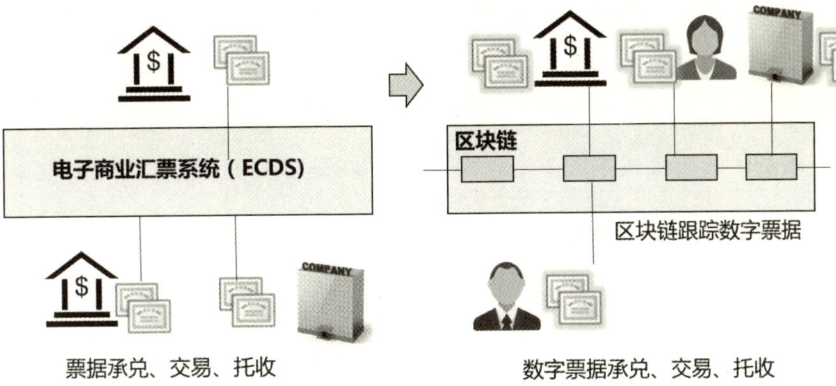

图 3-14 ECDS 与基于区块链的数字票据的比较

第一，数字票据利用区块链所提供的不可篡改的分布式账本，每笔交易都有时间戳且全网公开，一旦交易确认将无法抵赖，杜绝纸票中的“一票多卖”、电票中的“打款背书不同步”等问题。

第二，采用区块链建立票据流转的全流程记录和追溯数据库，完整地反映票据从产生到消亡的过程，有效地解决票据伪造问题，并且其具有可追溯历史的特性，使这种模式具有全新的连续背书机制，真实地反映了票据权利的转移过程。

第三，利用区块链数据透明的特性使整个市场交易价格对资金需求的反应更真实，形成真实的价格指数，解决传统票据中介市场中大量的资产错配问题，进而优化市场配置，控制市场风险。

第四，区块链可以有效地实现交易多方在内部控制、交易合规性、贸易真实性等方面的信息透明和数据分析，而不必再依赖第三方机构对交易进行监督检验，也不需要特定的实物票据来获取交易方间的信任。

2016 年 12 月，中国人民银行成立了上海票据交易所。上海票据交易所是全国统一的“互联网+数字票据交易”的综合性金融服务平台，涵盖票据业务从发行到兑付的全流程，并与纸票电子化、ECDS 电票票据交易共同构成统一票据市场，成为货币市场的重要组成部分。央行上海票据交易所开发了基于区块链的数字票据交易平台，该平台的实验性生产系统在 2018 年 1 月成功上线试运行，工商银行、中国银行、浦发银行和杭州银行在系统上顺利完成基于区块链技术的数字票据签发、承兑、贴现和转贴现业务。

基于区块链的央行数字票据交易平台有四大基本功能。

一是通过联盟链实现参与方的相对平等。数字票据交易平台采取联盟链，上海票据交易所、银行等金融机构联合组网，相对平权。记账节点共同维护联盟链，普通节点经认证可以同步联盟链的数据并使用这些数据。交易对手和交易过程被完整地记录在联盟链上，不可篡改。平台会员及平台上流转的资产一旦上链，就转化为可信状态且为所有会员可见，避免了不同会员间重复 KYC 的流程，大幅降低了交易成本。

二是具有身份验证与管理。设立一个身份管理机构，负责参与方的身份识别，提供参与方身份的证书颁发、存储、验证、授权及丢失恢复的服务。

三是智能合约全流程应用。使用区块链承载数字票据的完整生命周期，包含开票、企业间流转、贴现、转贴现、再贴现、回购等一系列业务类型，这些业务类型及交易中的要求和限制都可以通过智能合约编程的方式来实现，并可以根据业务需求变化灵活变更升级。票据交易的智能合约可以自动完成资金转移、保证金锁定、手续费扣除、所有权的变更等票据交易动作。智能合约进一步提高了交易的灵活性，降低了确认、清算和结算的成本。

四是实现动态监管。实现了票据交易的事中监管，降低监管成本。监管方随时可以对分布式账本的交易记录进行审计，并可设计开发用于监管的智能合约，作为交易前置合约可以直接中止不符合监管要求的交易。每个交易的监管执行结果也会记录在区块链账本上。这是一个由央行牵头、各家银行共同参与的成功的银行联盟链应用，在银行业具有较好的示范效应。

4. 供应链金融

供应链金融是银行服务实体经济和中小企业的重要金融业务，它能够帮助供应链中处于相对弱势的中小企业解决融资难的问题，进而稳定供应链核心企业的供销渠道，促进并提高整个供应链链条中资金的利用与统筹效率。供应链金融的实质是供应链上的核心企业为供应链上下游的中小企业提供信用背书，因为中小企业有与核心企业的真实贸易合同，银行才愿意提供融资给中小企业。因此，银行根据核心企业的信用和支付能力、中小企业融资方与核心企业贸易的真实度等数据来评估融资方的信用资格，为供应链上的中小企业提供融资服务。例如，在银行与海尔集团供应商的供应链金融服务中，银行相信海尔集团的信用和支付能力，也证明了供应商与海尔集团采购合同的真实性，因而通过应收账款抵押等为海尔的供应商提供融资。

但是，传统的供应链金融也出现了很多问题，主要是由供应链信息不对称和不诚信造成的，比如贸易合同的真实性存疑、应收账款的回款信息不真实、虚假标的、融资用途变更、货物真实性存疑、供应链核心企业现金流紧张等问题。

区块链技术应用于供应链金融，建立分布式账本，构建数字化信任，实现供应链上下游资产的数字化和标准化，能有效地解决供应链金融存在的信息不对称和不诚信的问题，促进供应链金融的自动合规运行，如图 3-15 所示。

区块链供应链金融的优势主要体现在以下三个方面。

一是有效地解决贸易背景真实性问题。供应链上下游多方共享分布式账本，核心企业、供应商、分销商、物流企业、仓储监管公司、金融机构等都是区块链供应链金融平台的参与节点，均上链参与交易，形成真实可靠的供应链交易系统，构建了全新可靠的供应链信用体系。银行能从源头上了解核心企业与供应商的业务往来，获取关于供应商的第一手真实有效的数据，融资效率将大幅提升，融资风险将大幅降低。

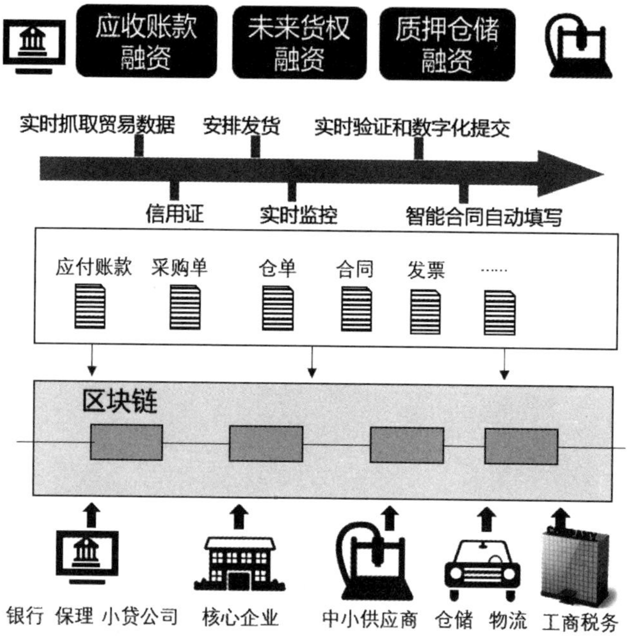

图 3-15　基于区块链的供应链金融生态圈

二是实现供应链资产数字化。供应链上采购合同、应收账款、仓单等资产被数字化，交易数据全程记录，透明可追溯，提高了资产的流动性。

三是有效地提升供应链金融的自合规性。区块链的智能合约融入供应链金融业务中，可提供项目立项、尽职调查、业务审批、合同签约、账款登记及转让、贸易融资（贷款发放）、贷后管理、账款清算等业务全过程的数字化应用服务，可提升供应链的运营效率和风控等级，满足业务合规性要求，更有效地提高获客、展业、风险识别与控制的能力。

但是，区块链供应链金融平台仍有很多问题需要突破，如不同行业的合规性问题、数据隐私保护的问题。在供应链金融区块链中，核心企业会担忧数据泄露，在同行竞争中失去优势。因此，基于区块链的供应链金融解决方案需要提升隐私管理的技术水平。

5. 国际贸易金融

与跨境支付不同，在国际贸易金融中还涉及信用证、保函、福费廷、国际保理等更为复杂的金融业务。区块链技术能够帮助国际贸易金融业务建立分布式账本，构建贸易伙伴间的数字化信任，实现相关资产的数字化和标准化，提升国际贸易金融效率，降低成本。

以往，国际贸易金融业务的数字化程度均不高，银行间业务报文的传递还在依靠国际组织 SWIFT、EDI 等。例如，银行间的信用证开立还没有电子化渠道，在信用证开立后，大多是以纸质形式传递的，存在安全性低和校验难等问题，并且在发生信用证修改、到单、通知等情况时，也没有直接的信息交互通道。

传统保函业务大多数流程也需要人工参与，效率低，导致银行人力成本高，保函安全性不高，存在造假的可能，而且遗失后补办困难，索偿不便，受益人的利益有时难以保障。

传统的福费廷业务流程中没有市场公开报价平台，交易报价依赖微信、QQ 等通信工具，信息传递安全存在隐患，询价成本高、效率低。而且，福费廷业务各类单据采用传真或邮寄方式，容易丢失，安全性较差。债权转让书和转让通知书以 SWIFT 报文、邮件、传真等方式确认，容易篡改。

传统国际保理业务所面临的问题主要是，海外分支机构不是国际保理会员，无法使用 EDI 系统进行报文信息交互，工作效率低，安全性较差，客户体验较差。保理业务中的发票、贷项清单等以纸质方式传递，安全性低，校验难。海外分支机构与国内分行没有信息交互渠道，只能采用 SWIFT 报文方式，时效性较差，且存在操作风险[81]。

通过区块链建立国际贸易金融平台，实现信用证、保函、福费廷、保理、票据等业务或资产数字化，以联盟链的形式建立银行间报文交互网络，国内银行、境外分行、国际银行以平等、共享的身份加入，同时可以利用区块链多方参与的特性，邀请生态企业一起参与，国家官方机构如海关、税务、司法、工商也可以参与共建生态。生态一旦建成，不但可以解决银行间报文收发的问题，同时可以帮助银行、监管机构识别贸易背景的真实性，跟踪信贷风险，建立以银行业为基础的业务标准、报文标准、技术标准。

以区块链信用证为例，利用区块链技术建立连接多个买方行和卖方行的联盟链，实现真正意义上的信用证电开，并实时送达，链上主体通过相互授信建立头寸管理和轧差机制，实现信用证链上实时写入、实时读取及实时验证验押，从而减少信用证的在途时间，加快资金周转速度。同时，信用证的变化可以实时被其他相关行或企业及第三方获取，可保证各方信息透明，确保相关方的利益。通过区块链技术的引入，信用证信息可以在链上实现安全、快速、可追溯的传递，并且可支持中文报文，在国内信用证结算中可以取代SWIFT，从而实现自主安全可控的国内信用证交换体系。

很多贸易金融区块链平台已经上线运行，例如香港金管局、汇丰银行、中国银行、东亚银行、恒生银行和渣打银行及德勤也联合建立了区块链贸易融资平台，IBM与多国银行合作开发了区块链贸易融资平台Batavia。中国人民银行也上线了贸易金融区块链平台，已实现供应链应收账款多级融资、跨境融资、国际贸易账款监管、对外支付税务备案表等多项业务上链运行，央行“三通”（“微票通”“科票通”“绿票通”）再贴现快速通道项目也已正式上链。通过区块链技术促进贸易金融供应链上的企业更畅通地获得更便捷、成本更低的融资，让技术为实体服务经济，发挥实际的作用。作为监管科技的实践运用，监管部门可以通过央行贸金平台对贸易金融全流程、全生命周期进行穿透式监管。

3.3.2 证券、期货及投资业的区块链应用

金融投资工具如证券、期货等，都是在底层资产上的金融信用创新，通过权益凭证、期货合约等为资产创造出的金融属性。以证券为例，它是底层资产的权益凭证，股票是股东权益的证券化，债券是债权的证券化。区块链技术创造出了数字资产，有力地推进了底层资产的数字化，并且数字资产具备了可编程性、可分割性、流动性等属性，结合智能合约和 Token，还具备了证券、期货等多种金融属性。这对于证券期货行业具有颠覆性的影响，所以麦肯锡公司说“区块链将极大地重塑资本市场”。

对证券监管机构而言，至少数字资产的证券化已经属于证券业，应该被纳入证券监管的范畴，2018 年 11 月，美国证监会（SEC）就发表了《数字资产证券发行与交易声明》（Statement on Digital Assets Securities Issuance and Trading），对数字资产证券的发行和发售、数字资产的证券交易进行了详细的阐述。除数字资产证券（通证）外，区块链技术还被应用在证券交易后结算、场外交易、私募股权、联合资管等多个领域。

1. 证券交易后结算与场外交易市场

区块链是一个分布式账本，在证券交易市场有巨大的应用潜力。麦肯锡的一份研究报告指出，区块链技术的应用将为资本市场带来显著的近期效益，不仅能使清算和结算速度加快，还能减少金融机构需要维护的账目数量，确保审计跟踪更加精确。这主要是指区块链技术在交易后结算中的应用，证券场内交易是集中的、高流动性的大量交易，无论是从总的交易量还是峰值的交易速度来看，目前区块链技术还远远不能胜任，但是证券交易后结算是区块链技术的擅长领域。2016 年，交易后分布式账本工作组（Post-Trade Distributed Ledger Working Group）成立了，推动区块链技术在证券交易后结算的应用。

在传统证券交易中，证券所有人发出交易指令后，指令需要依次经过证券经纪人、资产托管人、中央银行、中央登记机构这四大机构的协调才能完成交易。整个流程效率低、成本高，而且这样的模式造就了强势中介，金融消费者的权利往往得不到保障。一般来说，从证券所有人发出交易指令，到交易最终在登记机构得到确认，通常需要“T+3”天。据估算，美国两大证券交易所每年所需清算和结算的费用预估高达650～850亿美元，但如果将“T+3”天缩短为“T+2”天，每年费用将减少27亿美元。

区块链技术在证券交易后结算中应用有如下优势：

一是简化中介和结算流程，实现“交易即结算”的模式。在区块链分布式记账模式中，每个市场参与者都有一份完整的交易账本，共识机制保证了证券登记在整个市场中同步更新，保证内容的真实性和一致性，在没有中央证券存管机构的情况下实现交易结算。现有证券结算制度业务流程长，冗长的结算流程导致更久的资金占用和更多的风险敞口，基于区块链技术的分布式登记结算系统可以降低系统风险和成本，提高结算效率。

二是货银对付降低违约风险。证券交割和资金交收被包含在一个不可分割的操作指令中，交易同时成功或失败，实现货银对付并降低因一方违约另一方受损的风险，违约风险的减少也会降低其他风险出现的可能。

三是增强分布式账本保障系统安全。证券结算不再完全依赖中央登记结算机构等中央对手方，每个结算参与人都有一份完整的账单，任何交易都可以在短时间内传送至全网，分布式账本保证了系统的安全性，可有效降低中央对手方单点失败的风险。

四是智能合约将证券变成数字资产。股票的分红派息、股东投票、禁售限制等可以程序化、自动化实现，尽最大可能减少人工操作。在区块链上通过建立智能合约让证券变为数字化资产，智能合约将规定参与者的权利和义务，以计算程序的方式实现执行自动化，再次降低人工操作成本。

由于数据不可篡改，录入区块链上的数据实际上产生了公示的效果，因此交易的发生和所有权的确认不会有任何争议。澳大利亚交易所（ASX）、德国证券交易所、多伦多证交所集团等都建立了基于区块链的交易后结算系统。

区块链技术可用于场外交易（OTC）市场，实现去中心化金融市场，如区域性资本市场、机构间的交易市场、交易所的固定收益产品，以及类似仓单等交易产品。场外交易市场使用区块链，买方和卖方能够通过智能合约直接实现自动配对，并通过分布式的数字化登记系统，自动实现结算和清算。日本交易所集团首先在场外交易进行区块链概念验证试验，为流动性比较低的资产建立资产交易系统。韩国证券交易所（KRX）2016 年 2 月启动区块链交易系统开发项目，旨在使场外交易者的交易变得更方便，节省他们寻求交易伙伴的成本和时间。美国商品期货交易委员会也启动了区块链技术测试，支持区块链技术在票据交换所的应用。

国际上很多金融机构在债券交易领域应用区块链技术，如法国兴业银行和瑞银（UBS）已经开展了智能债券应用，德意志银行成功地开发了基于区块链技术的公司债券平台，R3CEV 也尝试使用区块链技术进行债券交易。通过建立开源、通用的共享账本，大幅度减少机构间的协调成本，并形成一个全球的去中心化的实时结算清算系统。

信用违约互换（Credit Default Swap，CDS）是国外债券市场中最常见的信用衍生产品。在信用违约互换交易中，CDS 购买者将定期向 CDS 出售者支付一定的费用，而一旦出现债券主体无法偿付的信用类事件，CDS 购买者将有权利将债券以面值递送给 CDS 出售者，从而有效规避信用风险。

美国存管信托和结算公司（DTCC）成功地完成了将分布式账本技术应用到信用违约互换产品交易的测试，该测试由 DTCC 组织，美国银行、花旗银行、瑞士信贷、Markit、Axoni 等公司参与。该项目中的智能合约平台能够在市场状况满足前设条件时自动诱发交易行为，同时为客户创建证券交易的电子记录，智能合同能够记录投资者的交易细节和对手方风险属性，提升监管和商业合作的透明度。

2. 私募股权投资

目前，未上市公司的股权往往是通过协议（工商部门等第三方登记）、资产证明（例如股东名册、股权证等）或者纸质证券来证明资产的所有权。针对这一点，区块链可以在不改变私募股权流通规则的基础上，替代纸质文件成为证券资产的数字化载体，实现私募股权的登记和流通。

私募股权区块链应用具有如下优势：

一是具有合规性。公司可以自己选择采取任何有成文纪录的形式来创建并维护股东名册，因此采用区块链实现股东名册的电子化具有合规性。

二是规范化。公司股权通过区块链实现数字化后，除了股东名册信息、公司股权变更、员工持股等多种股权关系可以记录在区块链分布式账本中，同样具有不易篡改、可追溯的特点，可以作为股权关系的唯一凭证，使公司证券管理更具完备性、规范性。

三是体现了公司治理制度。区块链具有去中心化的特点，股权登记、交易不必经过特定的第三方主体，而是靠参与者全体来共同维护一套登记系统。

四是创新私募股权交易。传统证券业务需中介机构深度参与才能有效地完成股票发行与交易，将股权整合进区块链中成为数字资产，可实现不通过中介机构直接发起交易。资产发行可根据需要采取保密或公开的方式进行。股票资产交易通过区块链代码表达相关各方一致达成的合约，实现合约的自动执行，保证相关合约只在交易对手间可见，而对无关的第三方保密。

此外，通过相应机制确保证券发行和交易符合监管要求和框架，进一步降低监管合规成本。

2015 年，纳斯达克推出了私人企业股权交易平台 Linq，如图 3-16 所示。Linq 用于记录 IPO 前的私人企业的股权交易，可以跟踪私营企业股权的交易、股东和投资人信息等。Linq 对于私募市场的资产数据分析十分具有价值。

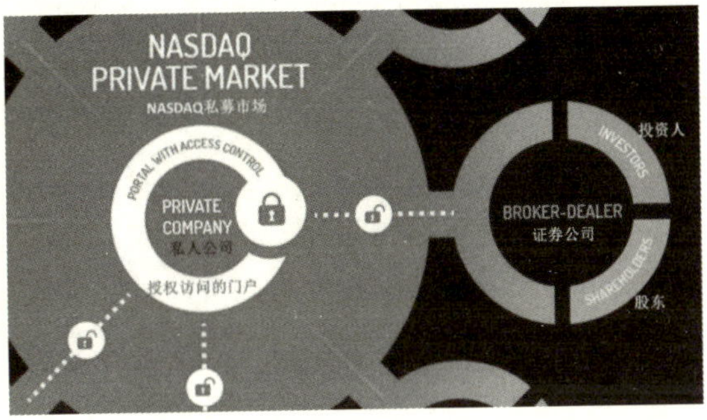

图 3-16　纳斯达克 Linq 的示意

在线零售商 Overstock.com 尝试使用区块链技术发行数字股票。2015 年 12 月，美国证券交易委员会（SEC）批准 Overstock.com 在分布式账本上公开发行数字股票。这个数字股票交易平台被称为 t0.com，它是 Overstock.com 控股的子公司，致力于区块链的开发和商业化改造。Overstock 创始人认为“它将是初始版本的纳斯达克，一个点对点网络版的证券交易结算系统”。Symbiont 公司是一家区块链创业公司，在比特币区块链上建立了一个智能证券系统，专注于支持私募股权市场和银团贷款，系统原理如图 3-17 所示。

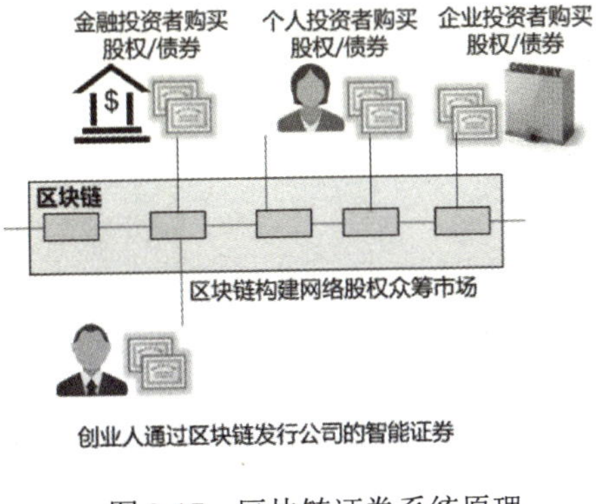

图 3-17　区块链证券系统原理

3. 联合资管

资管业务是金融机构的重要业务。在传统资产管理中，资产托管单笔交易金额大、参与方多，各方信息系统不统一，依赖手工手段（电话、传真、邮件等）进行信用校验，效率低，成本高。区块链技术建立的数字化信任体系有助于实现资管业务的数字化，该体系基于联盟链支持资产委托方、资产管理方、资产托管方、投资顾问、审计方等角色加入，通过共享的分享账本、共识机制、智能合约和隐私保护等四大机制，实现资产托管业务的信息多方实时共享，从报价协商到确认的全部流程可以在线上完成，直接形成分布式账本、智能合约和数字签名，实现资产使用情况的全程多方监督，如图 3-18 所示。

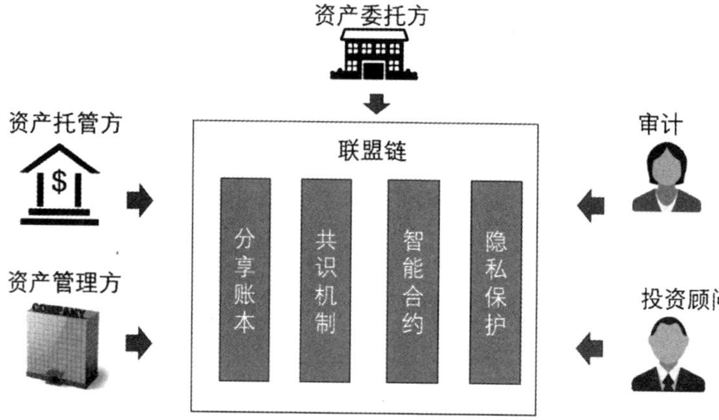

图 3-18　联合资管

3.3.3　保险业区块链应用

保险业是经营风险的行业，保险客户愿意为未来的风险可能性提前买单是一种对保险公司的高度信任，主要是对保险公司的风险保障能力的信任。通过区块链技术应用，如果能更大程度地增强客户对保险公司的风险保障能力的信任度，例如通过智能合约实现理赔自动化，就能促进保险公司业务模式的创新。

另外，由于风险的不确定性，保险公司的利润多少很大程度上依赖于赔偿成本和运营成本的高低，通过区块链技术的应用，如果能够减少保险业务的层级，增加业务透明性，减少保险欺诈行为，大幅降低保险公司的成本，就能对保险公司的业务管理产生重大影响。

区块链构建了数字化信任，分布式账本的透明、可追溯、可信任等特点非常适合保险资产的交易和管理。区块链对于保险业的价值体现在以下几个方面。

第一，透明度提升。通过区块链分布式账本能够促进保险平台提升内部监管和外部监管的透明度，各个参与者节点都可以对保险业务进行参与，成为其中一个节点的监管者对相关技术和平台进行维护，进一步强化监管的技术能力。同时，实现用户信息的一致性管理，经过审查验证的用户将信息写入区块链，购买不同保险时无须重复输入个人信息，在区块链上查询即可，缩短投保时间。

第二，基于区块链的保险平台资金流向透明。所有资金流向明细都在区块链上记录，数据的不可伪造和篡改确保了数据的真实有效，所有监管单位、公众媒体、普通用户都随时可以查看和监督。

第三，区块链网络规则执行高效。当保险事件发生并满足保险合同的赔付条件时，区块链上的智能合约将自动启动赔付程序完成理赔，确保保险合同自动执行，无法进行中途干预，大幅减少人工操作，提高保险理赔业务效率，降低成本。并且，更好地保障保险消费者权益，增加客户满意度。在保险市场、区块链保险业务、互助保险等涉及多方协作的领域，区块链技术应用取得了很好的效果，下面分别介绍这三个应用。

1. 保险市场应用

区块链能增强保险市场对风险的记录能力、透明度、识别准确度和反应速度。总部设在伦敦的劳合社保险市场（Lloyd's）是全球重要的国际保险市场，它提出了使用区块链技术来加强市场数据访问，降低成本，创新性主要体现在如下两个方面。

一是在保险市场中建立分布式数据库系统。该数据库系统是透明的、不可更改的，它永远都是一份包含交易方、交易内容和交易时间的总账。

二是建立以区块链为基础的数字化“交易室”。在全球性的保险市场中，用区块链来建立一个数字化交易的账务系统，从一开始就可以让它自动执行，实现去中心化，并建立起交易参与者共享的准确的交易记录。

上海保险交易所也投入了保险区块链的研究与开发，打造了“保交链”，成为我国保险交易行业的第一个区块链技术平台。在此基础上，上海保险交易所针对居民住宅地震巨灾保险运营管理的难点，开发了基于区块链的运营平台，打造了“共保体+区块链”的管理新模式。

2. 区块链保险业务应用

在保险的展业、承包、理赔、结算等环节，涉及保险公司、代理人、理赔点、修理点等多方参与，信息不透明成为保险公司运营成本居高不下、服务满意度低的重要原因。通过使用区块链分布式账本能够实现保险服务全过程上链运行，提高保险服务效率，降低保险公司的风险和成本。

国内的保险公司在这方面的区块链技术应用不断深入，中保信公司在2018年8月推出了区块链技术支撑的电子保单服务平台，对所有电子保单及其变化轨迹留痕，打造了开放式保单管理的可信平台。人保财险研发并实施了“区块链肉牛养殖保险”项目，解决了长期困扰养殖保险的“唯一性难题”，解决了农户的融资难问题，取得了很好的效果。众安保险针对供应链保险场景，开发了“众企安链”平台。阳光保险推出了基于区块链的女性特定疾病保险产品。太平保险开发了基于区块链的养老金托管项目。

传统再保险交易结构复杂，效率相对低，且透明度不高。区块链技术，尤其是智能合约技术能够很好地解决传统再保险的“痛点”。2018 年 6 月，中再集团联合汉诺威再保险、通用再保险、众安保险、英特尔公司等共同发布《再保险区块链白皮书》，倡议以区块链为核心技术共同建设再保险平台，提高交易效率，加速推进区块链技术在再保险领域的应用。通过区块链实时在线获取承保、理赔、再保等业务数据，实现在销售渠道、直保公司、再保公司之间的共享，优化现有的再保险交易业务流程。

一些创新公司基于区块链技术开展保险业务创新。他们尝试把智能合约应用到保险业务中，通过区块链记录和控制合约的执行过程，建立一种按需定制的保险合约，例如智能车险合约约定只在车辆行驶期间有效，从而推进创新出一批保险新产品，并显著改善合约执行效率，客观反映实际风险。随着越来越多的自动驾驶和自动停驻汽车开始上路，区块链的应用可能会出现在汽车保险行业，区块链分类账将能帮助保险公司确定驾驶员或自动驾驶系统在事故中是否有在操控。SafeShare 基于区块链技术开发针对共享经济的保险产品。SafeShare 面向在共享经济领域的新型创业公司，为他们提供基于区块链的实时保险解决方案，比如针对 Airbnb 的“沙发客”食宿分享型服务、Uber 的打车服务的保险。SafeShare 发现了这类企业对于实时保险的需求。SafeShare 使用了区块链的开源时间戳服务，能够在为客户提供实时保险产品的同时，保存保险交易的历史。

3. 互助保险

互助保险是对保险业务模式的革新，区块链技术有助于为互助保险提供技术手段，使保险公司关注的焦点从资产管理转变为风险计算研究[82]。保险公司会提供一个在线保险市场平台，在这个平台上消费者可以说出他们的保险需求，这个需求可以是标准化的产品或特定需求。保险公司根据历史数据使用其“风险智能”或风险模式，在减去保证金之后，根据保费的计算方式计算出预期回报。在公布保费的计算方式之后，感兴趣的投资者可以竞标或订购想要的保险服务，这是通过集体互助的方式实现的，如

图 3-19 所示。

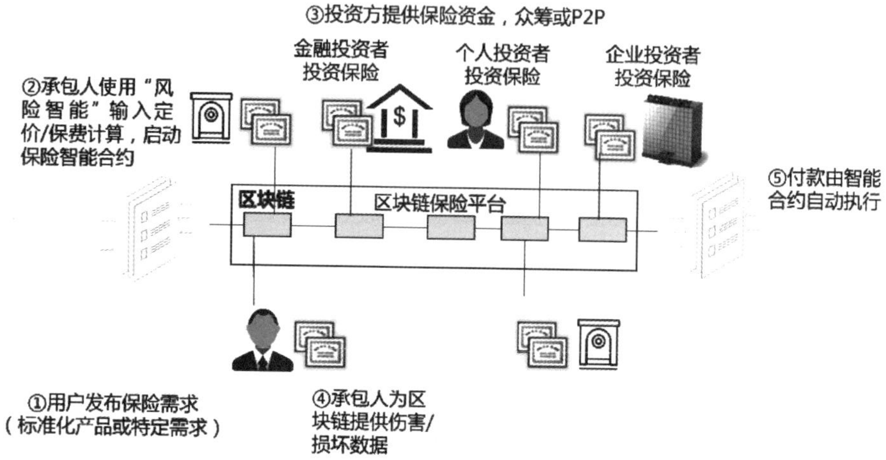

图 3-19　区块链互助保险的示意图

在多方共享的分布式账本上使用自动执行的智能合约时，若客户提出保险索赔的要求，则可以保证保险公司和相关投资者能够及时偿付给客户。智能合约被设定为传统的保单协议，但是不需要经过银行。使用区块链技术可以使管理和执行过程变得更简单、更自动化、更加透明，成本更低。同时，保险公司可以验证保险索赔的有效性。从投资者的角度来看，这给很多组织带来了新投资机会，同时带来了更高的回报。私人投资者也可以加入市场，投资者会对金融风险有更清晰的认识。对消费者来说，由于有大量投资者参与竞争，保险费用也会更低。平台也让消费者更容易选择适合自己的保险，支付也更安全。众托帮、轻松筹、蚂蚁金服、信美相互等互联网互助平台，围绕利用区块链技术解决互联网信任的难题，开展了一系列互助保险的探索实践。

3.3.4　数字金融的其他新模式

区块链技术构建了数字化信任体系，为金融业务创新提供了很多新的方向，比如共享金融、自金融、去中心化金融（Defi）等。在区块链的背景下，这些模式都可以归类为分布式金融或去中心化金融。

共享金融是指依托大数据、云计算、人工智能和区块链等信息技术建立共享的金融信息平台，进行金融业务或金融服务直接交易的行为。共享金融包含消费金融、供应链金融、个体网络借贷（P2P 信贷）、互联网众筹、互助保险、区块链金融等，在有效支持共享经济发展的同时，能促进金融业创新可持续发展，实现多方共赢。但 P2P 借贷等互联网金融业务存在很多潜在的风险，一度成为各地非法集资的重灾区，需要纳入严格监管范畴。

自金融是我国学者提出的一个新概念，类似于共享金融的理念，自金融是指无需中介的金融模式，即具备资产或现金流的个体或企业可以基于区块链自主开展金融活动，无需中介。其中，个人自金融包括互助保险等业务；企业自金融包括财务公司、资金结算中心、消费金融、供应链金融等业务。

去中心化金融是基于以太坊的金融 DApp 应用的统称，主要包括去中心化借贷、去中心化交易所、去中心化衍生品、去中心化支付和去中心化资产。MakerDao 是目前以太坊网络上最受欢迎的 DeFi 项目，该项目本身是一个去中心化的、用于支持稳定币 DAI 的借贷平台。

3.4 区块链赋信实体经济

信任对实体经济的发展有很大作用，体现在以下几个方面：第一，能够降低实体经济交易的成本，提高经济交换的效率；第二，能够提高实体经济企业间的合作效率；第三，能够促进投资方对实体经济的投资，提高资金使用效率，节约资本流通成本等。区块链建立的数字化信任体系将赋信实体经济，降低交易成本，提高合作效率，加速实体企业间信息、资金和物资的流动。

在新的时代，实体经济的发展呈现出如下四个特点。

（1）实体经济呈现跨界融合的特点。行业的边界越来越模糊，各个行业跨界融合衍生出新的业态。以汽车行业为例，电动汽车、智能驾驶汽车等的发展让汽车业成为一个融合了汽车制造、汽车电子、新能源和人工智能等业态的综合型产业。

（2）实体经济呈现数字化特点。随着互联网成为经济社会的基础设施，物联网、大数据、人工智能、区块链等数字技术与实体经济深入融合，衍生出智能制造、工业互联网、数字物流、电子商务、数字旅游、数字农业等新业态，产业数字化占 GDP 的比重逐年提升。

（3）实体经济产业链呈现全球布局的特点。随着全球化进程的加快，研发、采购、制造、消费也呈现出全球化布局的趋势。

（4）金融与实体经济的关系日益紧密。金融是实体经济发展的血液，资金流是实体经济的命脉，实体经济的底层资产价值决定了金融创新的深度和广度。

总之，实体经济在产业布局和空间布局上都呈现出物流、资金流、资产流、信息流的相关渗透、相互融合和相互协作。

实体经济的发展要求有更加跨领域、跨区域的数字化平台的支撑，要求建立数字化信任体系，要求实现数字货币、数字资产的便捷流通和交易，区块链在实体经济中应用需求迫切。习近平总书记在中央政治局第十八次集体学习的讲话中提出“要推动区块链和实体经济深度融合，解决中小企业贷款融资难、银行风控难、部门监管难等问题，利用区块链技术探索数字经济模式创新，为打造便捷高效、公平竞争、稳定透明的营商环境提供动力，为推进供给侧结构性改革、实现各行业供需有效对接提供服务，为加快新旧动能接续转换、推动经济高质量发展提供支撑”。

3.4.1 协同制造联盟

制造业是实体经济的支柱。产品制造的过程涉及产品市场调研和需求分析、研发设计、采购供应、生产制造、仓储物流、渠道销售、售后服务的全流程，流程环节多、时间跨度长、耦合度高。在现代制造业的发展中，制造业提出了企业资源规划（ERP）、准时生产、敏捷制造、精益制造、面向需求的设计制造、产销者、大规模个性化定制等创新模式，旨在实现产品供应链的扁平化、信息的透明化、各环节参与主体的协同化。

区块链技术具有多方可信协作的基因，通过分布式共享数据库，能让制造业的各方在各个环节参与产品制造的全过程，也能建立起产品战略联盟的各方高度信任，在协同设计制造、工业资产数字化等方面可以发挥重要作用，建立起高效可信的协同制造联盟，助力制造业的数字化转型和高质量发展。

1. 协同设计制造

区块链+制造将产生一种新的协同制造联盟模式。利用区块链技术可将制造业各个环节的参与者（如消费者、研发者、供应商、生产者、分销商、零售商等）连接在区块链网络上，直接参与到产品的全生命周期，优化“用户参与制造”“面向需求的设计制造”“大规模个性化定制”等制造新模式，大幅提高产品生产制造效率，促进供给侧的结构性改革。以用户需求为中心，使用户参与到设计和制造过程及产品的全生命周期当中，促进消费者（Consumer）转化成为产销者（Prosumer），从而改变传统制造业模式。实现产品制造全生命周期协同，强化“面向需求的设计制造”“面向制造的设计”等制造模式，建立产品设计制造可信协同网络，使消费者、设计者和制造者都能够更早、更准确地参与到产品设计和制造过程中，并通过分布式网络对产品不断完善，使企业的产品更容易适应市场的需求，并获得利润上的保证，企业的创新能力与研发实力均能获得大幅度提升，创新边界得以延伸。通过互联网和区块链构建的协作网络，汇集广泛的个性化需求，推动大规模个性化定制的成本大幅下降，开展大规模个性化定制。

2. 工业资产数字化

利用区块链技术可以实现工业资产数字化，通过区块链技术、物联网技术与数字化工厂技术的结合，可以为每一个工业资产建立“数字孪生”，并在链上进行数字化工业资产的登记、确权和流转。这将推动企业资产管理转变为工业资产价值网络，将工业资产的制造方、采购方、安装方、使用方和维修方连接到区块链网络中，实现工业资产的可信协同管理，提高资产利用价值。工业资产的闲置也可以转化为数字资产交易，提升工业资产利用价值。工业设备资产区块链应用如图 3-20 所示。

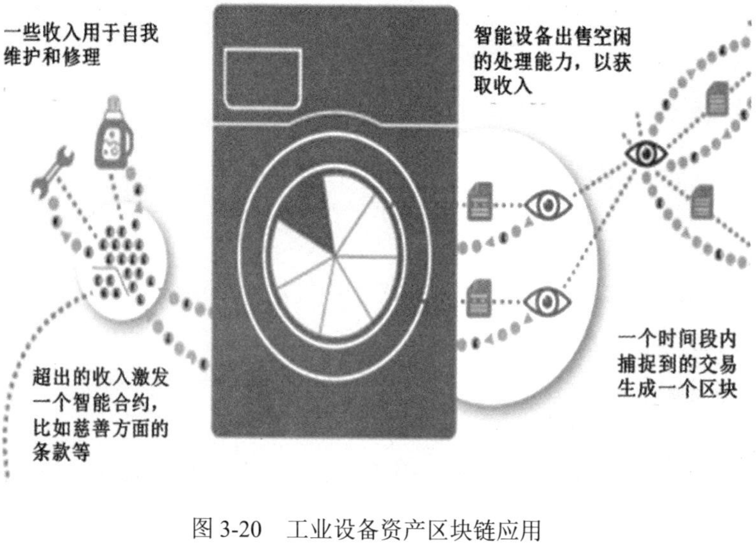

图 3-20　工业设备资产区块链应用

3. 产品溯源链

消费者对企业产品信任的关键因素是产品的质量，提高产品的质量就能提高消费者对企业产品的信任。但产品的交付可能涉及供应链上多个交付方，例如一部手机就可能涉及品牌商、代工制造商、各个零件的制造商等。因此，为了加强消费者对企业产品的信任，还必须加强制造联盟企业间的信任，确保上下游企业都能够按照合同按时保质交付产品零部件，一旦发生质量缺陷，也能够及时准确地追溯到问题的源头。但是，在传统的供应链管理中，质量追溯存在信息缺失或者信息被篡改和隐匿等情况。例如，在长生生物假疫苗事件中，无良的生产厂家就在事件发生后篡改了产品生产记录、产品检验记录、产品工艺参数等。

在产品溯源的区块链应用中，有助于构建起供应链上下游企业间的信任。利用区块链+物联网技术将产品变成数字化的产品，跟踪产品设计、生产、出厂、物流、销售到客户的全过程，有助于实现产品流转的透明和可跟踪，从而使制造业产品的溯源更加便捷。基于区块链上的多个参与方共享的区块链数据库，实现产品生产、流通和销售等全生命周期的数据记录在链上，保障数据的真实、透明和可追溯。通过产品供应链上下游的多方监督保证了即便存在单方试图伪造数据的情况，也难以找到全部节点同意其进行数据造假，使得造假成本大幅上升。趣链科技与云南普洱茶共同开发了区块链溯源应用，如图 3-21 所示，每个环节都有信息进行上链记录，为云茶消费者提供真实可信的信息查询渠道，帮助其验证云茶的生产信息，保障云茶的公信力。

产品溯源区块链应用对于食品和药品安全管理更为重要。假食品、假药品、假疫苗等对社会危害极大，是严重的社会信任危机事件。以长生生物假疫苗事件为例，采用区块链技术可以对厂家进行有效的监督和制衡。比如，可以要求食品和药品企业必须使用区块链技术进行防伪，通过一个产品防伪联盟链的应用，在食品药品监管部门、生产企业、流通企业的共同监督下，产品生产的每一步结果信息都要上链存证，保证全过程信息的不可篡改。但这里有一个问题，怎么保证记录的信息是真实的？区块链并不能保证源头信息的真实性。当然，借助物联网、二维码、RFID 等技术，通过操作者的身份认证、签名、生产过程自动感知等手段来保证源头信息的真实性。如果源头存在的信息是真实的，那么记录在区块链上不可篡改的产品生产信息就是真实的。

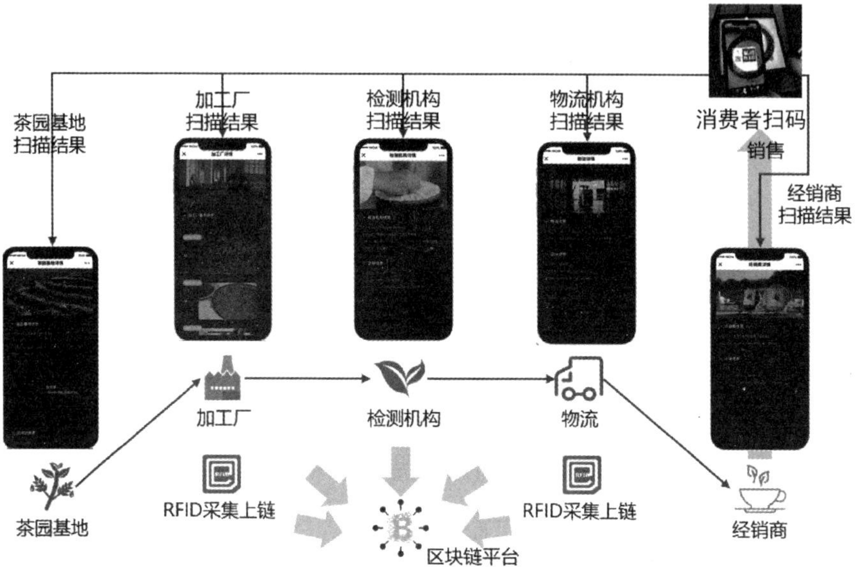

图 3-21　云南普洱茶区块链溯源应用（来源：趣链科技）

国家药品监管部门给每个药企发一个 GMP 证书（生产质量管理规范证书），GMP 是一套适用于制药、食品等行业的强制性标准，要求企业从原料、人员、设施设备、生产过程、包装运输、质量控制等方面按国家有关法规达到卫生质量的要求，形成一套可操作的作业规范帮助企业改善企业卫生环境，及时发现生产过程中存在的问题，加以改善。这是强制的，如果没有这个证书，药企就无权生产。但这个证书是纸质的。如果通过区块链技术实现这个证书的数字化，并通过智能合约实现证书的动态化，将有助于加强药企管理。在产品生产全过程信息上链的基础上，如果符合 GMP 要求，就可以生成一个数字 GMP 证书。如果不符合要求，就自动撤销 GMP 证书。GMP 证书一旦撤销，自动停止生产作业。如果有这样的机制，有哪家企业还敢在生产环节作恶？

另外，产品溯源链可以和诚信链相结合，如果进一步在诚信链黑名单中把作恶者信息不可篡改地记录下来，并且将这个黑名单和企业信贷、个人信贷、交通出行、出境、购房、购车等信息关联起来，实现联合惩戒，将更大程度上形成对食品、药品造假的威慑力。

4. 供应链管理

利用区块链使供应链流程更为透明，多方可直接进行供应链的产供销管理，降低流通成本，提高流通效率，加速库存周转，挖掘需求侧潜力，促进产品消费。区块链在供应链金融领域的应用已经在银行区块链应用中提及，在供应链多方参与的区块链网络中，由于有真实贸易背景的可信存证，对于促进供应链上中小企业的融资效果明显。在供应链管理的其他方面，区块链应用也有很多优势。

区块链应用能提升库存的管理水平。在供应链管理的区块链应用中，由于数据在供应链各方之间是公开透明的，从而在整个供应链上形成了一个完整且流畅的信息流，最上游供应商、制造商和销售渠道所看到的市场需求和库存水平等完全一致，这可确保参与各方及时发现供应链系统运行过程中存在的问题，并有针对性地找到解决问题的方法，对供应链运营作出更加精准的全局判断，可以有效地降低各级库存水平，从而改善供应链的成本和质量指标，提升供应链管理的整体效率。

区块链应用能提升物品的供应效率。区块链可以用来帮助产品整机制造企业跟踪和管理相关货物的流动及付款，使整机制造商能够和零部件供应商、监管机构等共享设计图纸和生产日志。例如，一个飞机制造商，为了全盘管理所有供应商的零部件，可以创建一个以区块链为基础的系统。对一个新的飞机模型，所有的供应商将共享完全相同的信息，在工作的所有环节（计划、设计、装配）提供并维护这些信息。信任和问责制也能内置于供应链，开放的分布式账本为供应链联盟企业提供一种数据共享的方法，他们能够在特定时间证明产品和物件在供应链的什么地方，大幅降低产品的召回率，提高产品召回的反应速度。

区块链应用能降低供应链成本。区块链的“智能合约”运作可以减少相关的人力投入。只要各方事先确认了货物通关的规则（写成计算机代码），就可以用算法来自动确认通关。智能的算法执行取代了纯人工的确认过程，可以有效地节省人力成本。区块链运作可以降低中介的参与程度，减少中间损耗。在传统的供应链运作中，为了解决信任问题，往往会在第三方平台上进行交易，例如银行支付渠道、支付宝等。为此不得不向平台支付相应的费用。区块链网络中任何两方可以进行直接合作，减少“中间商赚差价”。

5. 国际贸易

对于国际贸易，区块链是具有划时代意义的技术。世界贸易组织（WTO）的报告称“区块链技术有助于全球贸易加速向无纸化方向过渡，有助于加快建立全球支付信用体系，从而减少交易成本、提高贸易便利化水平，并能够进一步增加全球供应链的透明度，帮助中小企业融入全球市场”。在国际贸易中，区块链应用价值非常明显，除跨境支付、国际贸易金融的好处外，至少还有三大好处[83]：一是它可以用于对国际贸易的运输单据和资产进行加密保护，具有透明性、防篡改性，即区块链能够有效减少或防止国际商业贸易中的欺诈行为。二是基于区块链的智能合约、智能资产等应用在国际贸易领域中都大有用武之地，有助于交易可审计、货物供应链可追踪和运输记录不可篡改。三是在贸易融资领域，区块链有更直接的影响，作为一种去信任的工具，它可能会取代国际贸易中常用的信用证。

3.4.2 可信分布式电网

未来的电网将由亿万交互的物联网终端组成，包括智能电网、分布式微电网、光伏系统、智能输配电设备、智能电网、智能充电桩、分布式计算系统与各种电力管理软件等，国家电网称之为泛在电力物联网。区块链在构建下一代的泛在电力物联网中应用潜力巨大，可用于解决可再生能源消纳、电力分布式交易、多利益主体间缺乏信任等诸多问题，构建起可信分布式电网。

早在 2015 年，一家位于纽约布鲁克林的创业公司 LO3 能源就进行了区块链在电网的应用试验。LO3 试验被称为“Transactive Grid”，该试验用区块链技术来管理微电网上的电力交易。Transactive Grid 是构建在以太坊上的智能微电网交易系统，实现点对点的能源交易和控制。他们建立了双节点的模型，在微电网中收集消费和发电数据，并将其存储到区块链中。Transactive Grid 还包括了智能仪表硬件层和使用区块链智能合约的软件层，整个平台基于以太坊区块链构建，能提供一个可审计的、无法篡改的加密的自动交易的历史，并自动执行智能合约。参与的家庭都配备了连接到区块链的智能仪表，用于追踪记录家庭使用的电量，并管理与邻居之间的电力交易。

Transactive Grid 的应用场景是在总统大道搭建的，街道的一边，五户家庭通过太阳能板发电；在街道的另一边的五户家庭可以购买对面家庭多余的电力。而连接这项交易的就是区块链网络，几乎不需要人员参与就可以管理和记录交易，如图 3-22 所示。

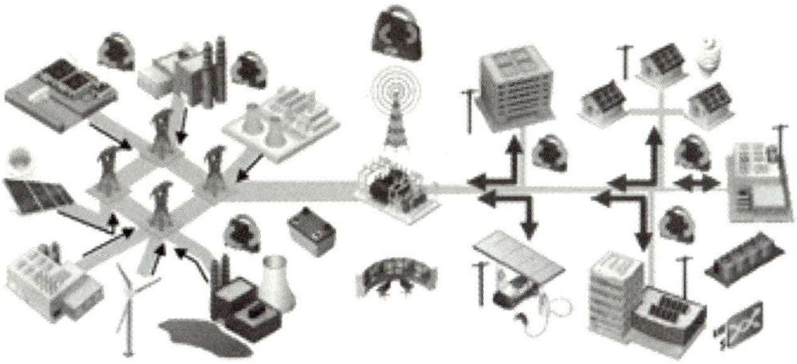

图 3-22　Transactive Grid 示意图

Transactive Grid 也是整个布鲁克林微电网的一个组成部分。2016 年 4 月，首笔基于以太坊的电力交易完成，布鲁克林的居民 Eric Frumin 把自己的太阳能电池板产生的多余的可再生能源直接卖给 Bob Sauchelli，后者是 EnergyStar（政府支持的绿色能源倡议组织）的前任项目经理。Frumin 拥有的每单位能源都被计算并记录在以太坊区块链中，然后使用可编程的智能合约指令使这些单位的能源在公开市场上出售，邻居们都可以去购买。如果邻居没有购买这些电能，产生的任何多余的能源就以批发价格卖回电力公司。Sauchelli 会以零售价来购买 Frumin 售卖的电力，这个价格本来就是 Sauchelli 给电力公司的电价，但对于 Frumin 来说，就比直接把剩余能量批发给电力公司有更多的利润。

通过这一试验，LO3 证明：一个本地的智能能源交易系统，要比传统的自上而下的能源配电系统更有效率，也更节省成本，区块链对于构建微电网系统的潜力和价值也是巨大的。在这个系统中，每个参与的家庭既生产电力也消费电力，是新经济中典型的产销者。微电网中参与家庭的智能电表的能源数据，可以作为社群的 Consensys 代币发行，代表着产销者的太阳能电池板的剩余电量。代币代表着可再生能源的数量。这将建立一种能源信用，可以通过区块链智能仪表钱包来参与交易，基于智能合约执行微电网上的能源交易撮合。

在 Transactive Grid 概念试验中，产销者可以控制自己的能源，消费者可以选择从邻居或其他可再生能源来购买。家庭能源生产者可以把多余的电力卖给邻居，社区可以保存当地的能源资源，减少能源浪费，提高微观电力和宏观电力的利用率。这对于区块链和绿色能源的发展都是福音，但对能源交易市场的影响是颠覆性的！

2016 年 1 月，IBM 和三星公司展示了基于区块链+物联网的平台 ADEPT 上构建的家庭微电网，该智能合约实现了家庭微电网中各种设备之间的交易。在用电的过程中，它们自发地、一刻不停地彼此互动。构建在 ADEPT 平台上的家庭微电网，使家庭用电的透明性和效能大幅提升。

2018 年，日本第二大电力供应商关西电力公司与区块链创业公司合作，测试全新的点对点可再生能源交易系统，用户可在该系统中自由交易电力并自动收款，这意味着客户用不完的电可以赚钱。该试验旨在为社区提供廉价的电力，并允许用户将能源出售给其他居民。关西电力公司打算建立“虚拟发电厂”，顾客拥有的发电和储能可用于支持当地的能源需求。

2019 年 8 月，国家电网成立了国网区块链公司，将区块链技术应用纳入国家电网的泛在电力物联网建设重点任务，加快推进区块链核心关键技术研究，并在电力交易、综合能源、新能源云等十多个场景形成了区块链技术应用[84]。国网、电网的电力交易区块链应用，融合了区块链共识机制、智能合约技术，采用连续双边拍卖机制，通过点对点交易有效地解决了电力交易双方信息不对称导致的信任缺失问题。

截至 2019 年底，基于区块链的电力交易平台已在国网陕西电力正式开展试点应用，服务于各类电力交易主体 2000 余家，参与双边协商交易 600 余家，承担分布式电力交易市场中近 80%的交易量，有效降低了电力交易过程中的人力、时间和沟通成本。综合能源具有参与主体多、实施业务类型多、项目周期长、交易信息不可追溯等特点，将综合能源网分布信息、能耗数据等上链存证，基于区块链智能合约和共识机制，可以实现综合能源各主体的交易撮合，提升综合能源交易效率和透明度，大大缩短项目周期。

山东电力公司在多个园区已开展综合能源区块链相关试点应用，通过构建区块链分布式能源交易平台，实现了微网内光伏、储能、风电、电网等不同主体之间的购售电交易，提高了交易透明度，降低了能源交易成本。国家电网基于区块链的新能源云平台连接了电网企业、监管部门、金融机构、新能源企业、用户等各方主体，可有效打破数据壁垒，实现全产业链的数据贯通共享。截至 2119 年底，已在宁夏、新疆、吉林、山东、江苏等 14 家省公司实现试点应用，已完成 20 多万座新能源电站的并网签约、交易结算等信息的上链存证数据百万余条，有效地提升了新能源业务的办理效率。

南方电网公司在 2018 年就启动了电网企业区块链技术研究及应用验证项目。2019 年，南网在珠海开展了基于区块链技术的绿证（绿色电力证书）交易平台试点示范，保证了绿证交易的可信可控和高效运作。

当然，区块链在电网的应用很大程度上还处于早期，更多的应用探索将包括基于区块链的智能电网分布式决策和协同自治运行、去中心化配网运行模式、基于区块链和物联网的智能电表监测平台、基于区块链的局域网储能系统、基于区块链的需求侧响应资源交易、基于区块链的虚拟电厂运行与调度、基于区块链技术的大用户直购电交易系统等方向，将构建一个基于区块链、物联网、人工智能等技术的可信泛在智能电网。

3.4.3 智能交通链

区块链和物联网技术的融合能够促进交通运输模式的创新。2017 年 12 月，由中国交通通信信息中心等相关部门与企业共同发起了构建面向交通运输产业的区块链网络——交通运输链，旨在利用区块链技术结合互联网、物联网等传统网络技术，连接交通运输产业中的政府、企业等行业主体，车辆、船舶等运输装备，道路、桥梁、场站等基础设施，构建数字化现代交通网络。交通运输链还在发展早期，已经可以提供行业主体上链认证、主体身份属性鉴权、行业资产数字化与追踪、行业资产流通智能合约等服务。

未来，随着车联网等技术的发展，更多的自动驾驶汽车将驶入道路，如何建立交通路网与运输车辆之间的信任，成为车联网发展中必须要面对的问题。车联网是基于智能汽车、智能交通系统、移动通信网络等组成的综合智能信息系统，它是一种通过车载传感器进行数据收集，配合云端的设备管理、大数据分析等技术的融合，并加上大量的车联网应用创新而形成的综合性应用技术。

交通区块链应用有助于构建交通管理部门、交通人、智能交通工具和智能交通路网间的信任，将促进形成高效、智能、可信的分布式交通运输管理模式。在对道路交通实行管理时，区块链和物联网技术可以将交通运输企业、交通管理部门、智能交通运输工具、交通道路设施等转化为区块链上的一个个网络节点，利用区块链的去中心和共识机制特性，增强交通运输各方的信任关系，实现交通运输分布式协同管理，降低智慧交通管理系统的复杂性，提高交通管理的便利性。

技术上，为了帮助交通管理部门、交通运输人、智能网联汽车等采集道路交通数据，交通管理部门会在不同区域设置传感器、视频监控等设备来收集数据，并通过物联网技术将这些设备进行连接。在其中加入区块链技术后，可以为物联网提供点对点网络和分布式数据库，构建物联网设备间的信任机制，大幅度减轻交通指挥中心服务器的压力。同时，区块链和物联网技术融合使用后，即使一个或多个节点被攻破，整体网络的数据依然是可靠和安全的，这使得车辆和道路数据的采集和利用更有保障。

由于涉及从用户到企业再到监管部门等不同参与方，数据隐私是区块链应用于交通运输行业的关键挑战，这包括技术和非技术两方面。技术上，需要通过加密、授权等相关机制，使得某个流程相关的数据只有参与该流程的实体才可以访问，而不是无约束地访问任何链上数据；非技术层面，要允许用户来决定自己车辆的数据是否能在多个实体之间共享，例如让保险公司了解汽车的维修记录等。

交通区块链应用能促进交通运输产业的发展。例如，利用区块链可以通过身份认证和公私钥技术来实现智能网联汽车的自动开锁，促进汽车共享服务的发展。利用区块链的数据防篡改和可追溯的统一账本，可以记录车辆的整个生命周期的数据，该账本在各参与方之间共享，实现去中心化的信息互通，能促进交通大数据产业的发展。结合智能合约、链上链下数据互通等技术，可以实现整个交通运输价值链上各种服务流程的自动化，进一步提升效率，降低成本，产生交通运输的新商业模式。例如，基于车辆的生命周期信息，可以考虑将智能合约用于出厂、维修、改装、故障权责定界、保险理赔、二手车买卖等场景，促进交通运输增值服务业的发展。

3.4.4 区块链不动产

不动产是一类重要的资产，区块链技术可加快不动产的数字化，促进数字化不动产的可信流通交易，应用领域包括房地产托管、房地产所有权转移、房屋租赁等。

欺诈性转让房地产让美国房地产行业每年损失数亿美元，其中大部分是由于金融机构向一些信用不良的人发放贷款或抵押贷款，而这些人并不是房产的合法拥有者，只是通过欺诈骗过了金融机构。区块链提供了一个共享的、不可篡改的账本系统，把它应用于房地产行业，任何一笔房产的转让都能被记录下来，这将为房地产行业的从业者提供更好的平台，减少潜在的欺诈行为。

Ubitquity LLC 是美国一家利用区块链保护居民房地产产权的区块链公司，在 Ubitquity 的公共共享账本系统的帮助下，房地产产权转让过程会变得更容易、更省时。地产公司可以使用自己的私钥签署一份产权记录，在区块链上发行一个数字化的“产权证书”。银行则会受益于产权调查时间的减少、个人信用水平的增加、产权转移信息的透明性。贷款人可以直接在区块链上发布和跟踪他们在特定产权上的信用记录，如图 3-23 所示。使用区块链管理房地产所有权和行为记录的好处是，它允许任何人浏览这些记录。信誉优良的企业可以将其值得信赖的品牌与特定的产权记录联系在一起。

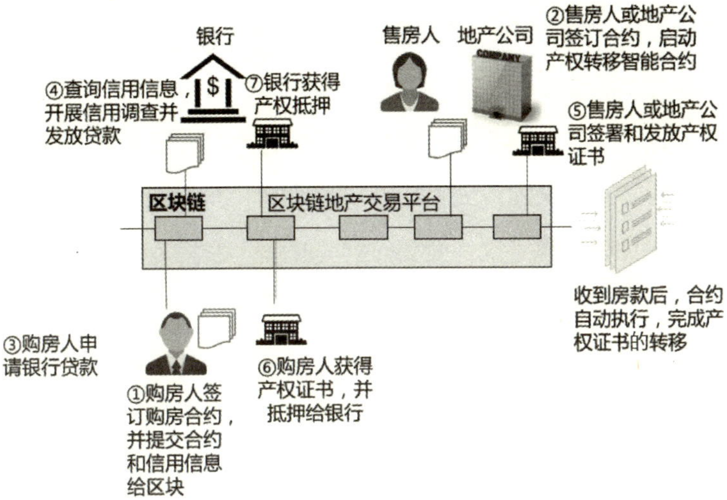

图 3-23　区块链房产交易平台的示意图

国际比特币房地产协会（International Bitcoin Real Estate Association，IBREA）也为不动产产权提供了基于比特币区块链的解决方案。IBREA 先从房地产所有权登记做起，他们用区块链来纪录和存储房地产所有权。在房地产托管方面，IBREA 把通过比特币的付款环节也整合了进来，把需要转账的金额放入账户，然后购买所需要的比特币数量，再将比特币投入代管。IBREA 用两种方式防止房地产所有权欺诈：第一种，当你上传产权文件到区块链上时，你需要证明你是拥有该产权文件的唯一人，并有机制防止有人复制和篡改文件；第二种，即使入侵者能够产生一个伪造文件，但它们仍然不能转移资产，除非它们被专用密钥所控制。

房地产交易双方或中介机构一般在交易平台上通过位置和价格等特征进行信息匹配并完成交易。但交易平台的地产信息存在不准确、过时等问题，交易双方为核实房地产相关信息会增加交易双方的沟通成本。利用区块链技术可以将房地产位置、出租率、房价、历届房东和租户等具体信息放在区块链上存储，购房者可以得到可靠的且不可篡改的信息，从而节省交易成本。

北京市海淀区基于区块链技术在办理不动产登记时，线上申请的买卖双方仅需携带手机和身份证即可完成交易环节的各项审批；线下申请的办事群众只需读取身份证信息，就可授权区块链材料鉴证系统为窗口人员提供证照鉴证服务，辅助窗口人员审核材料真伪，提升窗口审材效率，降低履职风险。市民在办理不动产登记过户完成后，系统自动触发卖方发起用电过户申请，买方线上同意并授权使用区块链上的不动产权数据和身份证数据，系统自动生成办件二维码，省去了窗口人员现场纸质核验的步骤，窗口人员扫描二维码即可进行用电过户申请审批，实现了用电过户和不动产登记的同步办理。

3.4.5 知识产权链

知识产权保护涉及专利、版权、商标等保护，应用区块链技术可以帮助企业和个人加强知识产权保护，尤其是数字化的知识产权保护。因为在数字化知识产权保护中，由于被保护的著作或商标以数字化形式存在，易于复制，而且存在用户取证困难、取证成本高，且取证周期长等问题。

区块链技术被用于数字化知识产权保护，提供了数字化信任体系，涉及数字知识产权的资产管理、使用验证和资产交易等方面，下面从三个方面进行具体阐述。

第一，区块链可用于完善数字版权管理（DRM）。对于原创作品的登记，区块链技术可以很方便地把时间戳与作者信息、原创内容等元数据一起打包存储到区块链上，可以提供不可篡改的所有权跟踪记录，使得作者对知识产权有更大的控制权。

第二，区块链可用于验证版权的使用权利。版权持有者在把作品写入区块链时，自动用自己的私钥对作品进行了数字签名，第三方可以用版权持有者的公钥对数字签名进行验证，如果作品的数字签名值验证通过，则表明此作品确实是版权持有者所有，因为只有版权持有者才有私钥能生成该签名值。而作品的使用权转让则可以选择智能合约进行，交易过程公开、透明、稳定，作品的用户可向作品的版权所有人进行自动化的支付，从而保护作者的权益。

第三，区块链可用于追溯版权交易记录。区块链的不可篡改的特性可以完整地记录作品的所有变化过程，有利于实现版权交易的透明化，所有涉及版权的使用和交易环节，区块链都可以记录下使用和交易的痕迹，并且可以看到并追溯它们的全过程，直至最源头的版权痕迹。基于区块链的不可篡改和可信任的技术特性及虚拟市场规则，创作者可以直接在区块链上发表自己的作品，区块链的加密规则可以保证版权归属，同时因为没有出版商和发行商，创作者可以直接获得更高的报酬。消费者可以脱离第三方平台，直接在区块链上使用、传播、交易原创作品。版权交易和游戏道具中的数字货币或积分交易也将更加安全和透明。

基于区块链的版权保护应用，有助于推动文化创意产业的发展。基于区块链特性和虚拟市场规则，使得消费者能够参与内容创作、生产、传播、众筹和消费的全流程，而不需要依靠第三方平台的信用背书。同时，利用区块链技术使音乐、电影、文字作品等内容产业数据的生产、传播、许可、交易等过程公开化和透明化，跨过出版商和发行商，创作者可以直接在区块链平台上发表、推广或交易作品，直接获得报酬。利用区块链技术添加信任的确权节点，进行 IP 及其相关权利的交易，以及权益分配等功能，可解决交易不透明、内容不公开等问题。

基于区块链技术的价值传输特点，内容产业可以在版权交易和游戏道具场景交易平台上发行、交易数字资产。基于不可篡改、分布式的特点，建立在区块链技术之上的版权和游戏道具交易不仅能促进交易的安全、透明，融合现实和虚拟之间的界限，还能对游戏和版权市场带来颠覆性的影响。

Blockai 是版权保护领域的区块链创业公司，他们帮助艺术家、摄影师和其他艺术工作者在区块链上注册作品版权，防止侵权行为。在美国，版权注册要么到美国国会图书馆正式注册，要么听之任之。前者，费时费钱，后者又饱受侵权困扰。Blockai 的目的就是提供比费时费钱的正式注册更简单有效的公共数据库注册方式，也就是在区块链上注册版权。在 Blockai 平台上，你先注册一个账户，然后只需要简单的一个鼠标拖放动作，就可以进行作品注册，并获得对应的版权证书。如果之后有人不经允许复制你的作品，Blockai 会帮你发送一份版权证书来警告他。当然，Blockai 在区块链上建立的记录是否会被法庭认可为充分证据，这还需要时间和努力。

Ujo 音乐平台是基于以太坊平台的项目孵化器 Consensys 孵化的项目，支持音乐行业的版权管理，追踪音乐版权和自动化版权付费。区块链技术将数字音乐文件的版权信息记录下来，并且与数字音乐本身进行绑定，甚至可以创建一个自动向所有者支付的系统。

Monegraph 是一个利用区块链技术保护艺术家数字资产的项目。这是一个基于区块链的平台，它将能够促进数字艺术作品的转移，以及艺术家和买家之间基于数字媒体形式的交易。与 Ujo 类似，试图建立一个基于区块链的系统来解决全球授权和版税分配问题。Monegraph 将使艺术家们从菜单中选择出售、授权、转售及合成音乐的权利，并允许他们按照自己的计算来规定价格。对买家来说，该平台允许他们不通过经纪人就能直接获得这种权利，并且他们大可以放心，作品归属和创作艺术家都可以通过区块链技术得到证实。

百度基于区块链的不可篡改性，构建了内容版权生态平台，该平台改变了传统内容版权的保护模式，可以将图片、文字、视频等作品的版权信息永久写入区块链，并结合百度领先的人工智能盗版检测技术优势，打造了一个版权检测系统，让作品的传播可溯源、可转载、可监控，同时让优质的原创内容获得更好的保护。目前，该版权检测系统已覆盖全网千亿规模的数据，识别准确率超过 99.6%，可以全天候运行，万张图片最快 2 小时即可产出版权检测报告。目前，已有超过 1 亿个原创作品通过平台进行存证[85]。

第 4 章 区块链与数字社会的发展

信任是建立社会秩序的基础。基本公共服务的目标是均等化、普惠化、便捷化，社会治理的核心理念是“共建、共治和共享”，强调社会成员共同构建治理制度、共同参与社会治理、共享社会和谐稳定。如今，互联网让更多的人参与到了社会活动中，区块链将进一步在互联网上建立数字化信任，推动数字化社会的多方参与、民主监督、规则共识、契约合作和联合治理，成为数字社会“共建、共治和共享”的技术基础设施，社会治理的“有形的手”与“无形的手”将融为一体，社会治理成本将会大大降低，社会治理将更加透明、扁平和公正。

4.1 公共服务区块链应用

公民信任对政府的成功起着关键作用。在公共服务中仍然存在着政府行政服务效能低、公共信息不真实、诚信危机、基本公共服务不均衡、弱势群体帮扶少等痛点问题，这会对政府的公信力造成伤害。区块链技术在政务数据共享、真实数据存证、个人身份管理、诚信、医疗、教育、公益和社会救助等领域有着广泛的应用前景，强调社会各方力量的数据共享、服务协同、透明监督，共同服务好公众，为他们提供更加可信、均等、普惠、便捷的服务。

4.1.1 政府数据共享

作为一个普通市民，到政府办事时经常会遇到很多困扰，最常见的是下面三件事：一是因为办事证明不齐全，被要求反反复复去找现单位、找原单位、找居委会等部门开具证明；二是很多行政审批环节办事效率低，形成服务瓶颈，造成市民等待时间过长；三是一些公务员服务态度差，市民服务满意度低。

这些问题在基层政务服务中经常出现，主要原因是政府内数据的不共享、不透明，行政部门没有建立起对市民、对企业、对其他部门的良好信任。某个行政部门缺乏个人或者企业的详细数据，为了防范作假和欺诈风险，也是为了自身免责，往往需要可信的第三方为服务对象开具各种证明。由于行政部门彼此间的信任壁垒和数据孤岛，相关部门只有通过文件的逐级流转、会签、盖章才能最终完成服务办理，审批环节多，效率低。由于缺乏对行政人员的公民监督和反馈机制，一些行政人员“唯上不唯下”，对公民行政服务的主动性和积极性不足。

提高政务服务效率，一方面要靠行政服务体制机制的改革，如建立市民服务综合服务中心、推行一站式审批和行政监察等制度；另一方面要靠数字政府的建设，通过数字化手段来解决数据不共享和数据不公开的问题。例如，通过建设人口库、法人库、政务数据共享交换平台、行政审批信息系统、政务服务 App 等，推进审批流程自动化，促进服务对象相关数据的跨部门、跨层级共享，提高行政办理的效率；通过建设电子证照库来实现个人或企业证件数据的共享，从而减少服务对象的各种纸质证件携带、复印等程序；通过建设电子监察系统、服务大厅视频监控系统、市民服务满意度电子评价系统等来建立政务服务公众监督和反馈机制。

但是，在数字政府建设过程中又产生了一些新的问题，根源在于没有解决好数据控制权的问题。比如，公安部门牵头建设的人口数据库，因为“安全保密”的原因，不愿共享给卫健或者民政部门，数据库的控制权仍然在单个部门；政府虽然牵头建设了统一的数据共享和开放平台，但共享和开放出来的数据，或者无关痛痒，或者寥寥无几，因为数据的源头还控制在某个部门，出于各自部门的利益，数据共享和开放的积极性并不高；由于信息系统的控制权往往在某个部门，市民或者公务员的违章或者违法事件，甚至可以通过“找关系”进行篡改。

解决数据控制权的问题有两种办法。第一个办法是数据集中共享，就是将各个行政部门的所有数字化系统向政务云大数据中心集中，实行信息系统统一建设、统一管理、统一维护。这种思路的优点是节约了数字政府总体的建设成本，提高了政务数据共享的效率。但本质上把控制权交给了政府大数据局或者大数据中心，由于带来了新的中心化控制方，可能会造成数据权力集中、数据责任大、业务协调难、应用系统开发响应速度慢等新问题。

第二个办法是数据分布式共享，数据可以还在某部门，利用区块链技术建立部门间的数字化信任，通过相关部门数据共享的分布式账本，政府数据的共享使用情况被透明地存证在区块链上，并基于区块链进行跨部门新应用的开发。这种方法能实现数据跨部门共享，并实现数据使用情况的多部门记账和监督，有利于建立部门间的互信。

把这两种方法结合起来，就能做到数字政府建设和运营的标本兼治。通过政务云，技术上实现统一建设、统一管理、统一云服务；通过政务区块链，建立数字化信任体系，业务上实现数据共享、服务协同。政务数据服务的总体架构如图 4-1 所示。

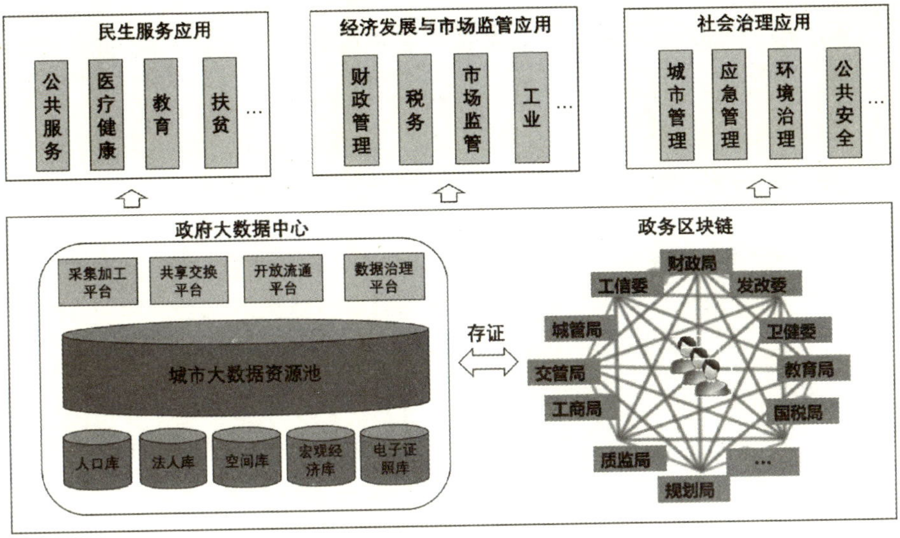

图 4-1　政务数据服务的总体架构

再回头看看市民遇到的三个问题是不是能够得到解决了？第一，市民在出生、教育、婚姻、就业等方面的数据存储在政务云并存证在政务区块链上，数据如果能够实现跨部门、跨领域、跨地区共享，通常就不再需要原单位或者原籍的证明了。但这仍需走较长的路，第一步是在一个行政区域内的数据共享，再逐步实现跨省市的数据共享。第二，数据的控制权在多个部门，数据被事实上共享，业务瓶颈问题更容易被发现和解决，办事协同效率将大幅提升。第三，多方共享的数据不易被篡改，行政服务被多方监督，行政人员的服务效果更容易被评价和考核，人总是“好面子”的，服务满意度会大幅提高。

因此，区块链技术在政务服务领域应用有很多重要的作用。一是有助于构建政务服务可信生态。通过区块链技术，政府各个委、办、局、金融机构、纪检监察机构、企业和其他社会服务机构均被连接到区块链协同生态中，建立数字政府的可信平台，实现可信服务和业务协作，有助于提升公民对政府的信任度。二是有助于构建起“最多跑一次”的政务服务体系。通过分布式数据库、智能合约和多级权限管理，区块链可以帮助政府各个部门实现行政服务的数据存证、数据共享和业务协同，大幅提升政务审批和协同效率。三是有助于建设透明型政府。区块链便于公众参与政府监督、投票、民调等公共服务，并对政府的工作进行透明监督，促进政府向服务型、透明型政府转型，进一步提升公民对政府的信任度。

各地政府在政务区块链方面已经进行了广泛的尝试，涉及很多应用场景试验，包括电子存证链、数据共享目录链、行政审批链等。例如，2017年6月，广东佛山禅城区应用区块链技术搭建了“智信禅城 IMI（Intelligent Multifunctional Identity）”身份（证件）认证平台，市民通过平台认证后就能办理出生证明、学历、学位、无犯罪记录等20项公证，身份认证平台上线后，该区公证业务完成量增加了3.5倍。2019年10月，北京市利用区块链将全市53个部门的职责、目录及数据联结在一起，形成“目录区块链”系统，为北京大数据的汇聚共享、优化营商环境提供支撑。2019年11月，广州推出政务服务可信链，利用区块链技术实现表单信息、电子资料、办理结果等全流程链上管理，从而提升行政审批工作的透明度。

对政府而言，推动链上数据共享是建设数字政府的重要任务，核心是利用区块链数据共享模式，实现政务数据跨部门、跨行业、跨区域共同维护和利用，促进业务协同办理，深化“最多跑一次”改革，为人民群众带来更好的政务服务体验。

目录区块链是北京市在推动数据共享方面的一次尝试，这个区块链应用要解决的是政府数据共享中存在的“不共享、少共享、假共享”的问题，即数据缺位或越位问题。通过逐条梳理北京市53个政务部门的职责，建立“职责目录”，对应形成全市“数据目录”一本大台账，利用区块链的分布式存储、不可篡改、智能合约等特点，建立起北京市“目录区块链”，将北京市各部门的职责、目录及数据联结在一起，将各部门的目录、部门间的共享关系和流程“上链”锁定，实现了数据变化的实时探知、数据访问的全程留痕、数据共享的有序关联，从根本上解决了数据流转随意、业务协同无序等数据共享的难题。

目录区块链构建起政府数据共享的刚性规则，所有的数据共享、业务协同行为在“链”上共建共管，无数据的职责会被调整，未上链的系统将被关停，建立起部门业务、数据、履职的全新“闭环”[86]。例如，市水务局需要市规划自然资源委“建设用地规划许可证”和“建设工程规划许可证”两项数据集，用于支撑其供排水接入营商环境的政策措施落地。市水务局会担心：沟通协调需要多长时间？获取的数据质量可不可靠？市规划自然委也会担心：怎么给数据才安全？数据给出去到底用在哪了？依托“目录区块链”，市水务局对市规划自然资源委的以上两项数据的线上共享流程被开启，数据申请、授权、确认、共享、使用等各环节均在“目录区块链”管控下自动执行，10 分钟内全部完成。政务目录链应用示意图如图 4-2 所示。

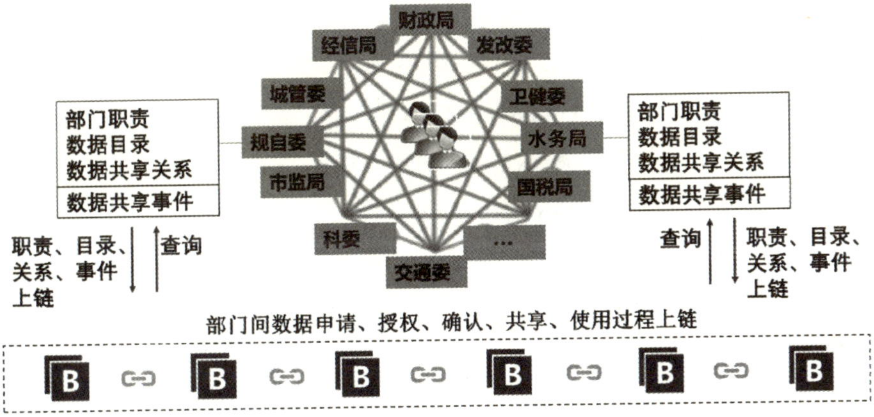

图 4-2　政务目录链应用示意图

北京市还利用目录区块链开展政府数据和社会数据融合共享的“数据专区”探索，目的就是针对金融、医疗、交通、教育等数据热点需求领域，推进政府数据的社会化利用。例如，北京市大数据平台上开辟“金融数据专区”，并将其作为北京政务数据在金融领域社会化利用的统一接口，授权北京金控集团代为运营，通过目录区块链将政、企两端的数据进行统一管控、授权共享，北京金控集团依托政府数据打造了“政采贷”产品，相关合作银行通过对政府的采购历史的交易情况进行评估画像，来为有需求的企业提供授信。

在以上政务链应用中，上链的是数据存证、数据目录等不是原始数据，通过区块链来验证、监督和管理数据共享的流程，实现数据共享的区块链治理，这是链上数据共享的一个着力点。当然，这些政务区块链应用尚在起步阶段，更多利用的是区块链不可篡改的属性，还未触及部门数据共享的根本，构建起政府数字信任体系。

要全面实现政府部门上链还需要做很多准备工作[87]。

一是完善政府区块链技术应用的法律法规。目前，我国针对区块链技术的相关法律法规尚未形成，分布式账本、智能合约、数据公证等在政府中的应用还缺乏法律依据。

二是搭建以联盟链技术为基础的政府数据共享开放一体化平台。联盟链更加符合政府部门对区块链的需求，政务区块链应用应当完善身份认证和网络安全措施，实行多级授权管理制度，依据需求的不同让部门共享数据，并获取不同的数据控制权的组合。

三是加强区块链应用技术服务团队建设。区块链软硬件系统日常维护、智能合约配置、联盟链的技术服务等均需要极高的专业人才进行操作管理，需要政府或社会培养一批专业的人才或者团队。

4.1.2 区块链存证

公民对政府的信任是一种系统信任，政府发布的信息具有很高的权威性和公信力。如果因为政府发布信息不及时、不真实，造成了公民利益的普遍受损，那么将极大地伤害政府的公信力。区块链所具有的数据不可篡改的特性，可以被用于政府数据的存证，形成对政府信息发布的记录和监督。

在电子证照链、司法证据链、政府数据共享目录链、政务服务可信链、关键信息报送存证链等政务链应用中，一个基本功能是区块链存证，就是把数字化的电子证照、电子证据、电子单据、电子资料、数字结果等做哈希运算生成哈希值，存储在区块链上，为后期数据验证提供不可篡改的证据。因此，区块链存证是一种存在性的证明，它能证明链上存储的这份数据是“曾经存在的”。但区块链技术并不能为这份数据的真实性进行证明，它只能证明，不管数据是真实还是虚假的，这就是当初的那份数据。区块链存证示意图如图 4-3 所示。

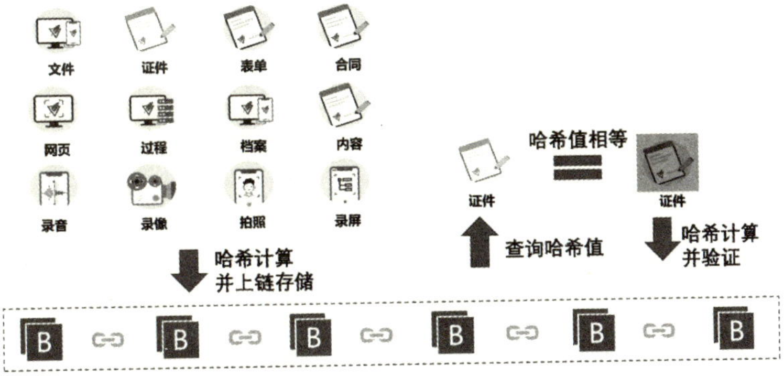

图 4-3　区块链存证示意图

与传统电子存证方式相比，区块链存证有很多优势，如表 4-1 所示。

表 4-1　区块链存证的优势

	区块链存证	传统电子存证
存储	去中心化存储，安全可靠	中心化存储，存在安全风险
隐私	加密存储，防止泄露	明码存储，容易泄露
追溯	存证事件时间戳，追踪溯源	存证日期，难追溯
验证	去中心化验证，多方验证	中心化验证，第三方验证
取证	共享数据，取证效率高	取证审批，效率低

第一，传统电子存证是中心化存储，具有证据被集中销毁或破坏的风险；区块链存证是分布式存储，单点破坏对存证的数据并不构成安全风险。

第二，传统电子存证通常是明码数据存储，证据容易被泄露；区块链存证是加密哈希值存储，证据只能被验证，不易被泄露。

第三，传统电子存证仅以天为单位登记存证事项，事件链条不清晰；区块链存证在每个数据存证事件生成时间戳，保证了存证事件的精确且可追溯。

第四，传统电子存证的验证需要第三方出具验证报告，验证效率低，成本较高；区块链存证通过区块链技术来验证数据的有效性，验证效率高，成本低。

第五，传统电子存证的取证需要向第三方机构进行申请；区块链取证效率会更高，证据相关各方可以通过区块链共享数据，证据流转速度更快，从而降低取证的时间成本，提高工作效率。

区块链司法存证，尤其是在证据永久存储和公证方面，已经促进了司法进步。2018 年 2 月，广州仲裁委员会开出首张基于仲裁链“区块链+存证”的裁决书。2018 年 9 月，杭州互联网法院宣布司法区块链正式上线运行，成为全国首家应用区块链技术进行电子证据认证的法院。在互联网法院处理的众多司法纠纷案中，当事人在区块链上提交证据后即可直接协商解决。2018 年 12 月，北京互联网法院的区块链电子数据平台——“天平链”正式发布，天平链可以对平台中的诉讼文件和证据进行存证，防止篡改；另一方面，也可以对在平台中存证的诉讼证据进行及时验证，解决当事人取证难、认证难的问题。

4.1.3 数字身份管理

身份管理是与数字化信任体系有着紧密关系的应用领域。管理学者泰勒指出，人们与他人互动的一个重要方面是创造社会认同，人们通过与团体和组织的联系来定义自己，利用自己的群体成员身份来判断自己的社会地位，并通过它来判断自己的价值。在社会关系中，信任更多是与身份认同紧密联系在一起的[88]。比如，美国总统，在国家，他是总统，要得到美国公民的信任；在家里，他是父亲和丈夫，要得到家人的信任；在 Twitter，他是自媒体人，要得到粉丝的信任。但是，学者斯道勒的研究也发现，群体成员的强身份并不会有助于提高普遍信任，这些成员的强身份减少了人们与更大社会的接触，并代替了社会中应该有的其他关系[89]。比如，作为互联网上的意见领袖，只是吸引了粉丝们对他本人的信任，并无助于提高人们之间的普遍信任。事实上，在一些构建普遍信任的机制中，有意消除了身份的影响。例如，货币正是通过匿名抹去了相互交换主体的身份特征。在比特币区块链最初的设计中，链上用户的身份是匿名的，只有一个哈希值表示的账户名。

但是，现实中很多商业应用需要进行实名身份认证。例如，为了防范欺诈风险，很多用户认证需要进行复杂的 KYC（Know Your Customer）认证程序，比如身份证号、手机验证码、人脸识别等身份认证。一些重要的应用还需要提供数字证书（CA）。数字证书的核心是通过对姓名、公钥、序列号、有效期等信息进行加密签名，从而对公钥和实名信息的绑定关系进行证明的。数字证书是受电子签名法保护的，由国家授权的第三方的 CA 服务机构提供。在联盟链应用中，通常也采用数字证书（CA）来进行内部节点身份认证。

另外，区块链技术也为身份认证提供了一种新的解决方案，不仅仅个人姓名、公钥、序列号、有效期等身份信息可以绑定在多方认可的区块链上，企业信息、物体信息、资产信息等也可以绑定在区块链上，用区块链来为数字证书（CA）提供新的技术手段，在电子签名法的框架下，对数字证书的适应范围进行扩大和升级。

公民身份管理是政府的一项重要职能，各地政府在区块链身份管理方面做了一些探索，例如佛山禅城身份认证平台、雄安新区身份链项目、贵阳的身份链项目，主要是对身份数据上链存证，如图 4-4 所示。数字身份区块链应用的好处主要有两个方面。

第一，区块链上的身份很难造假。基于区块链不可篡改的特性，可以有效保障身份数据的真实性。在数据上链之前出具权威的信用背书，再把这些数据加密上链，从而保证链上数据是真实有效的。用户的身份信息及交易记录等都由节点打包、验证、记录进入区块链网络中，数据通过多方验证后记录在区块链网络中，保证身份信息的真实性。

第二，区块链身份能有效地遏制身份冒用。当前互联网用户的信息未曾被确权，因此身份信息一旦泄露就容易被他人非法冒用。而区块链可以帮助数字身份信息进行确权，政府、企业和个人使用个人身份信息需要获得相应的授权。同时，区块链的可溯源性保证了一旦出现身份冒用等情况，可以迅速定位到源头，及时进行处理。但是，实践中也遇到了很多问题，主要是区块链身份认证的法律依据不足，对现有 IC 身份证、数字证书等身份认证方式的替代性并不强。

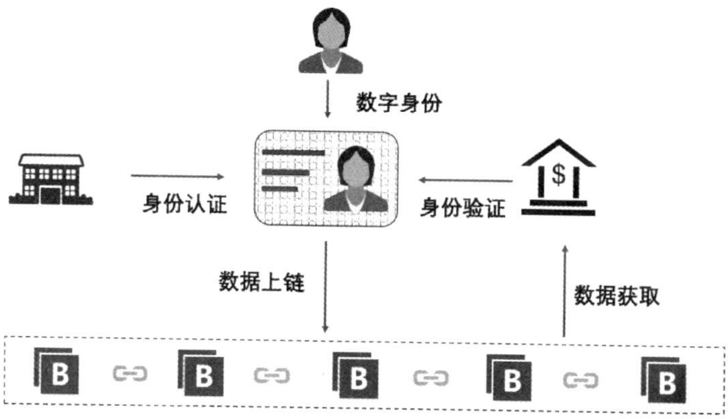

图 4-4　身份链原理

区块链创业项目 uPort 提供了用区块链来做数字身份认证的解决方案。uPort 项目基于以太坊的身份认证应用，它允许用户进行身份验证、无密登录、数字签名并和以太坊上的其他应用进行交互，如图 4-5 所示。用户只要在手机上安装一个 uPort 的 App，申请一个 uPort ID，使用 uPort App 将各种证明文件进行拍照上传，就会很快得到是否验证通过的结果。uPort ID 将会关联所有的证明文件。如果某个应用需要有驾照证明或者资产证明，并且这个应用接入了 uPort，那么这个应用要做的只是打开 uPort App，扫描应用二维码注册或者登录，不再需要在不同的应用中重复上传证明文件了。同一个应用要求多个证明时，也可以迅速完成验证。

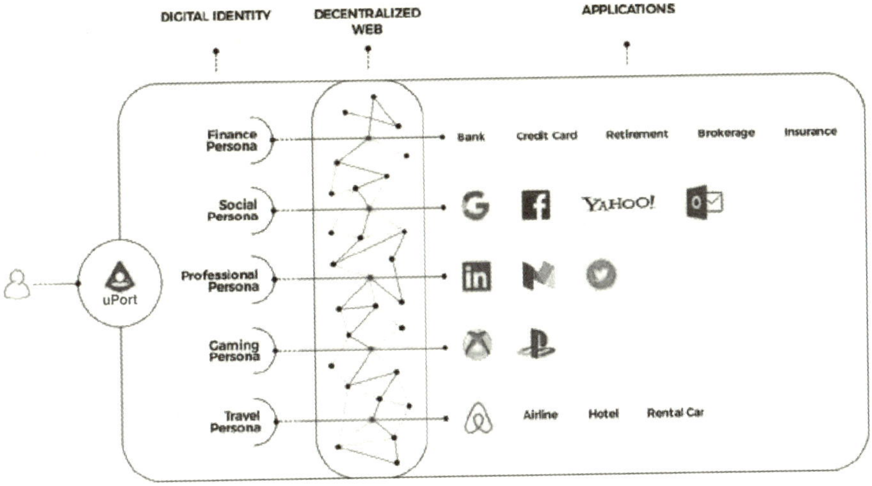

图 4-5　uPort 项目示意图

onename.io 项目也希望利用区块链技术为人们提供一个互联网上的正式身份 ID。通过区块链的保护，这有可能会降低身份盗用的概率，并且能够让人们做一些此前他们可能无法做到的事情，比如大灾中接受救济，接受政府福利，以及参与投票选举等。

DID（Decentralized ID）是互联网的一种全新的分布式数字身份技术。基于区块链的分布式数字身份（DID）具有三个优势[90]：一是去中心化，基于区块链避免了身份数据被单一的中心化权威机构所控制；二是身份自主可控，基于分布式公钥基础设施（DPKI），每个用户的身份不是由可信第三方控制，而是由其所有者控制，个人能自主管理自己的身份；三是可信的数据交换，身份相关数据锚定在区块链上，认证的过程不需要依赖于提供身份的应用方。

2018 年 2 月，微软公司宣布将 DID 作为公司的区块链战略切入点，同年 10 月发表《去中心化身份》白皮书，并在 2019 年 5 月发布了身份覆盖网络（ION：Identity Overlay Network）的去中心化身份（DID）网络的早期预览版。IBM 公司也布局了多个与分布式数字身份相关的项目。例如，IBM 公司与分布式身份创业公司 Sovrin 合作，在超级账本上部署分布式身份系统 Indy，为区块链生态系统创建相应的数字身份认证工具并提供解决方案；IBM 公司与加拿大创业公司 SecureKey 合作，搭建区块链身份验证网络，在加拿大全国范围内提供身份验证；IBM 也与 Visa 联手推出基于区块链的数字身份识别系统，用于改善跨境支付安全。

身份 DID 的标准化等工作也在全面推进，分布式标识符（DID）及可验证凭证（Verified Credentials）规范已由国际化标准组织 W3C 牵头制定。目前微软、uPort，lifeID 等公司提交了各自的 DID 协议方法。分布式密钥管理标准由国际结构化信息标准促进组织 OASIS 推动编制和提交。DID 身份基金会（DIF）是一个致力于提高基于区块链建立的身份系统的互操作性和标准的联盟，微软、埃森哲、IBM、超级账本都加入了其中。

当前的身份管理还与公民通用性的身份相联系，如姓名、职位、所有权属等。如果把公民的社会评价等指标考虑进来，就会涉及诚信和声誉管理。

4.1.4 诚信和声誉管理

学者达斯古普塔（P.Dasgupta）认为，如果每个人假定其他人可信，那么为他人所信任也对每个人都有利。因此，在社会上发展出的是值得信任的声誉，值得信任的声誉会带来越来越多实际的合作机会[91]。同样，不诚信的声誉也会导致他人的不信任。基于区块链的数字化信任体系有助于构建、积累和管理诚信或声誉。

区块链技术具有多方监督、全程记录、不可篡改等特点，构建了数字化信任体系。一方面，它能实现链上记录的信息不可篡改，发生的交易不可抵赖；另一方面，面对链下各种人为的欺诈和不诚信，区块链也能提供社会诚信记录的手段，对建立诚信、惩罚失信、保障守信人权利等方面具有很重要的作用，在社会信用体系建设方面的应用前景很广阔。

例如，区块链能够帮助建立和维护多方共享的失信黑名单机制。与传统的信用记录统计平台相比，失信人的失信行为将被快速、准确地记录到区块链中，且不可篡改。从而对严重失信人的贷款、出行等多方面行为加以多方监控和限制，失信人得到应有的联合惩罚，社会信用也因此得到提升，如图 4-6 所示。在识别失信行为的基础上，通过建立联合惩戒、诚信积分等模式，奖励守信人，惩罚失信人，进一步加快构建社会信用体系。

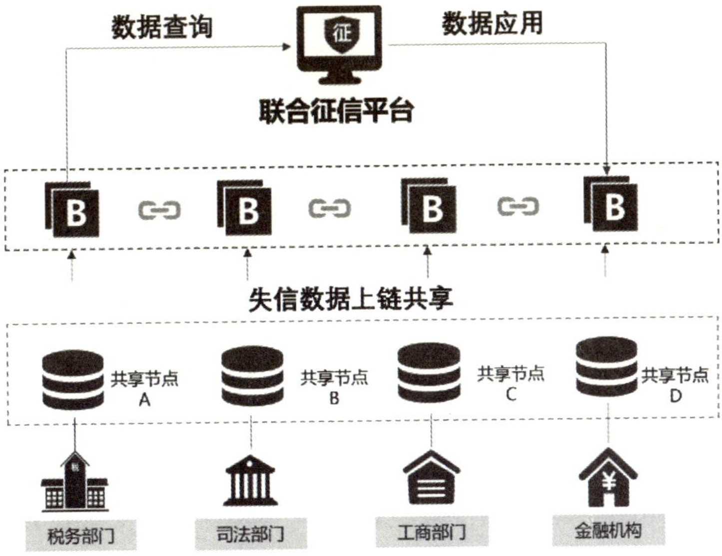

图 4-6　联合征信区块链应用

当然，有错必改，善莫大焉！区块链不可篡改的诚信记录，是不是会成为一道深深的伤疤印在失信人的履历中，成为影响失信人改过自新的障碍，这是另外一个更为严肃的社会问题。

4.1.5 医疗共享链

医疗健康是一种基本公共服务，解决“看病难”“看病贵”等问题，是惠及全民的福利。医疗区块链应用的本质在于构建医疗服务的协同生态系统，多方共享医疗数据、医生、医疗服务设施等资源，打造共建、共治、共享的医疗服务体系，为患者提供更好的医疗服务。在流行病传染疫情防治方面，区块链应用也有助于构建疫情防治中人们彼此之间的信任。

1. 医疗数据共享

医疗数据共享是数字医疗发展的一个瓶颈。当前，医疗健康数据（比如处方单、电子病历、医保数据、健康档案、电子票据等）基本上存储在医疗机构或者公共卫生服务部门的私有数据库中。通过健康可穿戴设备等获得的个人健康实时数据则被存储在健康 App 应用服务商的私有数据库中。这些私有的数据库因为涉及个人隐私，很少能用于数据共享和开发利用中，也限制了数字医疗的发展。但这些医疗健康数据本身也并不安全，医疗机构、公共卫生部门或者健康 App 服务商本身并没有能力保障这些数据的安全，数据泄露时有发生。

2015 年，美国第二大医疗保险公司 Anthem 就声称黑客盗取了该公司超过 8000 万客户和雇员的个人信息，成为当年美国最大的数据泄露事件。同年，加州大学洛杉矶分校医疗系统（UCLA Health）遭遇大规模的黑客攻击，大约 450 万份客户的医疗数据被泄露。这些事件的发生使得医疗健康服务机构更加不愿意把这些数据放到网上或者分享利用，医疗健康数据的价值很难发挥出来。医疗数据共享区块链应用如图 4-7 所示。

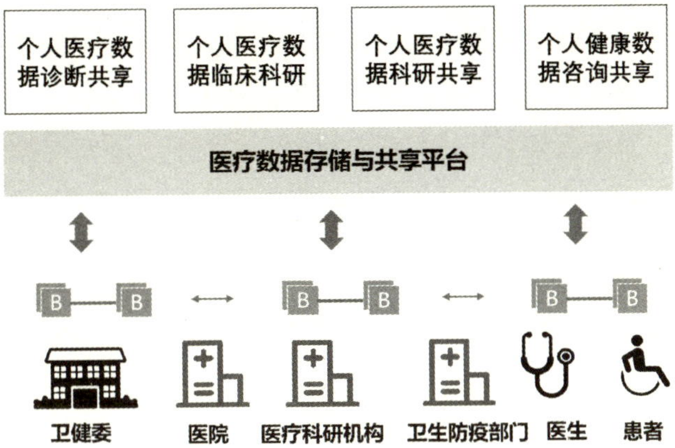

图 4-7 医疗数据共享区块链应用

区块链是医疗数据可信共享的解决方案之一。凭借区块链的多方共享、不可篡改、隐私保护等技术优势，区块链技术有希望促进医疗数据共享和病人隐私的保护。在医疗数据的区块链平台中，可以鼓励各种医疗健康的组织、医疗机构、企业等都加入网络，通过安全可靠的方式共享医疗数据，合作开发医疗设备、新的医疗应用或服务，打造医疗生态链。但是，在区块链上记录和存证医疗健康数据也可能会带来安全隐患，毕竟区块链上的事务记录是对所有网络节点公开透明的。医疗数据区块链的解决方案必须做出承诺，保证这些医疗健康数据是被加密的、不可篡改的、匿名的，并且是可编程的。保证医疗健康数据的隐私和所有权是受保护的，授权用户可以合法地利用数据，但不能私自占有数据，也不能非法篡改数据。这就需要使用数据“可用不可见”的技术、使用智能合约协议等方式规定可披露数据的范围和内容，从而保护患者的隐私权。

在区块链上，个人医疗健康数据转化成为数字健康资产。随着智能硬件的普及，个人健康设备产生的数据能通过区块链统一存储，将迎来更大规模的个人健康数据库。这些数据可以被授权供全球研究者进行数据分析，通过数据挖掘、机器学习分析出数据的相关性，这样个人病史、生活习惯、基因组这些分散数据就能整合成健康大数据流，使健康管理和预防医学得到巨大的提升。通过健康积分的模式来鼓励个人医疗数据的共享和使用。公共卫生和医疗机构的个人医疗健康数据能被安全地统一记录、存储和共享，并提供了对个人隐私和数据所有权的保护机制，让跨医疗机构、跨地区的个人医疗健康数据的共享和协作成为可能。

位于瑞士的 Healthbank 是一家全球数字健康创新公司，Healthbank 基于区块链建立了全球健康数据处理平台，其区块链应用让个人与患者自己掌握自己的信息，医生访问、睡眠模式、心率、血糖浓度和其他的物联网设备都能够被调查到，然后记录到 Healthbank 的区块链上。这是一种新的数据分享方式，从可穿戴设备、医生到临床访问生成的患者数据能够掌握在患者手中，这些数据并不属于公司、医院或者第三方机构，完全由区块链平台为个人数据的安全提供保障，这将为医疗行业带来巨大的改变。个人可以通过他们的私钥签名授权给医生、药店、保险公司或者第三方数据分析机构来访问他们的健康数据。区块链技术还能够快速安全地对医疗信息访问进行验证。德国 Noser 医疗和英国 Netcetera 公司已经加入了 Healthbank，合作发展该公司的全球健康数据处理平台。

医疗设备行业巨头飞利浦公司在阿姆斯特丹成立了区块链实验室，目的是探寻区块链技术在医疗设备行业的巨大应用价值。飞利浦与区块链记录保存初创公司 Tierion 合作，为病人提供隐私及敏感数据的区块链解决方案。飞利浦也和 Gem 公司合作开发区块链医疗网络，目的是建立一个支持全球通用的医疗数据基础设施。例如，基于区块链技术的全球医疗网络将为每个病人设置独立的 ID 并与当地医院或医生的医疗记录对接，该网络将减少实习医生的犯错概率，同时还将有效保护病人的隐私。

蚂蚁区块链开通了基于区块链的电子医疗票据服务，让患者可以通过支付宝来查询和下载电子医疗票据并直接用于保险理赔或医保报销。该平台连接了医院、保险公司、当地政府部门及患者，让患者的报销不再烦琐。

2. 医疗体系的共建共治和共享

2018 年 8 月，阿里健康与常州市合作“医联体+区块链”试点项目。该项目是国内首个基于医疗场景的落地应用，将区块链技术应用于常州市医联体的底层技术架构体系中，并已实现当地部分医疗机构之间安全、可控的数据互联互通，用低成本、高安全的方式解决了长期困扰医疗机构的“信息孤岛”和数据安全问题。目前该项目已经取得了一定成效，以分级诊疗就医为例，居民在就近卫生院体检，通过在区块链上的体检报告分析，筛查出心脑血管慢性病的高危患者，其中 5%左右需要转诊的患者可以由社区医生通过区块链实现病例向上级医院的授权和流转，上级医院的医生在被授权后能够迅速了解患者的过往病史和体检信息，患者不用做不必要的二次基础性检查，从而提升了效率，降低了成本。

百度公司为医疗服务机构和卫健部门提供了一个区块链医疗服务解决方案，它通过构建医疗大数据网络，把患者信息、检查报告、诊断记录、电子处方等信息上链存证，形成医疗互联网服务的数据安全、诊疗安全和用药安全等“三大保障”，为医疗产业全链条保驾护航，同时形成诊疗、处方、医保、药品全流程安全体系，实现了对诊疗过程事前提醒、事中监控、事后追溯的全方位监管。

3. 疫情防控中的区块链应用

2020 年，新型冠状病毒疫情在中国武汉爆发，疫情防控中暴露出很多信任问题。

一是疫情信息共享不及时的问题。在疫情爆发的初期，疫情数据共享不及时的情况突出，给后期疫情防控带来巨大的挑战。在疫情救治的过程中，各个医疗机构间的数据共享，对协调医疗资源、共享治疗经验等很重要。在疫情的全局防控中，还需要统筹公共卫生体系，促进公共卫生机构和社区、公安、交通等进行数据共享，以实现特定疫情下更大范围的快速协作和应急处置，控制疫情蔓延。

二是公益救助机构的信任问题。例如，承担着接收和分发援赠物资工作的湖北省红十字会初期就因物资分发效率低下、信息不透明等问题被公众广泛质疑。

三是公共舆论的信任问题。疫情发生以来，人们时刻关注疫情信息，新闻媒体是社会公众获取信息的主要来源。疫情发生后，各类媒体积极报道疫情的最新进展，宣传防疫知识，传播正能量。但同时，疫情谣言、虚假知识也时常混淆视听。

区块链能够对疫情防控发挥一些作用。在疫情防控和救治的过程中，涉及大量的合作机构，主要包括政府各部门、疾控中心、医院、救援队和相关公益组织等，这些机构间的数据共享和互信对于疫情防控至关重要。建立疫情防控公共卫生体系的区块链平台，利用区块链的分布式存储、不可篡改、加密性、可追溯性等特性，能够保证不同机构共享信息，防止相关信息造假，保持信息的透明性，能够优化疫情防控监测预警网络和决策流程，加快公共卫生系统在紧急情况下的响应速度。

在各个医院和医疗救援队间，可以基于区块链技术打造医疗信息共享平台，实现医疗信息共享，将各医院、医疗救援队、政府部门、银行、医保单位组建联盟链，既有效保障电子病历上链的真实性、传递共享中的可信性，又能便于用户手机查询全套病历及医院共享情况，实现医院电子病历生成上链、患者隐私数据保护、跨医院就诊、病历信息同步、医保报销的跟踪等，实现各个医院和医疗救援队的联动防治。

区块链与公益救助相结合，也能提升救灾慈善捐赠的公信力。区块链技术在分布式账本、信息不可篡改的基础上，由受赠人、捐赠人、政府部门及媒体组成的联盟链，将捐赠全过程从物流、仓储、分发、派发、公示等数据以全链条的方式进行存证，为救援物资和善款等提供溯源和公示服务，让各类信息变得公开透明，提高资源配置效率，增加社会互信。2020 年 2 月 3 日，“全国抗击新冠肺炎防护物资信息交流平台”上线，捐赠者和受捐者信息开放透明，帮助双方快速对接，完成防护物资的运送。

4.1.6 教育共享链

学历本身是一种系统信任，是个人受教育情况的证明。利用区块链技术能够增强这种信任关系，防止学历造假。在基于区块链的教育认证应用中，学生的学习成绩、所学课程、学历证书等都被不可篡改地记录在区块链上，以证明自己的学习成绩。对潜在雇主而言，这些记录也是公开可见的。这项技术为学业水平的测评和记录方式开拓了新的可能性。

索尼国际教育就开发了基于区块链的教育信息登记平台，让学业成绩安全地存储在区块链上，学生或教育者能够将这些数据安全地分享给第三方，特别是跟考试相关的学生学业水平统计与测量数据。以往一个学生参加了日本语能力测试，如果该学生通过测试将会被颁发一份纸质证书，他可以将证书影印，然后分享给将来的雇主或想要去深造的学校。除了需要进行影印，该学生还必须小心保管这个证书，因为如果丢失或损坏，要想再得到一份，那么会很困难，耗时并且代价昂贵。但是，如果颁发一种能够通过区块链进行检验的数字学历证书，那么就会变得简单很多。这样就不必再担心纸质证书会丢失或损坏，将来的雇主和学校只需要访问区块链就可以看到该学生的证书。不仅仅是学习结果的证明，通过区块链建立智能合约还可以帮助督促学生完成网络在线学习，并领取学历证明，获得学习积分。

在教育中，教育者和受教育者之间传递的是知识，这实际上是一种无形资产的传递。在基于区块链的教育资源共享应用中，核心是基于区块链的知识资产的分享。教育区块链可以看作知识资产流转的信任载体，支撑知识资产在老师、学生、用人单位、家长等社群成员间的流通和传播。

过去，学校教育是主流，学生坐在课堂里听老师授课，完成老师布置的作业，获得学分，并最终修完学业。今天，教育在发生着潜移默化的转变，主要有如下三个方面。

一是教学可以发生在任何时间、任何地点。借助互联网，任何人都可以在线教学，可能是一对一的教育，也可能是收听或者收看老师的线上教程。学校的疆域被打破了，足不出户就可以向远在哈佛的老师学习。学习不必一定要去教室，通过手机、PC 都可以在任何地方、任何时间进行学习。

二是教育成为一种知识资产的转移过程。教育包括了知识资产的提供方（老师）、知识资产的接受者（学生）。从老师来看，希望自己贡献出的知识对更多人有价值，也能因此获得更多的收益或幸福感。从学生来看，学习知识是对自我的一种未来投资，通过学习获得知识和技能，实现知识从老师向学生的转移，自身的知识获得累积，自己就变得更加有价值，也会更受到社会的认可。学生获得了知识后，可以凭借这些知识获得用人单位的青睐，用人单位聘用学生就是这种知识资产变现的过程。

三是教育将获得更广泛的激励和尊重。老师的知识可以通过受学生的欢迎程度来进行评价，知识资产被利用得越多，价值越高。学生的在线学习，可以理解为获取知识资产的过程，可以获得资产证明，如数字化的学分和学习证书，凭借这些知识资产证明，学生的知识资产可以被企业长期购买（通过工资）或者临时性购买（通过报酬）。个人的知识资产也可以分享给更多人，体现为知识和技能的传播，从被教育者向更多人转移。因此，可以建立一个老师和学生的区块链社群，实现知识资产的登记、上链、转移、变现等，知识资产可以 Token 化，从而激励老师创造更多的知识资产，激励学生获得更多的知识资产，并推进知识资产变现。

4.1.7 公益和社会救助应用

一直以来，公益基金的使用并不透明，捐助者很难详细了解捐助资金的去向，某种程度上抑制了捐助者从事公益的积极性。在互助领域，存在同样的问题，媒体甚至曝出一些互助平台为了商业利益，安排业务人员在医院等场所扫楼式地寻找生病的“客源”，虚假填报救助信息。区块链有助于解决公益和社会救助领域信任度低的问题。

在公益和社会救助区块链应用中，公益捐助流程中的相关信息如捐赠项目、募集明细、资金流向、受助人反馈等，均可以存放于区块链上，在满足项目参与者隐私保护及其他相关法律法规要求的前提下，有条件地进行公开公示。为了进一步提升公益透明度，公益组织、支付机构、审计机构等均可作为区块链系统中的节点加入进来，方便公众和社会监督，助力社会公益的快速健康发展。区块链中的智能合约技术在社会公益场景中也可以发挥作用，对于一些更加复杂的公益场景，比如定向捐赠、分批捐赠、有条件捐赠等，就非常适合用智能合约来进行管理，这将使得公益行为完全遵从于预先设定的条件，更加客观、透明、可信，杜绝过程中的猫腻行为。公益区块链应用如图 4-8 所示。

图 4-8　公益区块链应用

蚂蚁金服与公益基金会合作，在其爱心捐赠平台上设立了基于区块链的公益项目，为听障儿童募集资金。捐款人可以追踪善款从个人支付宝账户到基金会、公益执行机构直至受益人账户的完整流转情况。度小满金融区块链实验室也携手百度公益、中国宋庆龄基金会，推出了以区块链应用为核心的世界杯公益运营活动等。

4.2 社会治理区块链应用

4.2.1 共建共治共享的数字基础设施

社会学家巴伯（B.Barber）认为，虽然信任只是社会治理中的一个工具，但它是一切社会系统中无所不在的和重要的一种工具。在社会治理中，权力若要充分甚至最大程度地有效，就必须有信任在其中[92]。信任是社会资本最为重要的部分，也能为社会的协调运行提供文化资源和道德资源，信任是除市场与国家外，保障社会有效运行的第三大机制[93]。

区块链是数字化信任的基础设施，让更多个人、企业和社会组织平等互信地参与到社会治理中，将创新社会组织方式、治理体系和运行规则，逐渐建立起新的数字社会生态和社会秩序。因此，联合国国家开发计划署（UNDP）报告称“区块链技术会为社会问题带来变革性解决方案”。

区块链将是共商、共建、共治、共享的社会治理的数字基础设施。

首先，区块链是实现社会治理全员参与的数字基础设施。以分布式点对点网络为基础，参与者可以自由或被授权加入共同建立一个集体参与和维护的社会治理系统。

其次，区块链是实现社会治理全员共识的数字基础设施。所有参与节点通过共识算法达成对交易或行为的共识，建立起以规则为基础的社会治理新秩序。

再次，区块链是实现社会治理全程监督的数字基础设施。区块链全过程的数据均被全网所有节点共同拥有，网络空间的信息更加透明，行为可追溯，实现了全网检查、监督和治理。同时智能合约还能实现更加自动化、智能化的社会治理。

另外，监管部门也可以作为用户节点加入区块链，实时监控其他用户节点的交易信息，防范风险事件的发生。

社会治理区块链应用的外在形式是分布式数据库所带来的扁平化治理，横向打破部门藩篱，实现联合治理，纵向打通层级关系，实现穿透式治理，本质上是实现社会治理的共商、共建、共治、共享。

（1）横向联合治理

跨部门业务协同、联合执法、综合治理、联合惩戒是社会治理区块链应用的典型场景。例如，生态环境治理，除了涉及生态环保部门，还会与气象、国土、水利、工业、交通等多部门协作；灾害应急指挥，除了应急管理部门，还会涉及人防、交通、卫健、公安、通信等多部门协作；失信联合惩戒，会涉及法院、银行、交通等多部门的协同作业；农产品溯源，会涉及农业、市场监管、工业、商业等多部门的联合治理。

区块链技术为横向联合治理提供了数字化的可信协作应用平台，每个参与部门可拥有实时更新的分布式共享数据库，平等地参与到区块链网络中，通过共识算法、智能合约、隐私保护等机制，支撑区块链上的业务协作应用。

（2）纵向穿透式治理

自上而下，政府治理会涉及国家、省、市、区、乡（街道）、村（社区）六个层级，纵向治理跨度很大，很多工作经过层层消化，到了基层，可能就产生了很多损耗。例如，扶贫基金下发，从国家下拨到贫困户手中，如果出现跑、冒、滴、漏或者雁过拔毛的现象，到贫困户手里的扶贫基金就杯水车薪了。

区块链技术为纵向穿透式治理提供了数字化的可信平台，每个参与层次可拥有共享的实时更新的分布式数据库，平等地参与到区块链网络中，通过共识算法、智能合约、隐私保护等机制，支撑区块链上的自上而下的应用。

4.2.2 财政资金管理

区块链技术在财政领域可以帮助建立跨地域、全行业、穿透行政层级、全生命周期管理的财政资金监管服务平台，充分发挥政府、市场、社会公众三方作用，实现资金和项目的信息真实透明、动态监管，推动政府职能的转变和监管方式的创新，从而帮助政府加强财政资金监管。

1. 工程建设项目资金管理

雄安新区探索搭建了基于区块链的财政建设资金管理平台，打通了工程建设管理系统、5G 智慧工地和资金管理系统，将工程设计、立项审批、合同签订、建设施工现场管理、建设资金管理、工程验收等各个环节信息上链、共享，利用智能合约自动触发拨付指令，实现资金穿透拨付、状态可查、全过程信息透明，确保各方资金按进度及时拨付到位，避免资金被截留、挪用、拖欠等风险，实现工程建设管理全过程的数字化、智能化，透明化，确保工程建设质量。

区块链平台采用了“区块链授权支付”“区块链穿透支付”两种支付模式。“区块链授权支付”是指工程项目达到相应的进度及付款节点后，项目承建单位依据商务合同、验工计价及相关规定，通过区块链平台将工程款支付至项目总承包商，项目总承包商可自行向各级分包商、供货商等支付分包、采购等合同款。“区块链穿透支付”是指项目承建单位、总承包商、各分包商、劳务分包商、建设工人等政府投资项目涉及的各层级之间达到各自的合同付款节点后，政府投资项目资金依据区块链平台中的付款逻辑，从项目承建单位自动、逐级穿透支付至最底层。政府投资项目所涉及的建设工人工资、各类重要原材料必须采用“区块链穿透支付”的方式进行支付。

平台依托法律关系构建透明可追溯的资金划拨，推动资金安全和项目全周期管理。依托链上的信息互信机制推动供应链金融、普惠金融创新。

综合甲方、总包、分包、供货商等主体信息，各项工程的工程质量、合同等履约信息，各类融资产品、还款记录等信用信息，形成以工程项目为主体的创新信用体系，区块链系统中随着时间、项目、数据的不断积累，可以不断优化现有体系结构，实现不断生长、优化的授信体系、融资创新闭环。工程建设资金管理区块链应用如图 4-9 所示。

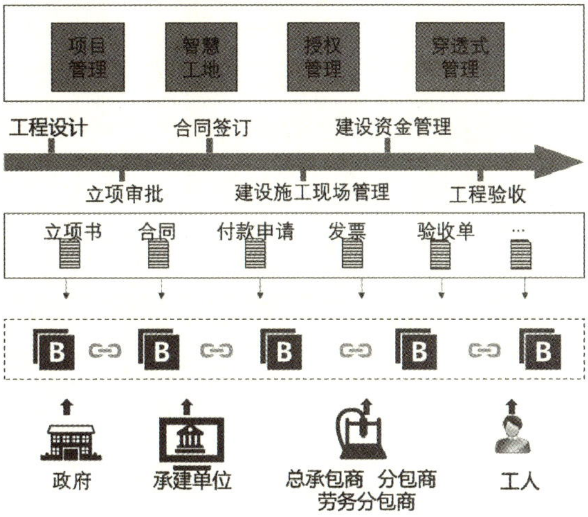

图 4-9 工程建设资金管理区块链应用

基于区块链的财政建设资金管理平台可以根据实际需要灵活配置区块链节点，并且基于不同支付场景构建智能合约，实现规则的自动校验及穿透支付的自动执行。

2. 公积金管理

住房和城乡建设部与中国建设银行联合开展了公积金管理区块链应用。该项目把全国 491 个城市的公积金中心用区块链连接起来,使得这 491 个城市里面的每一个市民办理公积金会更加方便。

以往，大部分人会在一个城市的一个单位一直工作到退休。但是，交通发达后，城市人员的流动性很大，很多年轻人在不同的城市间流动，一年在北京，另一年又回到杭州。因此，流动人员每次要办理公积金时就很不方便。例如，一个人从北京搬迁到杭州，就要去查之前在北京的公积金。从技术上说，在没有公积金区块链应用以前，杭州的公积金中心要去北京公积金中心调取数据就很麻烦。而有了公积金区块链应用，杭州的公积金中心就能很方便地调取流动人员几年前在北京缴纳的公积金。公积金区块链应用建立了新系统，把 491 个公积金中心连起来，而每个公积金中心管理自己市民的信息系统，仍然是用传统的信息系统。通过链上系统和链下系统的结合实现了数据协同，也让老百姓享受到了服务的便捷。住建部和中国建设银行的公积金链应用（趣链科技提供）如图 4-10 所示。

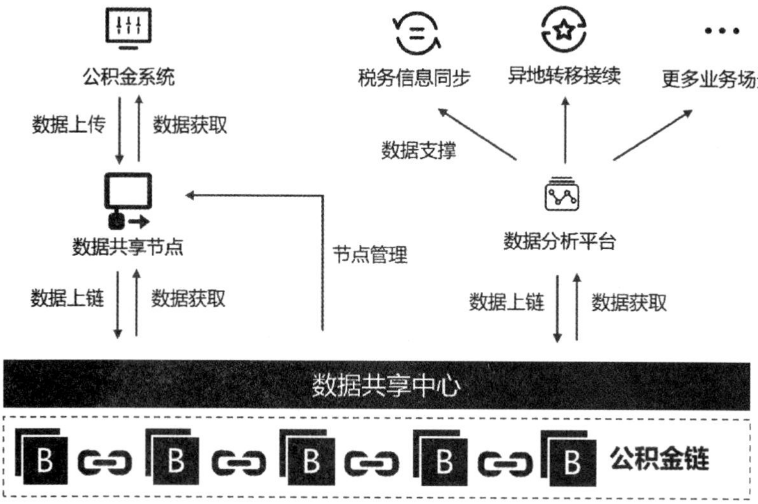

图 4-10　住建部和中国建设银行的公积金链应用（趣链科技提供）

3. 扶贫基金管理

区块链技术可被应用于扶贫基金管理工作，主要用于解决扶贫基金管理层级多、扶贫信息不透明的问题。利用分布式数据库和智能合约可以将扶贫场景中的审批、资金、管理、监督、政策等各个环节纳入区块链管理系统，让扶贫基金通过智能合约沿着规定的用途、使用条件、时间限制等安全、透明、精准地投放使用。目前，贵州省、云南省都打造了“区块链+

精准扶贫”的扶贫模式，将区块链技术与精准扶贫相结合，为扶贫基金高效、精准地应用到扶贫开发工作中提供了有效保障，如图 4-11 所示。

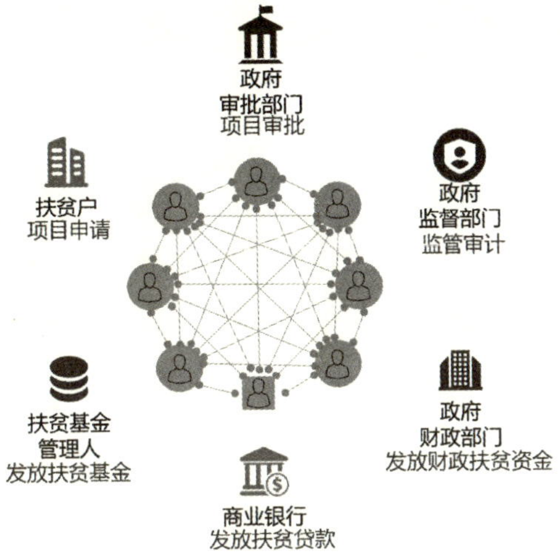

图 4-11 扶贫基金管理区块链应用

4.2.3 税务管理

税控机的出现，保证了企业每笔收入的增值税的征收，但也存在增值税发票虚开等问题，因为在发票管理中存在发票开具与使用不同步、税企信息不对称、发票各联次间数据差异等问题，长期困扰税务部门和诚信经营企业。

区块链技术的出现提供了解决途径。区块链电子发票相比普通电子发票有以下优势：一是交易即开票，开票即报销，发票即数据，实现“资金流、发票流、数据流”多流合一。利用区块链中的交易数据来开具发票，将直接避免由人为失误造成的错开发票的问题。存储在区块链上的发票，其数据公开、透明、可追溯，交易数据和发票数额时刻保持匹配，避免虚开发票。

二是全信息上链，发票全流程实时监管和管理。以往不同的税务管理系统需要为订单系统、支付系统、财务系统定制不同的发票接口，区块链可以将全流程打通，形成业务线上全闭环，整合全部税务管理系统，解决了不同系统间的数据孤岛问题。

三是数据安全可靠，防篡改、可追溯，可鉴别发票真伪。企业验证发票的手段单一，容易出现时滞和纰漏等问题，利用区块链管理发票信息，发票数据存储在区块链中，企业可以随时查询发票信息，同时区块链的特性也可以保证发票信息的真实有效。

2018 年 8 月 10 日，全国首张区块链电子发票在深圳亮相。当天，国贸旋转餐厅开出了全国首张区块链电子发票，如图 4-12 所示，宣告深圳成为全国区块链电子发票首个试点城市。此次推出的区块链电子发票由深圳市税务局主导、腾讯提供底层技术和能力，是全国范围内首个“区块链+发票”生态体系应用研究成果，得到国家税务总局的批准与认可。深圳国贸旋转餐厅、深圳宝体停车场、坪山汽修场、Image 腾讯印象咖啡店等为首批接入系统的商户。

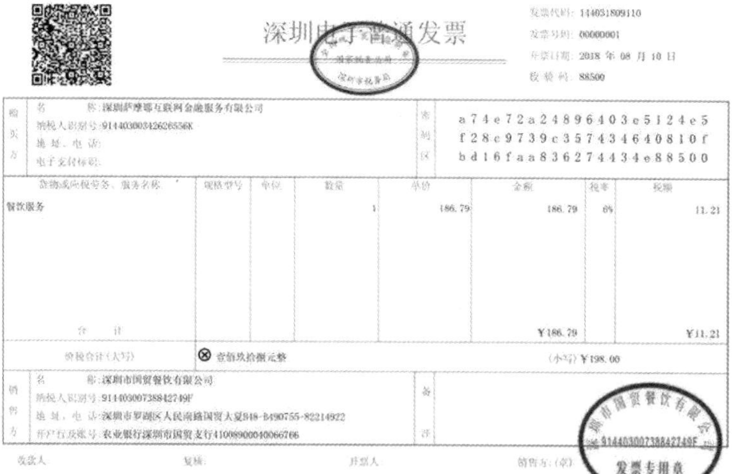

深圳电子普通发票

发票代码：144031809110
发票号码：00000001
开票日期：2018 年 08 月 10 日
校验码：88500

购买方　名称：深圳萨摩耶互联网金融服务有限公司
纳税人识别号：91440300342626556K
地址、电话：
电子支付标识：

密码区：
a74e72a24896403e5124e5
f28c9739c357434640810f
bd16faa836274434e88500

货物或应税劳务、服务名称	规格型号	单位	数量	单价	金额	税率	税额
餐饮服务			1	186.79	186.79	6%	11.21
合计					¥186.79		¥11.21

价税合计（大写）　⊗壹佰玖拾捌元整　（小写）¥198.00

销售方　名称：深圳市国贸餐饮有限公司
纳税人识别号：91440300738842749F
地址、电话：深圳市罗湖区人民南路国贸大厦B48-B490755-82214922
开户行及账号：农业银行深圳市国贸支行41008900040066766

备注

收款人：　复核：　开票人：　销售方：（章）

图 4-12　首张区块链发票

在首期试点应用中，深圳市税务局携手腾讯及金蝶软件，打造“微信支付——发票开具——报销报账”的全流程、全方位发票管理应用场景。截至 2019 年 12 月 24 日，税务部门累计开出区块链发票超过 1420 万张，金额达 90 亿元，接入企业超过 12 000 家。区块链电子发票开票流程如图 4-13 所示。

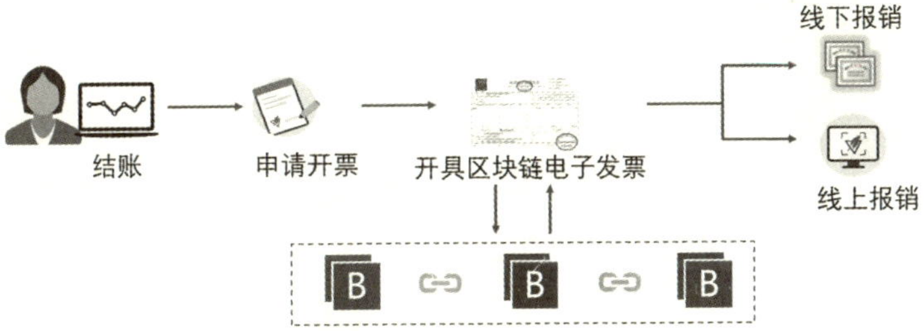

图 4-13　区块链电子发票开票流程

4.2.4　行政执法监督考核

“数据铁笼”是贵阳市以块数据资源为基础，实现政府权力运行监管、绩效考核和风险防范的大数据应用工程。“数据铁笼”应用面临一些问题。

一是“数据铁笼”被动应用的问题。“数据铁笼”在某种程度上约束着公务员的行为，公务员的应用主动性并不高，部门领导运用“数据铁笼”履行主体责任和纪检委员运用“数据铁笼”履行监督责任也未常态化，迫切需要通过“数据铁笼”应用的价值体现来激励各级公务员形成自觉的行动习惯，并构建新的规则和秩序。

二是“数据铁笼”应用相对独立的问题。各委、办、局的“数据铁笼”独立建设与运营，难以形成对各委、办、局“数据铁笼”应用的综合考核和评价。数据由各单位自行管理，公务员遵规守纪的履职档案也限于部门内部使用，尽管采用了身份认证和访问控制等手段，仍存在业务数据被人为篡改的风险。

建立基于区块链的“数据铁笼”监管平台，建立涵盖各个委、办、局节点的“数据铁笼”区块链，推进各部门重要权力运行数据，在区块链上形成不可篡改的加密记录，促进权力运行的相互监督，建立各委、办、局“数据铁笼”应用的综合考核和评价系统，让“数据铁笼”更牢固、更透明、更具约束力[3]，如图 4-14 所示。

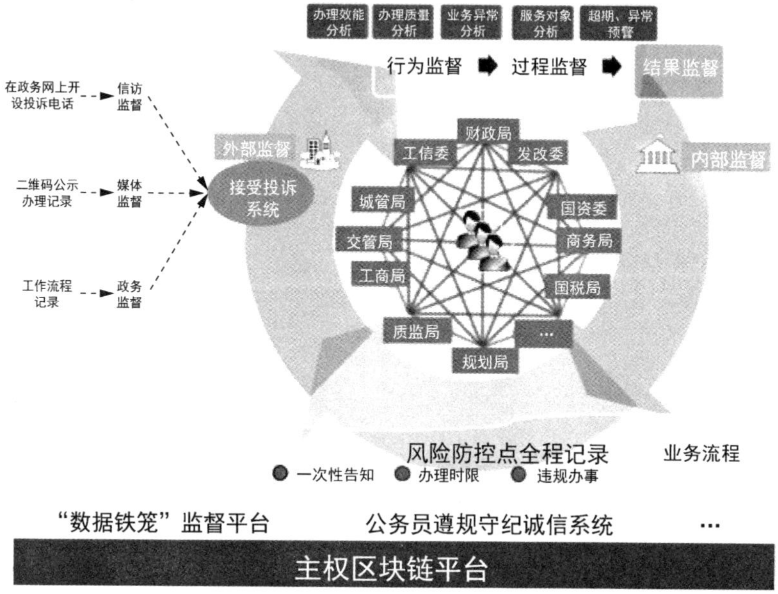

图 4-14 “数据铁笼”区块链应用

建立基于区块链的公务员遵规守纪诚信系统。在区块链上记录公务员遵规守纪、履职效能等重要信息，各部门节点共同验证和审核，建立一条不可篡改的公务员“诚信链”，各部门根据权限查询公务员诚信记录。在公务员遵规守纪诚信系统的基础上，建立“数据铁笼”应用的价值激励机制，如工作量激励和“点赞”机制，将公务员遵规守纪诚信系统作为考核、任用和奖惩的重要依据。对领导干部和纪检委员“数据铁笼”的应用情况，形成督查积分，并记录在公务员遵规守纪的诚信系统中。

“数据铁笼”的区块链应用，将推动公务员遵纪守法和诚信管理，实现对领导履行主体责任与驻部门纪检委员履行监督责任的在线有效监督和记录，建立诚信文化。通过公务员遵纪守法诚信系统形成信用资产，能提供信用增值服务。按照权力运行监督的总体要求，探索各委、办、局数据记录的共同验证和审核规则，用诚信公务员的经济与社会价值奖励来激励部门参与。用领导干部和纪检干部的履职评价来激励领导参与。“数据铁笼”区块链应用将涉及公务员诚信管理制度、部门间数据共享制度、“数据铁笼”评价制度等政策和制度的创新。

4.3 跨区域合作区块链应用

4.3.1 区域一体化区块链应用

区域一体化是国家的重大战略决策，我国陆续出台了京津冀一体化、粤港澳大湾区一体化、长江三角洲区域一体化等重大战略布局。区域一体化布局中所涉及的省市都是独立的行政区，战略实施中也面临诸多问题和挑战，核心问题是区域中涉及的省市如何建立相互的信任。

从治理层面看，行政区之间的财政分权，具有各自独立的利益，区域一体化面临协商难、监管难、履约难等问题[94]。

一是协商难。由于一体化主要是各个省市政府间协商，立场不同，所以可能会导致“商而不议，议而不决，决而不行，行而不果”。

二是监管难。一体化要求对市场主体在全域范围内进行监管，但是面临省市跨区域执法的政策不一致，以及联合执法监管协调难等问题，使得全域监管成本高、漏洞多。

三是履约难，可能出现违约问题。区域一体化的根基主要是战略合作协议。但由于缺乏法律约束，协议执行的监督考核机制不健全，可能导致协议差异化执行。

从区域协调看，区域一体化也可能面临省市发展同质化、大锅饭、搭便车和成员分化等问题[94]。

一是同质化，不同地区经济社会发展基础和禀赋不同，如果完全按照一个标准推进，可能出现同质化的问题。

二是大锅饭，各地区内不论贡献大小都希望利益均沾。

三是搭便车，一些区域内的成员不愿付出更多成本却希望分享更多成果。

四是成员分化，区域一体化既可能给所有相关方带来最大化的收益，促进其快速发展，同时也可能带来利益分配不均、财富越来越向少数区域集中的问题，这样就会出现区域内先进与落后省市之间的两极分化。

构建基于区块链的数字化信任是解决区域一体化难点问题的重要手段。通过区块链的数字化信任机制，可以在区域内建立“和而不同”的一体化大环境。主要体现在三个方面，一是在区域成员间建立分布式账本，成员间一体化合作的重大事项记录在案，有据可查，成员共享；二是建立区域一体化的规则共识机制和价值交换协议，推进省市经济合作和资源共享，打造区域一体化生态，促进省市间在信息、资金、人才、征信等方面更大规模的互联互通，保障生产要素在区域内有序高效地流动；三是通过智能合约自动化运行战略合作协议，促进合作执行力的提升，并加强合作绩效多方考核和监督，提升区域一体化的整体治理水平。

区域一体化区块链应用应由国家区域一体化的主管部委牵头组织实施，在京津冀一体化、粤港澳大湾区一体化、长江三角洲区域一体化等分别进行部署，在某个区域一体化内的省市作为计算节点加入区块链网络，例如京津冀一体化区块链网络是由北京、天津、河北等省市组成的。区块链上可以开发智能合约，部署更多区域一体化层面的大型应用。

4.3.2 国家间区块链应用

2015 年 12 月 16 日，习近平总书记发表主旨演讲，提出网络空间命运共同体的理念，强调互联网是人类的共同家园，各国应该共同构建网络空间命运共同体，推动网络空间互联互通、共享共治，为开创人类发展更加美好的未来助力。

区块链是可以跨国界多方共享的分布式数据库系统，构建起跨主权的数字化信任体系，对共建网络空间命运共同体将会发挥至关重要的作用。实现网络空间命运共同体的基础是数字化可信机制，在信息高度可信、透明的前提下，社会的价值创造将达到最优水平，从而为建立网络空间命运共同体奠定基础。

区块链有助于网络空间命运共同体中的各方尊重网络主权，建立平等、共识、共治的合作体系，有利于发挥多边合作的各自资源优势，优化资源配置，促进开放合作，有助于在尊重不同文化差异的基础上实现不同文化的可信合作和交流。在点对点网络空间上，通过新型对话与共识体系，推动各国尊重他国自主选择网络发展道路、网络管理模式、互联网公共政策和平等参与国际网络空间治理的权利，消除大国和小国、强国和弱国之分，实现各国之间的数据交流和信息共享，提高各国在讨论中的知情权、参与权、表达权和主动权，建立代码、协议、规则确立的非人格化的信任和共识，破除各国互联网信任壁垒，实现互联网空间的良好秩序。主权区块链的结构如图 4-15 所示。

本书作者作为《贵阳区块链发展和应用白皮书》的统稿人，对主权区块链的概念进行了研究和诠释。主权区块链就是在坚持国家主权原则的前提下，加强法律监管，以分布式账本为基础，以规则和共识为核心，根据不同的数据权属、功能定位、应用场景和开放权限构建不同层级的协议，实现公有价值的交付、流通、分享及增值的区块链。

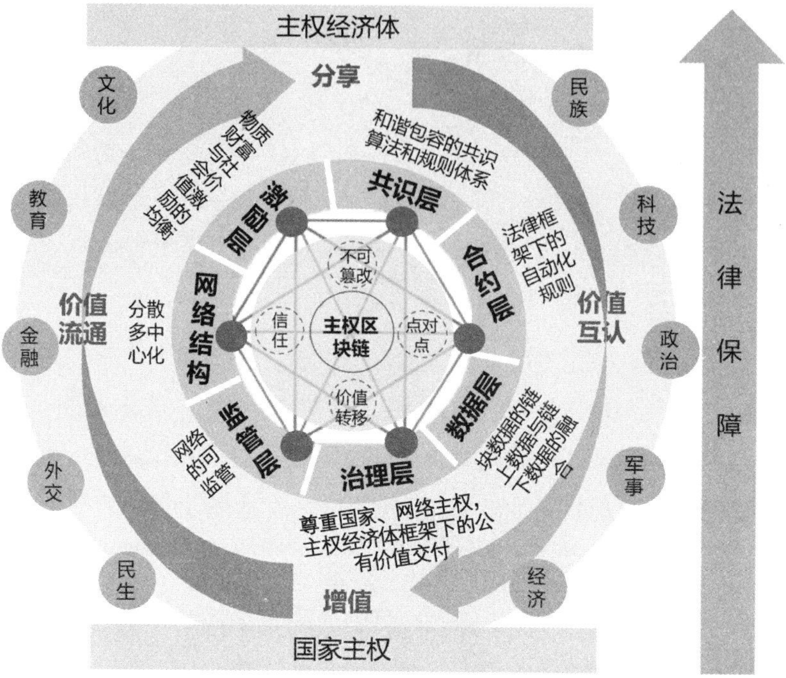

图 4-15 主权区块链的结构

主权区块链具备区块链点对点、可信、价值转移的特点，但在治理层面，主权区块链提倡在网络空间命运共同体之间（在尊重网络主权和国家主权的前提下）进行价值转移；在监管层面，主权区块链提倡有序监管，并赋予监管节点对网络和账户进行监控和干预的权力；在激励层面，主权区块链提供基于网络主权标准的价值激励，促进物质财富激励与社会价值激励的平衡[3]。

纵观全球区块链的发展，主权区块链将成为主权国家间政府和行业应用发展的重要方向。主权区块链有助于规范和治理网络空间及解决数据主权问题。数据主权伴随着云计算、大数据及区块链等技术进入国家治理的范畴，破解互联网秩序难题需要明确数据主权，这也是主权区块链的重要价值所在。

2018 年 4 月，欧洲 22 个国家已经签署了欧洲区块链合作伙伴关系（EBP: European Blockchain Partnership）的声明，他们将通过欧洲区块链服务基础设施（EBSI: European Blockchain Services Infrastructure）进行合作。随后陆续有 5 个国家加入，使签署国总数达到了 27 个。EBSI 是一个值得信赖的、安全的、灵活的欧洲区块链服务基础设施，将支持提供跨主权国家的数字公共服务，并在隐私保护、网络安全、互操作性和能源效率方面符合欧盟标准。EBP 将为 EBSI 制定一套指导原则和规范，以作为 EBSI 发展的参考，并将提出一个模型来描述 EBSI 的总体政策和技术治理。欧洲在主权区块链领域的顶层设计和基础设施建设已经为全球各国做出了表率，必将为推动全球区块链的部署和发展提供经验。

区块链在不断完善和拓展自身应用领域的同时，也将逐渐建立起新的互联网社会生态和社会秩序，推动不同主权体和不同社会阶层构建基于规则共识、行为共治和价值共享的信息文明新秩序，进而形成在互联网社会共同遵循的行为准则和价值规范，建立人类社会“和而不同”的新型治理结构，构建起“秩序互联网”。

第 5 章 区块链与新一代智能互联网

区块链是一项集成创新的技术，通过对等网络、分布式数据库、密码学、共识算法、智能合约等技术的组合式创新，构建起了数字化信任系统。同时，区块链技术又与互联网、云计算、大数据、人工智能、物联网等其他新一代信息技术共同构成了新一代智能互联网，打造了智能互联网的可信基础设施。

5.1 区块链技术创新方向

5.1.1 区块链系统组成

区块链系统自下而上分为网络层、数据层、共识层、激励层、合约层、应用层和业务层，共同形成了数字化信任系统。区块链技术和应用架构如图 5-1 所示。

（1）网络层。网络层提供了构建数字化信任系统的网络空间。与任何计算机网络系统一样，它构建在网络、计算机、存储、操作系统、安全等软硬件服务基础上。它基于点对点网络，连接计算机节点形成了区块链系统。它能建立不同区块链间的跨链通信交互协议，形成链间通信网络。

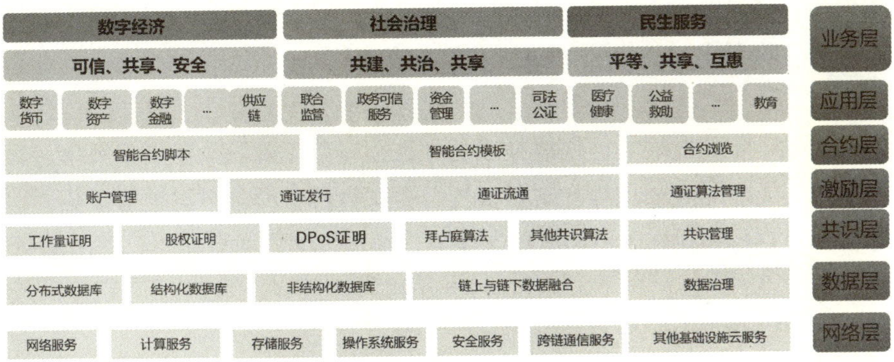

图 5-1 区块链技术和应用架构

（2）数据层。数据层提供了数字化信任系统的分布式数据库，并与传统结构化和非结构化数据库实现对接，推进链上和链下数据的存储、流动和分析。

（3）共识层。共识层打造了数字化信任系统的数据一致性机制，能够灵活选取或配置各类共识算法，包括工作量证明（PoW）、权益证明（PoS）、股份授权证明（DPoS）、拜占庭容错共识算法（PBFT）等。

（4）激励层。激励层形成了数字化信任系统的通证机制，通过数字通证的发行、分配和激励促进计算节点的互惠行为，并促进可信的经济交易和社会合作。

（5）合约层。合约层形成了数字化信任系统的规则编码和自动化执行机制，支持链上合约的开发、部署和运行，是区块链可编程特性的基础。

（6）应用层。合约层形成了数字化信任系统的各种应用场景，支持政用、民用和商用的多场景交织应用。

（7）业务层。业务层将区块链技术应用在数字经济、社会治理和民生服务等领域，实现数字经济的可信、共享和安全，实现社会治理的共建、共治和共享，实现民生服务的平等、共享和互惠。

5.1.2 区块链技术的“不可能三角形”

经过十年的发展，区块链技术仍处在创新萌芽阶段，在交易效率、数据存储能力、系统通用性和可扩展性、安全性等方面都还有很多缺陷，远不能满足经济和社会应用的需求，主要体现在以下四个方面。

一是交易效率低。在经济社会中的交易并发量通常要求每秒处理数百至数千笔以上的交易，多数区块链系统的交易并发能力低于这个性能要求，需要不断提升交易并发能力。但交易并发能力受限于区块链本身的区块大小和链式存储的结构特点，难以达到传统中心化系统的性能。因为要有很多计算节点进行共识，区块大小不能过大，这使得每个区块上存储的交易数量受限，同时链式数据要求交易按照顺序被处理，而且每个区块的产生要向全网广播并得到全网确认，出块时间也比较慢。

二是数据存储能力低。区块链上存储的是交易数据的哈希值，并不是直接存储完整的交易原始数据，这限制了区块链在一些场景中的应用。尽管如此，由于链上的数据只增不减，随着交易增多，也要探索更有效的大容量数据存储方式，保障区块链存储能力的提升。

三是通用性和可扩展性不足。区块链系统多数都采用与比特币、以太坊相同的共识算法和加密算法，账户和账本模型种类单一，存储类型大同小异，导致区块链系统只是在加密数字货币领域适用性强，在经济社会领域的其他领域应用通用性不足，扩展能力弱。

四是安全性挑战。区块链系统中单个节点的安全性存在较大隐患，在智能合约和上层应用中也存在较大的安全威胁。

为什么会存在这些问题？除了技术本身的不成熟，还有很多方面是与区块链分布式系统特性相关的。与很多分布式系统一样，区块链技术中有一个所谓的“不可能三角形”，就是在公平、效率和安全组成的三角形中，三者不可能同时做到最优，如图 5-2 所示。从数字化信任的构建来看，公平性代表着系统的空间依赖性，效率代表着系统的时间依赖性，安全性代表着系统的风险性，所谓“不可能三角形”，其实是指如果系统要做到空间越来越大，时间越来越少，风险越来越低，三者不可能同时做到最好。一些区块链技术系统更加注重去中心化的公平性，“领地”不断扩大，形成信任的时间较长，交易效率相对较低；一些区块链技术系统更加注重时间效率，去中心化的公平性就要被牺牲；强调公平性和效率的同时，也不能忽视风险和安全性。这三者之间的兼顾和均衡就产生了当前区块链技术创新的不同方向和模式。

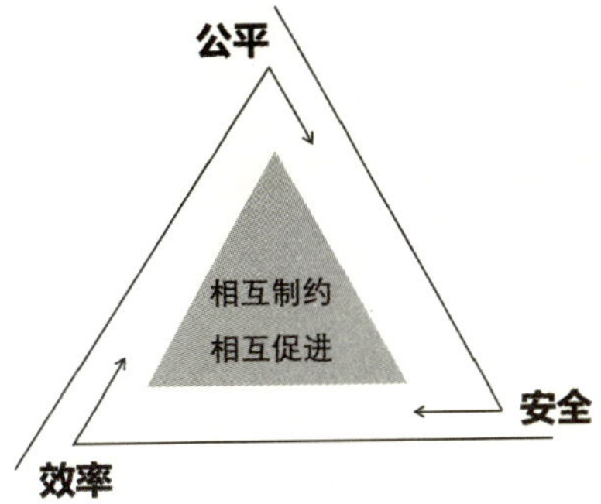

图 5-2 区块链技术的“不可能三角形”

去中心化和公平性是区块链技术的重要特性，也构成了数字化信任交换的基础。比特币区块链是第一个区块链系统，在设计上是非常讲究去中心化和公平性的，比如采用 PoW 共识算法，有很多节点共识，这种系统公平性做得很好。但是，在完全去中心化的系统中，效率还是存在很大问题的。以比特币为例，每个区块大小为 2MB，每秒交易笔数只有 7 笔，交易效率很低。以太坊的交易效率也不高，每秒交易笔数也只有十几笔。从某种程度上说，安全性也受到很大挑战，围绕比特币、以太坊的密钥被盗、智能合约漏洞、隐私泄露等问题也比较突出。

效率是区块链在经济社会各个领域应用的关键性能。比特币提高效率的方法是采用侧链、闪电网络等解决方案。这些方案必然要求降低公平性，侧链和闪电网络都是把很多小额交易放到了相对中心化的系统上去做。以太坊希望通过 PoS 算法转换和分片技术来实现效率的提升，也是要把全网节点分成更小的片，降低去中心化程度。在更加商业化的 EOS 系统中，直接采用 DPoS 共识，只有 21 个超级节点进行共识，通过降低“去中心化”来提高效率。实际上，对区块链系统的技术改造和创新，就是要能够兼顾公平和效率，侧链、跨链、PoS、DPoS、分片、闪电网络等都是这样的做法。当然，提升效率的同时，同样要加强安全性。

安全性是指区块链应用的保障性能。在区块链技术创新中，安全性常被忽略。但是，区块链涉及数字货币和数字资产，安全性其实是更为重要的。安全性也是每一个区块链系统都要面对的问题，不管是去中心化的比特币，还是多中心化的 EOS 和其他区块链系统。安全性又涉及网络安全、数据安全、计算节点安全、合约安全、应用安全、隐私保护等多个方面，需要采用立体化的防御手段来加固安全措施。

因此，公平、效率和安全，三者达到最大程度的均衡，就是一个通用型区块链系统的技术创新的主要方向。

5.1.3 追求公平的技术创新

去中心化或者多中心化是区块链技术的关键，技术上主要体现在共识算法的公平性。第 2 章已经对区块链的一些主流共识算法进行了比较。从共识算法的创新看，一是针对不同应用场景，在保障公平性的前提下选择适用的共识算法；二是实现共识算法的模块化或组合化，同样的区块链底层技术可以选择不同的共识算法模块。

从共识算法的优化来看，公平性最好的共识算法是证明类共识算法，依据的原则是“靠实力说话”，更符合市场竞争的原则，更适合在经济领域的应用场景。PoW 是“靠算力说话”的，但也造成了计算和电力资源的浪费，需要在成本方面进行优化。PoS 是“靠财力说话”的，符合资本的规律，但容易产生马太效应。还可以有“靠智力”“靠能力”的各种证明类算法，物竞天择，适者生存，这是优胜劣汰的基本法则。

公平性其次的是选举类共识算法，例如 PBFT、Paxos[95]和 Raft[96]算法等，依据的原则是“群众说了算”，更符合社会公平的原则，谁有群众基础，谁更受群众拥戴，谁就获得发言权，更适合在社会、政治领域的应用场景。但如果出现了“贿选”或者“集体弃权”等问题，算法公平性将受到很大挑战。

还有随机类共识算法，例如 Algorand[97]和 PoET[98]共识算法等，依据的原则是“碰运气”，计算节点根据某种随机方式直接确定每一轮的记账节点，更符合在 2C 领域的应用场景。

公平性一般是代表类共识算法，例如 DPoS 等，计算节点基于某种特定方式首先选举出一组代表节点，而后由代表节点以轮流或者选举的方式依次取得记账权，更符合商业社会领域的应用。

但从计算效率看，这些共识算法的效率排名是反过来的。比特币、以太坊等公有链使用的共识机制（如 PoW，PoS 等）虽然支持大规模节点网络，但共识性能较低，如比特币的 TPS（每秒处理的交易数）大约只有 7。而选举类共识算法（如 PBFT 等）虽然有较高的 TPS，如 PBFT 的 TPS 就能达到 1000，但这些共识算法的扩展性较差，只支持小规模的网络，当节点数量过多时共识机制就会崩溃，且很多联盟链共识算法的共识节点是预置的，不支持节点的动态加入与退出。

共识算法模块化是技术发展的方向，可以由用户选择共识算法。共识算法组合也是研发的方向，采取多种共识算法的混合体来选择记账节点，例如 PoW+PoS 混合共识[99]、DPoS+BFT 共识[100]等，通过结合多种共识算法来取长补短，解决单一共识机制存在的能源消耗与安全风险问题，但同时也带来了复杂性的问题。共识算法的创新是区块链技术创新的核心，沿着公平、效率和实用性等路径将带动区块链技术的持续发展[101]。

5.1.4 追求效率的技术创新

在去中心化的系统中，如比特币区块链，全网有近万个节点共识，计算效率一定是存在问题的。在更加商业化的EOS等系统中，往往通过牺牲“去中心化”来提高效率。技术上，通过扩展区块链系统的交易处理能力来提高交易效率，主要技术路线有高效共识算法创新、扩块、分片、分层等。

高效共识算法创新是一种解决方案，从PoW切换到PoS、甚至DPoS，牺牲掉“去中心化”的公平性，以换取效率的提升。比如EOS系统，共识算法是DPoS，选举出21个超级节点来做共识，效率自然大幅提升。以太坊也试图进行新版本Casper分叉，切换到PoS的共识算法。

扩块是一种存储扩容的办法，如比特黄金（BCH），针对比特币每个区块2MB大小的限制，在比特黄金的分叉链中把每个区块扩展到8MB大小，每个区块能存储的交易数量成倍增加，交易处理能力也随之大幅增加。但是，对公链的全网共识来说，区块可扩展的容量是有限的，这也意味着每个节点将具有更大的工作量，对单个节点的性能要求也更强，从某种程度上说，它可能会使矿机生产和运营更加专业化和集中化。

分片是一种链上扩容方案。分片是在基础级协议中实现的，一个区块链网络被分割成不同的片，比如100片，每片都可以独立处理交易。相当于建立了100个子链，账户交易信息都是储存在子链上的，不同分片处理不同的区块和交易。作为验证节点要干两件事，一是验证主链上的区块，二是验证分片上的区块。区块可能被分配到100个甚至更多的分片中，交易也是分开到不同分片的，由不同的验证者来验证不同的区块和交易。但需要某种机制来知道每个节点执行了哪个分片，这种机制还要能保证系统安全又高效。主链就能发挥这个作用，主链负责生成随机数，随机选择哪个验证节点进入哪个分片，并且保持对验证节点的追踪，比如节点被分配到什么分片、当前的奖励和惩罚是什么，还可以追踪到子链上的区块，所有这些信息都是由主链完成的。

通常主链追踪分片的方式，不是追踪每个分片中的每个区块，而是追踪交联（Cross-Link）。子链就只做交易处理，并且存储账户状态和合约状态。子链之间使用“收据”来实现跨分片通信。假设一个计算机可以处理 N 个交易，主链就可以追踪 N 个分片，每个分片本身都能够处理 N 个交易。系统可以处理 $2N$ 个交易。通过分片使得全网交易通量成倍增长。除了以太坊的分片方案[102]，主要采用分片技术的项目还有 Elastico[103]、Zilliqa[104]、OmniLedger[105]、RapidChain[106]等。

分层是一种链下扩容的解决方案。基本思路是分出层次，主链只处理关键数字资产记账，把很多交易和应用在主链之外进行处理，也称为离链方案或“第 2 层”扩容方案，主要技术解决方案包括基于状态通道的闪电网络[107]、Raiden，以及 Sprites[108]、Plasma 和 Truebit 等。以以太坊为例，这些链下的技术方案不需要更改基本级别的协议，只是作为以太坊上的智能合约用于与链下软件进行交互，既保证了主链的公平性和稳定性，又增加了链下的高效和灵活性。

状态通道（State Channel）是一种用于执行交易和其他状态更新的离链技术，但也确保了一个状态通道中发生的事务仍保持了很高的安全性和权威性。闪电网络是比特币上小额支付的状态通道，雷电网络是以太坊上小额支付的状态通道，很多小额交易在支付通道中进行，只有初始和最终值被记录在主链上。状态通道是支付通道泛化出来的形式，它不仅可用于支付，还可用于区块链上任意的“状态更新”，比如智能合约中的更改。某个应用合约的琐碎执行就在状态通道中进行，直到提交“最终状态”后关闭该通道，在以太坊主链上只需支付一次交易费来记录初始和最终状态。

Plasma 是一种自治的智能合约，是一种用于管理链下交易的技术，同时依靠底层的以太坊区块链来实现其安全性。Plasma 创建了依附于以太坊主链上的子区块链，这些子链又可以循序产生它们自己的子链，并能依次循环往复。结果是可以在子链层级中执行许多复杂的操作，在与以太坊主链保持最低限度交互的情况下，运行拥有数千名用户的完整应用程序。Plasma 子链可以更快迁移，并承担更低的交易费用，因为其上的操作无需在整个以太坊区块链上进行重复。为了保证安全性，Plasma 设置了用户能将他们的资产随时收回到主链上的机制，以及用户可以向根节点合约发布欺诈证明（Fraud Proof）的机制，这样可以确保一旦发生安全风险就采取及时的保护措施。

Truebit 也是一种链下进行繁重或者复杂运算的技术，可以让基于以太坊的智能合约处理更复杂的事务并仍能被主链验证。TrueBit 系统由两个层级组成：问题解答层和奖励层。同时，在问题解答层级中使用“验证游戏”作为判断解答是否正确的方法，来确保外包出去的链下计算任务能够安全正确。解答层支付给智能合约一份押金，开始执行外包计算任务，并返回结果。如果结果是正确的，它们的押金将被退回。如果结果被证实没有正确执行运算，比如，欺诈或犯错，它们就会失去押金。

在一些公有链项目中，项目人员沿着基础链分层的思路提出了“双链”或“链下”的解决方案，主要思路也是主链保持公平性和稳定性，链下去解决效率问题。

对联盟链而言，随着节点数量的增加同样存在效率提升的问题，这就对高性能点对点网络、高性能的共识算法、高性能联盟链等提出了新的要求，解决思路与公有链是类似的。

而单个计算节点也可以通过计算和存储能力的提升来提升效能，如通过软硬件协同优化来增强节点的计算能力。

5.1.5 追求安全的技术创新

很多人都说，区块链是一个安全的系统。从数据存储的角度来看，区块链系统上存储的数据的确是安全的，链上的加密数据是不可篡改的，而且作为一个分布式全冗余的数据库系统，单个节点的破坏不会对区块链系统产生任何影响，即使只剩下一个节点，链上数据仍然是存在的。但是，区块链是一个复杂的技术组合系统，不同技术层面都可能存在安全隐患，从这个角度看，区块链系统其实并没有那么安全。

例如在网络层，由于公有链缺少身份认证、数据验证、网络安全管理等机制，P2P 网络协议存在网络漏洞风险，攻击者可以自由发布非法内容，传播蠕虫、木马、病毒等，甚至实施日蚀攻击、路由攻击、分布式拒绝服务攻击（DDoS）等，而且威胁不易检测、传播迅速。

在节点层，与传统数据中心中服务器的安全防范措施相比，公有链系统中的每一个自愿加入的计算节点，在安全措施方面可以说都是“裸奔”的，每一个缺少安全防范的计算节点更容易受到各种非法攻击。在合约层，智能合约只是一段简单的代码，可能存在着人为、疏忽或者代码缺陷造成的各种漏洞，这些漏洞很容易被人利用。

在应用层，用户在区块链上的账户名需要公布出来，通过用户的账户名，很容易通过大数据分析来跟踪用户的交易信息，数据隐私保护也是个大问题。用户的私钥是唯一的，一旦丢失，就意味着数字资产的损失。

那么，对于区块链系统存在的安全隐患，如何进行防范呢？与通用计算系统的立体式安全防御一样，区块链安全解决方案也要从网络安全、节点安全、软件安全、密码算法安全、共识算法安全、智能合约安全、数据隐私保护、应用安全等多个角度进行综合应对。

就网络安全而言，区块链系统首先是一个互联网上的系统，互联网安全防范的措施对区块链系统一样适用。尤其是针对 P2P 协议的网络漏洞，应定期进行漏洞扫描，及时发现漏洞并采取防范措施。例如，针对日蚀攻击，要设法阻止攻击者利用网络节点的连接数限制将节点从主网中隔离；

针对路由攻击，要设法阻止攻击者通过控制路由基础设施将区块链网络分区；针对 DDoS 攻击，除利用 DDoS 防攻击技术外，也可以依靠收取交易费和浪费其算力等措施来进行控制。

就节点安全而言，可以从物理层、网络层、系统层、用户访问层等不同角度对节点进行加固，但如果对公有链上每个自愿加入的节点都强制要求安全措施，那么操作难度会比较大。保障节点的可用性也是节点安全的重要方面，要提供节点失效后的快速恢复机制、高效的节点热备切换机制等，保障节点的高可用性。在联盟链中，对节点的管理也需要是动态的，增加或者删除一个节点，不能让整个系统停下来，要能够实时动态地增删。

就软件系统安全而言，区块链底层代码可能就存在漏洞。例如，以太坊区块链曾经出现的短地址漏洞，可以使交易者从交易所违规获得非法利益。对区块链底层软件系统要加强安全检测，定期进行代码审计，及时发现底层源码可能存在的漏洞，如整数溢出漏洞、短地址漏洞、公开函数漏洞等，并定期更新版本。

就密码算法安全而言，区块链中使用了哈希算法、非对称加密算法等通用密码算法，在常用场景下基本保证了安全性。但从国家安全角度看，要支持国密算法的使用。在不同应用场景下，密码算法的适用性也不同，应支持安全密码学协议的模块化和动态可选。对于一些新型密码算法，要做好大量的场景测试，防范不可预见的风险。例如，麻省理工学院就发现区块链 IOTA 项目的哈希算法中存在致命漏洞。随着量子计算的兴起，传统密码算法均存在被攻破的威胁，应建立相应的抗量子密码算法应对措施。

就共识算法安全而言，PoW 算法、PoS 算法等均存在 51%攻击的可能，而 DPoS 还存在着中心化风险。另外，共识算法容易受到外部攻击的影响。例如，针对 PoW 已出现了自私挖矿和顽固挖矿等多种攻击。防止区块链共识层面的攻击，需增加作恶的成本，并设计适当的激励与惩罚措施，从而降低攻击的积极性。

就智能合约安全而言，智能合约的安全漏洞扫描和检测是很重要的一项工作，这部分工作可以交给专业的智能合约漏洞检测团队来做。一些公司和研究人员在利用形式化验证来解决智能合约的安全性问题[109]，形式化验证利用精确的数学手段和强大的分析工具在合约的设计、开发、测试过程中验证智能合约是否满足公平性、正确性、可达性、有界性和无二义性等预期的关键属性，以规范合约的生成和执行，提高合约的可靠性和执行力，支持规模化智能合约的高效生成。但形式化验证技术的成熟性还不够，需要持续研发。

就应用安全而言，私钥代表了用户的资产所有权，是资产安全的前提。在用户钱包端，通过私钥保护及各种 KYC 的验证手法能有效保护钱包的安全性。对私钥保存要有专门的机制，可以多使用与网络隔离的冷钱包存储私钥。

就数据隐私保护而言，根据保护隐私的对象可以分为三类技术[110]：一是网络层的隐私保护，涵盖数据在网络传输过程中的隐私保护，包括通过区块链节点的设置模式、节点通信机制、数据传输的协议机制等保护 IP 地址等隐私性；二是交易层的隐私保护，包含在区块链中数据产生、验证、存储和使用的整个过程的隐私保护，交易层隐私保护的侧重点是满足区块链基本共识机制和在数据存储不变的条件下尽可能隐藏数据信息和数据背后的知识，防止攻击者通过分析区块数据提取用户画像；三是应用层的隐私保护场景，包含区块链数据被外部应用使用的过程等的隐私保护，区块链被外部使用的过程存在泄露交易隐私和身份隐私的威胁，因此应用层隐私保护的侧重点包括提升用户的安全意识、提高区块链服务商的安全防护水平。当前在数据共享和隐私保护的双重矛盾下，IP 地址保护、数据脱敏、数据加密、零知识证明[111]、同态加密[112]、安全多方计算[113]、联邦学习、Mimblewimble[114]等都是正在研究或应用的数据隐私保护技术，既保护了数据隐私，又能推进数据的应用。

魔高一尺，道高一丈，安全的问题是数字资产系统首要解决的问题，没有人能够忍受账户资产的丢失或者被盗窃，这关系着区块链应用能否走得更远。虽然安全会对区块链技术创新提出更大的挑战，但这一步却是必要的，而且区块链安全本身也是区块链的一个大产业和大市场。

5.1.6 跨链和链下数据协同的技术创新

不同区块链的技术协议一般不同，比如比特币和以太坊，每个区块链网络都是一个相对独立的可信系统，在各自网络内通过共识构建信任，彼此很难实现互操作，也阻碍了相互间的信任和价值转移。随着不同区块链技术的大量涌现，链间信任及价值流通成为用户的新需求，跨链技术应运而生。

简单地说，跨链技术就是实现一个链与另一个链进行数据交换的协议。从数字资产角度看，跨链是实现不同区块链间进行资产转账的协议。知名的跨链技术有 Polkadot、Cosmos、Wanchain 等。实现跨链的技术路线主要包括公证人机制（Notary Schemes）、侧链/中继（Sidechains/Relays）技术、原子交换技术（Atomic Swaps）或哈希锁定（Hash-Locking）、分布式私钥控制（Distributed Private Key Control）技术等。打个比喻，要把太空中的一个空间站中的资产转移到另一个空间站，就需要一个跨链的通道和相应的开闭门机制来实现，不同的技术路线其交换机制也不同。这些机制本质上是通过信任中介建立起来的两个链间的信任。跨链技术分类如图 5-3 所示。

1. 公证人机制（Notary Schemes）

在两条链之间引入连接器和公证人（Notaries），由公证人来验证交易的有效性，例如瑞波 Inteledger、PalletOne 等。瑞波 Inteledger 协议就是采用了公证人机制，在 A 链发送方向 B 链接收方转账前，需找到一组第三方连接器（Connectors），由连接器完成与 A 的接收，并实现向 B 的转出。各连接器的接收和转出交易由指定的一组公证人（Notaries）进行监督，并验证这一组交易的有效性。显然，Inteledger 是一个中心化的连接器，两条去中心化的链都需要信任中心化的权威公证人。回到刚才的比喻，就像是建立了两个空间站的临时中转站，每个中转站都安排了公证人，A 告诉公证人要转出 100a 币，公证人再告诉 B 有 100a 币转到了 B 上，如图 5-3 中（1）所示。

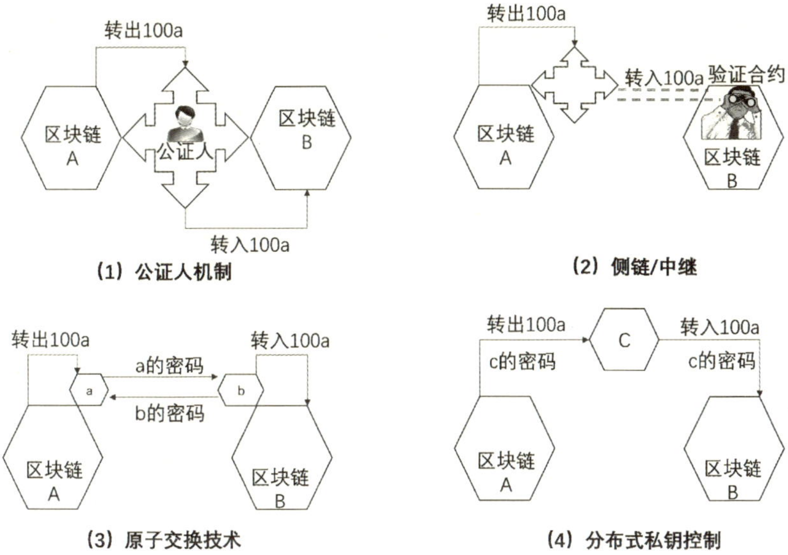

图 5-3　跨链技术分类

2. 侧链/中继（Sidechains/Relays）技术

借助侧链或中继器技术，一条区块链可以“直接”读取并验证其他区块链的事件和状态。回到刚才的比喻，在太空中建立 A 空间站的专属办事处（中继器），在 B 空间站里安置一个远程望远镜（合约），它可以读取和验证办事处里关于 A 空间站资产转移的账簿，以此实现当 A 空间站转出一定数量的资产时，在 B 空间站能验证这笔资产转出的真实性，如图 5-3 中（2）所示。目前，侧链技术可分为一对一侧链和星形侧链两大类。一对一侧链技术，如以太坊上的 BTC Relay、Liquid、RSK 等。星型侧链技术，主要包括以 Polkadot、Cosmos 为代表的跨链基础设施，其通过构建一条新区块链来连接多条其他区块链，进而形成一个星型拓扑结构，实现不同区块链间的价值与信息流通。

以跨链项目 BTC Relay 为例，BTCRelay 是一条维护着比特币主链的区块头信息的比特币侧链，在以太坊平台的任意用户或智能合约都能请求 BTCRelay 来验证“是否在比特币网络上存在某个交易”。BTCRelay 基于现存的区块头信息来校验发送的交易的有效性，如果校验通过，就发送一个被验证的比特币交易信息到以太坊上的智能合约。但只能实现单向锚定，只能从以太坊验证比特币的交易信息，反之不行。通过使用 BTC Relay 架构，可以在以太坊上实现新的服务，比如一个自动售货机合约，它可以接受资金已转移到指定的比特币地址的证明，然后就可以在以太坊区块链上直接售卖相应的资产货币，这样以太坊的使用人群就可以接受比特币的支付方式了。

星型侧链技术也采用了侧链的原理，但实现了一对多通信。例如，在跨链技术 Cosmos 中，不同区块链（被称为片区，Zone）通过区块链通信协议（IBC）分别和 Hub（管理众多片区的枢纽）进行通信，不同区块链间的数据传递是经过中心 Hub 传输的。为了保证传输无误，一个交易证明需要发布给接收方，接收方为了验证这个证明，需要了解发送方的区块头，类似侧链采用的方法。

3. 原子交换技术（Atomic Swaps）

原子交换可以在不同区块链间进行“原子性”的加密资产交换，它是点对点的交换，且无需可信第三方参与。所谓原子性交换是指要么一起成功、要么一起失败的交换。任何一方在点对点交易中各自遵守协议，且之后若有一方退出，资产会在规定的时间内归还到各自的账户中。

从实现手段来看，原子交换技术又称为哈希锁定技术，假设想用 A 链上的 100 个 a 币换取 B 链上的 50 个 b 币，为了进行原子交换，需要在各自的链上把自己的 a 和 b 分别转移到某个地址上，并分别生成相应的两个“哈希值”，双方再基于这两个“哈希值”来进行交易。当 A 链通过唯一的“哈希值”获得 B 链存于某地址上的 b 时，获取 a 的“哈希值”将会显示在 B 链上，B 则可以获得对应的 a，与此同时双方完成交换。在整个原子交换的过程中，交易双方通过各自的智能合约等技术，维护一个相互制约的触发器（Trigger），保证了一个链上的事件一定会触发另一个链上的某一事件。

原子交换跨链方案的典型案例是闪电网络、雷电网络和 Blocknet。回到前面的比喻，如果 A 空间站向 B 空间站转移资产，两个空间站先都向各自空间站中某个带密码的房间转移资产，随后，双方交换密码，通过交换的密码各自取走交换的资产，如图 5-3 中（3）所示。

4. 分布式私钥控制（Distributed Private Key Control）技术

分布式私钥控制技术是通过分布式私钥参与控制的技术，将各种数字资产映射到一条新的区块链上，从而在同一条区块链上实现不同数字资产的自由交换。分布式私钥控制技术的代表性项目有 Wanchain、Fusion 等。其核心思想是将各条区块链上的数字资产映射到 Wanchain 公共区块链上。回到前面的例子，新建一个空间站 C，给 A 空间站和 B 空间站都配好 C 的钥匙，A、B 空间站的资产在 C 空间站完成自由兑换，如图 5-3 中（4）所示。

跨链技术还在发展之中，现有的技术还有很多限制，有的技术引入了可信中介，有的技术只能单向操作，有的技术只是账目上的交换，有的技术只支持同构跨链，如表 5-1 所示，专家们比较了不同的跨链技术[110]。因此，跨链技术的研发还有很长的路要走，不仅要从应用层面优化跨链解决方案，还要加大力度研发跨链技术标准化、异构跨链等方面，实现与互联网类似的互操作机制，这些将是跨链技术的演进方向。

表 5-1　跨链技术比较

	公证人机制	侧链/中继	原子交换	分布式私钥控制
互操作性	所有	使用了中继的区块链	交叉依赖	所有
信任模型	多数公证人诚实	链不会失败或受到 51%攻击	链不会失败或受到 51%攻击	链不会失败或受到 51%攻击
实现难度	中等	难	容易	难

技术上，区块链是一个有特定用途的分布式数据库，与其他类型的数据库各有所长。因此，链上链下的数据协同和集成十分重要。一方面，区块链需要借助链下系统来扩展其计算、存储和应用能力。另一方面，现有数据库系统中的数据也需要在链上进行存证。在以太坊区块链系统中，有个很有意思的词来表示区块链和其他系统的集成，叫 Oracle（预言机），用“预言机”来实现区块链系统和其他数据库系统的数据接口和交换，提供可信的外部数据源服务。

5.1.7　智能合约应用技术创新

智能合约的技术创新从合约编码、合约性能、合约智能、合约合规、安全性及合约隐私的角度进行创新，主要有三个研发方向。

一是建立高性能可编程计算引擎，支持多种编程语言的使用。研究如何突破区块链系统本身的性能限制，实现智能合约能够处理更复杂的逻辑和高吞吐量的数据，并能够实现跨链合约。例如，通过可信硬件为智能合约创造隔离的链下执行环境，公有链作为“共识层”记录最终的通证（Token）支付和合约状态转换结果，借此将智能合约的执行与公有链的共识机制分离，实现部分链上操作的链外管理，促成高性能、高隐私、可跨链的智能合约。

二是研发人工智能合约，结合以深度学习、认知计算为代表的人工智能技术的发展，未来的智能合约将具备感知、学习、推理等传统意义上的智能。更进一步，众多智能合约智能体通过协作和演化形成复杂的社会系统，该系统具有高度的社会复杂性和工程复杂性。区块链技术有望实现软件定义的去中心化社会系统，并可以利用智能合约将各项管理规则、奖惩标准等以程序化代码的形式部署上链，任何组织和个体均需在既定规则下行事，否则将会承担相应后果。

三是加强合约合规和安全性研究，智能合约将逐步深入对法律法规的理解，建立智能合约条款语言的审查和转化标准，减少语言转化过程中的翻译误差并形成规范的合约法律审计标准。

5.1.8 底层技术创新前沿方向

区块链的数据结构一定是单链状的吗？未必，解决不同的计算需求，或许可以有不同的数据结构。侧链其实是对单链的分叉，通过侧链为主链减负。有学者提出了双链螺旋的数据结构，就像 DNA 的螺旋双链，以解决链的并发和协同。也有人提出网络图以解决异步分布式等。

DAG（有向无环图）被认为是一种对链式数据的可替代的解决方案，可能成为下一代分布式账本的核心技术之一。其实，学过数据结构和图论的计算机专业学生应该对 DAG 并不陌生。在很多分布式计算集群系统中，DAG 都是作为分布式事务处理的数据结构来存储并发的事务处理流程的，如 Spark、Yahoo 的 YARN 等系统。这样的一种数据结构，具有对并发的异步分布式活动很好的适用性。在分布式网络中，数据资产的交易过程也很适合用 DAG 进行存储。

DAG 技术被引入加密数字货币领域，大致分为两个阶段，即有块的 DAG 阶段和无块的 DAG 阶段。起初是希望用 DAG 的拓扑结构来存储区块，改变区块链式存储结构，变成 DAG 的网状拓扑结构，这样交易打包可以并行在不同的分支链条进行，达到提升区块链性能的目的。2015 年，勒纳

（S.D.Lerner）在论文中提出了用 DAG 直接来存储交易，实现“无区块”的加密数字货币 DagCoin，即构建一个 DAG 链[115]。在 DAG 链中，交易发起后直接广播网络确认，省去区块打包和出块时间。理论上，效率得到了提升。2016 年，采用 DAG 技术的 IOTA、ByteBall 等项目涌现，使得 DAG 链成为新一代公链的重要技术趋势。与“区块”链相比，DAG 链主要实现了三个转变，即从“单链”到“树状和网状链”的转变、从“区块粒度”到“交易粒度”的转变、从“单点跃迁”到“并发写入”的转变，这是对区块链从容量到速度的一次大革新。

以 IOTA 项目为例，这是一个去中心化的物联网应用项目，其底层技术被称为 Tangle（纠缠），这就是一个基于 DAG 的分布式账本。Tangle 仍然是一个 P2P 网络下的分布式数据库，也采用共识算法来验证交易。但与传统区块链不同的是，它采用 DAG 的数据结构及共识机制。在 IOTA 里没有区块的概念，取而代之的是 DAG 存储的交易网络。每一个交易都会引用过去的两条交易记录哈希，这样某一交易会证明过去两条交易的合法性，以及间接证明之前所有交易的合法性。整个网络都参与交易合法性的验证，而不像传统区块链，只有 PoW 或者 PoS 等共识算法选出的少量节点来确认交易的合法性。高效并发的物联网应用是 DAG 天然的应用场景。

哈希图（Hashgraph）也是基于 DAG 的一种数据结构和共识算法，它基于流言算法（Gossip of Gossip）和虚拟投票（Virtual Voting）等技术，以交易为粒度，在特定的 DAG 结构上实现公平和快速的拜占庭容错共识。哈希图在技术上被认为是分布式系统领域的一项重大进步。过去，小型区块链系统已经实现了分布式账本的目标，但是却无法突破规模化瓶颈。比特币虽然比较安全，但是在交易处理方面的表现却不尽如人意。哈希图希望兼顾安全性和业务处理性能。

首先，哈希图使用了流言算法，这是分布式系统中的常用协议。简单地理解，流言是指一段一个人知道但是另一个人不知道的信息，算法运行原理和实际生活中的流言蜚语的传播类似，当一个人知道一个小道消息后，经过有限时间散布后，最后整个群里都会知道这一消息。

其次，哈希图使用了虚拟投票共识算法。因为通过执行留言算法后，所有节点都知道了消息，成为网络中的“全节点”（它知道了所有的真相），都存储了完整的网络交易历史，在需要对某一提案达成共识时，并不再需要大规模的消息通信，每个节点独立执行投票算法，并且确保所有节点一定会得出相同的共识结果。因此，哈希图省去了工作量认证的烦琐操作，而且运行速度变得非常快。

那么，DAG 是不是就可以完全替代区块链技术了？不会，每种技术都有它擅长的方面，也有它不足的方面，技术创新总是希望取长补短，各有所用。DAG 也有一个不足，就是异步系统的一致性问题。与区块链相比，DAG 不支持强一致性。DAG 的异步并发机制提高了系统的扩展性，同时也带来了一致性的不可控问题。区块链采用的是同步操作的验证机制，能够保证较高的一致性。但是，DAG 作为异步操作，需要一个全局的协调调度机制来保证一致性，这在某种程度上将引入中心化的机制。如果不这样做，在运行智能合约时，很可能会出现节点间所存储的数据在运行一段时间以后出现偏差的情况。当然，在 DAG 网络下的安全、性能等问题也需要通过大规模的应用来进行检验和验证。总之，DAG 等技术创新给分布式商业应用提出一个新的技术解决方案，将有利于产业的加速发展。

5.1.9 区块链治理技术创新

区块链自带经济和社会属性，是数字经济和数字社会发展的重要技术基础设施。随着区块链在经济社会领域应用的不断深入，其间接引发的经济和社会问题也日益突出，对政府监管提出了新的要求，尤其是在公有链领域。

首先是对加密数字货币的有效监管，“堵”只是权宜之计，“管”才是长远之法，政府迫切需要通过监管技术来发现和监控加密数字货币的流通。

其次是对链上舆情信息的有效监管。有害信息一旦记录在公链上就无法篡改，监管技术希望在源头上发现有害信息，在上链前实现阻断，也要能及时发现公链上的有害信息并进行违法人的追溯和惩戒。

2018 年 11 月，中央网信办专门发布了《区块链信息服务管理规定》，要求事前设立监管平台，事中及时发现问题源、处理违法违规信息、控制事态发展、消除不良影响，事后根据监管体系追溯违法来源。这一规定的落实需要相应的监管技术支持，包括区块链的节点管理、链上数据管理、系统管理、身份管理、合约管理及大数据分析等。

对于区块链平台而言，不管是公有链还是联盟链，通常需要具有区块链网络运行动态监测数据系统，用于浏览查询区块、交易等信息，并对进入区块链网络的节点进行记录和可视化浏览[116]。

联盟链对监管机构较为友好，在保护隐私的前提下，监管机构可能会要求建立针对联盟链的穿透式监管系统。穿透式监管系统主要实现四个功能：一是准入监管，联盟链通常需要具有中心化的系统管理员节点，用于对联盟链成员身份认证、成员上链登记等进行管理。二是合约监管，在智能合约中可以加入监管的规则，全面提升监管的自动化水平。三是运行监管，能够动态地进行节点增减管理，以及对联盟链总体的运行情况进行大数据分析。四是实现联盟链监管接口标准化，便于直接监管。

对公有链，监管难度较大，重点是研发公链加密数字货币的主动发现与探测技术。2017 年 9 月，央行等七部门联合发布公告，全面叫停加密数字货币融资（ICO）。代币融资分为加密币的融资和 Token 融资，Token 融资可以通过监测以太坊来进行监测，加密币的融资需要对其上线主链进行监测，及时发现可能存在的非法信息记录。但公有链监测存在账户匿名、账户分散、IP 隐藏等困难。因为公有链账户是匿名的，用户账户的地址自行生成，不需要提供个人信息，用户可以无限生成地址，用户也可以通过匿名网络连接到区块链。公有链上的监管技术主要是通过大数据进行账户地址分析、网络地址分析等，借此希望能找到客户的真实身份，从源头上进行监管。区块链监管技术的研发是一个重要方向，会得到政府的大力支持，这也是保证区块链行业的健康和可持续发展的重要一环。

基于区块链的数字金融创新也对金融科技监管提出了全新的命题和挑战。传统上，以牌照管理为关键、以金融机构为重点、以开立在金融机构的账户为核心的监管范式，需要重新审视[117]。

姚前认为，一是机构准入的牌照管理应转变为用户准入的权限管理。在自金融模式下，用户入场须经过相关认证机构的身份认证和核验，业务过程须与身份认证隔离，并采用密码学原语与方案来实现交易身份及内容隐私保护，管理部门则有权开展穿透式监管。在此基础上，各国监管部门根据客户的数字身份归集本国居民，划定数字司法辖区。在数字司法辖区内，各国监管部门根据 KYC、AML/ATF 及其他金融监管政策，对本国居民节点设置各类业务参与权限。本国居民与非本国居民的金融业务和资金往来，由各国监管部门按照各自的资本账户开放和跨国金融监管政策进行规制。这样的设计既保障了自金融业务的自由开放，同时又充分满足了各国的监管要求。以 Facebook 受监管的金融子公司 Calibra 为例，其首个产品就是 Libra 数字钱包，Facebook 通过 Calibra 的钱包将社交用户的身份信息与 Libra 用户的区块链地址进行连接，钱包代替了持牌金融机构成为自金融环境下被监管的主体，这样可以按照司法辖区的具体要求落实监管策略，兼顾了用户隐私保护与监管合规的要求。

二是业务核准，应增加智能合约审核。姚前认为，在自金融模式下，传统的金融业务将被逻辑编码为透明可信、自动执行、强制履约的智能合约。智能合约承载着各种金融业务，甚至一个智能合约就代表一个金融业态。从某种意义上来说，管住智能合约就管住了未来的自金融业务。在安全高效的用户身份认证及权限管理的基础之上，应要求智能合约在上链之前必须经过相关部门的验证，判断程序是否能按照监管部门的政策预期运行，必要时监管部门可阻止不合规的智能合约上链或者关闭本国居民执行该智能合约的权限，同时还可建立允许代码暂停或终止执行的监管干预机制。此外，智能合约的参数设置也是一种监管手段，就像利用法定准备金率、资本充足率等监管指标来防控银行风险一样，监管部门亦可通过调整或干预智能合约参数来管控自金融业务的规模和风险。

5.1.10 技术标准化路线

区块链技术标准化工作也在持续推进。比如，国际标准化组织（ISO）设立了区块链和分布式记账技术委员会（ISO/TC 307），在研标准十多项，涉及术语、参考架构、隐私和个人信息保护、安全风险和漏洞等方面。国际电信联盟（ITU）安全工作组下的分布式账本技术安全相关问题组（SG17/Q14），现有安全保障、安全威胁、安全框架等分布式账本技术安全相关的在研标准 10 项。未来网络（和云）工作组（SG13）及物联网、智慧城市和社区工作组（SG20）也有多项相关标准在研。电气电子工程师学会（IEEE）也积极推进相关区块链标准研制，围绕区块链在物联网数据管理、数字资产管理、政府部门等领域的应用及加密货币等开展了较多工作[118]。

5.2 新一代智能互联网的可信操作系统

5.2.1 新一代智能互联网的发展

从区块链技术发展趋势看，区块链是未来经济社会数字化基础设施的重要组成部分。我们回顾一下信息技术和互联网的发展，如图 5-4 所示。从

1969 年互联网诞生起，互联网已经有 50 多年的发展历史，特别是近 30 年以来，互联网经历了窄带互联网、宽带互联网、移动互联网、物联网等发展阶段，逐步把全球的政府、企业和组织广泛地连接在一起，让经济社会活动能够 24 小时在线，成为商业社会的重要基础设施。

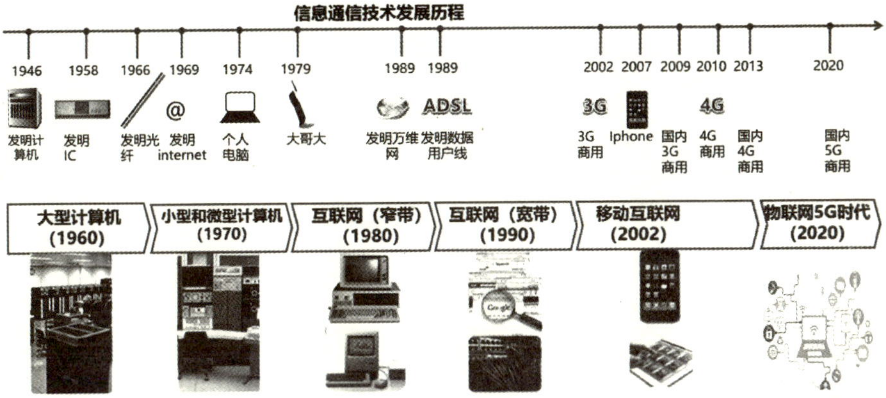

图 5-4 信息技术和互联网的发展

未来 30 年，互联网将向哪个方向发展？我们认为，技术上，新一代互联网将发展成为“智能互联网”。智能互联网是以物联网为边缘感知系统、以新一代通信系统（如 5G）为接入和传输系统，以云计算数据中心为存储计算系统，以大数据资源库和大数据平台为动力枢纽系统，以人工智能算法和程序为大脑决策分析系统，以区块链作为数字化信任系统的新型互联网大系统。因此，智能互联网具有六大关键子系统，共同形成新一代智能互联网的总体架构，如图 5-5 所示。下面将分别进行详细的讲解。

一是物联网，实现万物互联（Internet of Things），成为智能互联网的边缘感知系统，可以比喻为智能互联网的神经纤维。每个物体就像智能手机一样，通过加载计算、存储、通信、感知、定位、语音、视频等数字模组，实现数字化、网络化和智能化，成为联网的智能物体。物联网可以让经济社会生活中的生产生活资料、生产生活工具、生产生活设备及各种商品等都实现数字化、网络化和智能化，并被连接到互联网中。

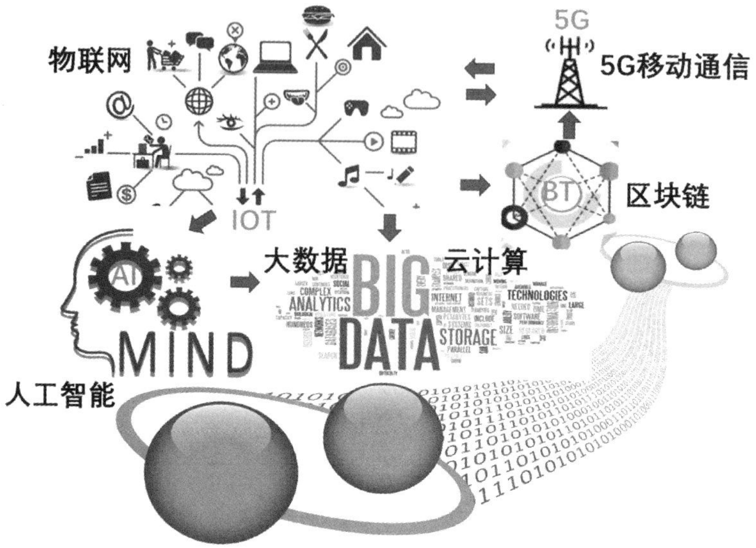

图 5-5　新一代智能互联网的总体架构

二是通信网络，实现“高带宽、低时延、广连接”的网络传输，成为智能互联网的接入和传输系统，我们可以将其比喻为智能互联网的神经网络。各类物体的联网，产生了对每平方公里 100 万以上连接的需求，产生了每秒 1Gbps 的带宽的需求，也产生了毫秒级时延的需求，当前这些需求将通过 5G 移动通信网络来满足。未来，还会有第六代移动通信网络（6G）的应用。

三是云计算数据中心，实现海量数据的分布式存储和计算，成为智能互联网的存储和计算系统。云计算成为互联网计算资源的中心，提供基础设施、平台、应用的云计算服务，逐步演变成为新时代经济社会的商业平台。

四是大数据资源库和大数据平台，实现数据汇聚、共享和开发，成为智能互联网的动力枢纽，我们可以将其比喻为智能互联网的心脏。大数据让经济社会活动可以被记录、跟踪、还原和洞察，成为新时代商业社会的生产资源和血液。数据汇聚、共享和开放，让智能互联网保持活力和价值。

五是人工智能程序和算法，实现智能互联网深度学习和自适应，成为智能互联网的决策系统，我们可以将其比喻为智能互联网的大脑。人工智能让程序可以学会自动化处理，智能工具成为新时代的生产工具，人工智能程序或机器人成为新型劳动者。

六是区块链，实现数字化信任，成为智能互联网的信任系统。区块链在经济中催生数字资产，在社会中构建共建、共治、共享的数字机制，实现互联网的秩序。

5.2.2 新一代智能互联网的可信操作系统

在新一代的智能互联网中，区块链技术具有四大战略意义。

第一，区块链是智能互联网的数字化信任系统。互联网 TCP/IP 的建立让整个社会的信息实现了自由传递。但是，在区块链出现以前，互联网尚未建立起让数字资产价值实现传递的信任机制。区块链技术通过建立分布式账本和共识算法等，建立了数字化信任系统，成为一个创造信任的机器。区块链将有力地推动建立互联网上价值可信交换的底层基础协议，成为智能互联网的可信操作系统，如图 5-6 所示。

图 5-6　区块链：智能互联网的可信操作系统

第二，区块链是支撑万物互联的万物账本。随着互联网、物联网、人工智能、智能硬件等技术的发展，我们正在进入一个万物互联网的时代，伴随而来的也是一个资产数字化的时代，例如数字货币、智能合约、数据资产、数字地产、智能工厂、智能家居、智能汽车、数字知识产权等。区块链正是建立智能资产价值转移的基础技术，它将是万物互联网的一个万物账本（Ledger of Thing，LoT），如图 5-7 所示。这可以让数字资产在全网记账和流通。

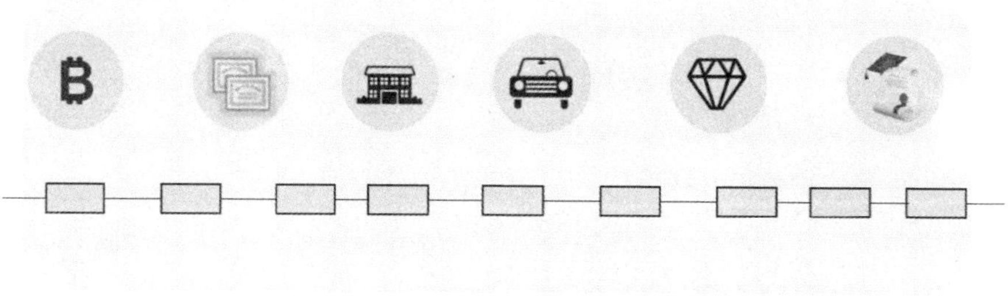

图 5-7　万物互联网的万物账本

第三，区块链是大数据时代的数据资产流通的重要载体。在大数据时代，数据开放、共享和流通是数据资源价值发挥的关键。但是，由于互联网上缺乏数据源追溯、个人隐私保护和数据确权的机制，给数据价值发掘带来了巨大挑战。区块链的出现有望改变这一局面。区块链本质上是一个分布式数据库，能够记录数字货币交易的全生命周期。推而广之，它也能够记录任何数据资产流转的全生命周期，甚至记录所有重要网络数据的全生命周期。在区块链技术支撑下的数据，拥有完整性、可靠性、连续性、永久性、可追溯性、精确性与透明性等特点，此种管理方式下，数据共享和流通将会有进一步的优化。因此，我们可以预计，区块链将促进数据记录、数据传播及数据存储管理方式的创新，将成为大数据时代的数据开放、共享和流通的重要载体。

第四，区块链是智能互联网的“秩序机”。智能互联网是一个复杂的大系统，接入智能互联网的智能体数量将呈指数级增长，智能互联网上的数据传递、价值传递关系将错综复杂，人工智能的发展又将使得机器智能“天马行空”，像脱缰的野马。区块链建立了多方信任的机制，它将成为智能互联网的制度约束机制，并构建起互联网秩序，逐渐实现智能互联网的自我适应、自我调整和自我治愈。

5.2.3 区块链与物联网：构建智能互联网的可信感知系统

在万物互联网的时代，每个物品都将被加载数字化、网络化和智能化模块，用于通信、计算、感知、定位等功能的实现，从而使物品成为可以联网的智能体。国际知名数字化研究公司 Gartner 的物联网（Internet of Things）研究报告称，物联网中的可用智能设备数量在 2019 年达到 142 亿，2021 年将达到 250 亿[119]。

面对如此大量而分散的智能设备，物联网的发展也面临很多亟待解决的瓶颈问题。例如，物联网安全的一个核心缺陷就在于缺乏设备与设备之间的信任机制，所有的设备都需要和物联网中心的数据进行核对，容易造成网络拥堵，而且一旦中心化数据库崩塌，会对整个物联网造成很大的破坏。区块链与物联网的结合将可能解决这些问题。

作为物联网中智能设备的分布式账本，区块链能够帮助记录物联网设备的数据，使得物联网智能设备之间建立分布式的信任，无须时刻与云计算中心数据库进行验证，即使一个或多个节点被攻破，整体网络体系的数据依然是可靠、安全的。区块链技术能在无须信任单个节点的同时创建整个网络的信任共识，从而很好地解决物联网的信任问题，建立一个由边缘计算自主控制、区块链去中心化信任、云计算中心化验证共同组合起来的信任体系[120]，让物与物之间不仅相连起来，而且能自发地交互起来，加速我们的生活进入物联网的智能化时代，如图 5-8 所示。

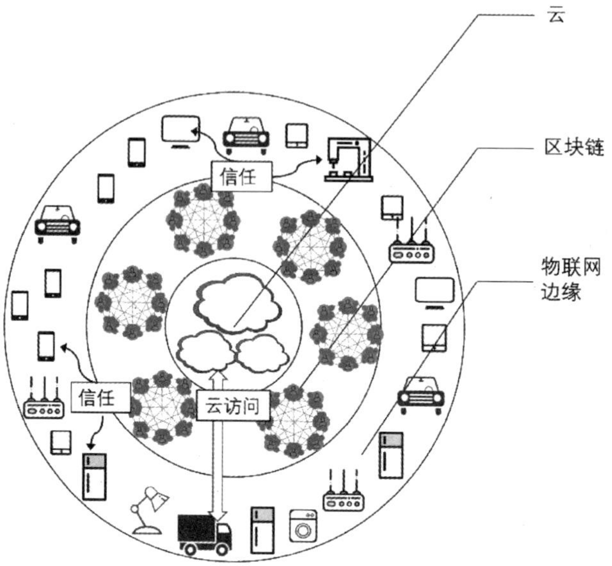

图 5-8　区块链+物联网+云计算的示意图

不仅仅是物联网需要区块链，区块链技术的不足也能通过物联网得到补足。例如，在区块链存证的应用中，我们提到，区块链仅仅能够提供数据的存在性证明，链上记录的数据确实存在，但区块链不能提供事实性证明，仅靠区块链技术不能证明这份数据中的信息是真实的或者是虚假的。即使是虚假的信息，记录在链上，也依然是虚假的。但是，通过区块链+物联网技术的组合，辅以身份认证、标识和真实感知的技术手段，如数字证书、电子标签、视频传感器等，就能够保证信息来源的可靠性，保证上链存证的数据是来自“原产地”或“原厂商”，也保证这份数据没有被篡改过，从而为物品溯源、食品安全等提供了很好的技术解决方案。这是区块链+物联网的一个重要的应用场景。

IBM 公司将物联网、大数据、认知计算和区块链作为主要方向，正是认准了区块链在其中的核心纽带作用。IBM 认为“运用区块链技术，可以为物联网的世界提供一个引人入胜的可能性。例如，当产品最终完成组装时，可以由制造商注册到通用的区块链里面标示着它生命周期的开始，一旦该产品售出，经销商可以把它注册到一个区域性的区块链上（社区、城市或国家），通过创建有形资产和匹配供给及需求，物联网将会创造一个新的市场”[121]。这个场景正在变为现实，区块链+物联网的组合技术已经在智能制造、供应链管理、智能物流、产品溯源、智能电网、智能家居等领域广泛应用。

早在 2015 年 1 月，IBM 和三星公司一起启动了基于区块链技术的物联网项目——ADEPT 项目，ADEPT 是自治的去中心化点对点遥测系统（Autonomous Decentralized Peer-to-Peer Telemetry）的英文缩写，这是针对下一代物联网的一个原型系统，旨在建立一个设备间能自动检测问题、自动更新、不需要任何人为操作的物联网，这些设备也将能够与其他附近的设备进行通信，比如恳求第三方进行电池供电。这个场景很有意思，ADEPT 像是派到火星的机器人战队。

ADEPT 系统采用了 P2P 网络，有三个通信协议来支撑物联网设备联网，分别是：TeleHash（P2P 信息发送系统）、BitTorrent（文件分享）和以太坊（智能合约），利用这三个协议来支撑系统的自治运行，保证设备之间各种数据（消息、文件、交易）的高效传递。

第一个协议 TeleHash。这是一款对高度加密信息进行点对点传输和通信的协议，适合任何终端应用程序，它帮助 ADEPT 中的设备实现彼此沟通。

第二个协议 BitTorrent。它是 P2P 网络的文件传输协议。在连接网络不稳定的情况下，比如使用蓝牙或 Zigbee 协议的连接，ADEPT 会使用文件共享协议 BitTorrent 来移动数据。

第三个协议以太坊。区块链和智能合约能让 ADEPT 中的设备了解其他设备的功能，以及不同用户围绕这些设备的指令和权限，跟踪设备之间的关系、用户和设备之间的关系等。例如，在一个智能家居的场景中，ADEPT 网络中的智能手机可以安全地与某个门锁交互，或者某个智能扫地机器人与门锁交互，这些交互关系将被存储在门锁节点、手机节点或扫地机器人节点上，并在需要时结合到一起，确保正确的人或者机器人进入房屋，无需返回云端验证。在一个智能供应链的场景中，一台洗碗机可以执行一份智能合约来发布命令，要求洗涤剂供应商进行供货。这些合约给予了设备支付订单的能力，并且还能接收来自零售商的支付确认信息和发货信息。这些信息都会以手机铃声提醒的方式通知洗碗机的主人。有了 ADEPT，将产生更多新的设备间的可信安全的商业模式。

除了 IBM 等大公司，很多创业公司也积极推进区块链+物联网的创新应用。Filament 是一个区块链物联网创业公司，他们在比特币区块链上快速建立了去中心化的物联网，在比特币区块链上建立了每个物联网设备的身份，并创建了一个智能设备目录，推进物联网设备间进行安全沟通、执行智能合同及发送小额交易等应用。

与 ADEPT 类似，Filament 也使用了 TeleHash 和 BitTorrent 协议。不同的是，它采用比特币区块链创建了设备区块命名（BlockName）协议和智能合约的协议。通过 BlockName 协议来创造一个设备的独特标识符，存储在每个设备的嵌入式芯片中，并记录在区块链上。当设备制造出来时，就有一个全球唯一的 IP 地址，其哈希值存储在区块上。如果设备 A 要跟设备 B 对话，BlockName 会告诉他们如何找到对方。利用 Filament 可以使设备独立处理付款，付款是通过智能合约来执行的。小额交易则是通过 PennyBank 协议来执行的。

Filament 还开发了两个硬件模块，一个叫 Filament Tap，它是一个传感器装置，允许装置与周边 10 英里以内的电话、平板电脑和计算机进行沟通。另一个叫 Filament Patch，用来延伸该技术的硬件，可以实现硬件项目的定制。针对工业市场，Filament 能帮助石油、天然气、制造业和农业等行业的大公司实现效率上的新突破。例如，利用 Filament 企业可以建立设备之间去中心化的沟通平台，更好地管理物理采矿作业或农业灌溉。

区块链与物联网应用的结合是机器自治的需求，也是机器自治的解决之道。在万物互联的时代，每一个物品都会有自己的一个 IP 地址，每个物体都被加载了一些数字化的模块，有通信、计算、感知、标识、定位和导航等模块。通过这些模块的装载，一个物体就变成了一个可以联网的智能体。这些智能体可以按照某种既定规则行事，就像一场机器人足球赛，一些规则装在机器人的“大脑”里；也可以进行深度学习，学会人的行为方式，就像人类一样进行听觉和视觉的训练，学会感知环境，并作出行动。但机器能学会合适的行为方式，也能够学会坏的行为方式，如何保证机器即使有作恶动机，也没有作恶的行为，区块链+物联网或许将是一个很好的解决办法。区块链和智能合约会告诉机器人们，什么是可信的，什么是该做的。

澳大利亚软件公司 Edgelogic 把区块链技术带到家里，成为数字支付和物联网的桥梁。例如，当传感器检测到潮湿时，就报告区块链，警告触发一系列智能合约的指令，修理费就从保险公司转到了索赔账户，而主人甚至可能不会察觉到曾经出过什么问题。创业公司 Hellosent 认为，智能合约和物联网设备可以用于监测红酒的交付。传感器将在运输中连续测量红酒的温度和湿度，如果任意一项低于智能合约中记录的约定水平，那么购买订单将会自动取消。区块链技术也被使用于追踪工程机械等设备的使用历史，它可以协调处理设备与设备之间进行设备空闲能力的交易。设备一旦空闲，就通过智能合约把处理能量出售出去，自身获得补偿或者用于慈善。这有望建立设备间的共享经济！

5.2.4 区块链与通信网络：构建智能互联网的可信连接通道

通信网络系统是一个复杂的大系统，由多家运营商提供各种通信资源和服务给用户使用。区块链技术在通信网络基础设施的共建共享中有着广泛的应用场景。

一是基于区块链的网络设备可信共享。通信网络建设的投资很大，重复建设、资源浪费问题比较突出，部署在不同运营商之间的网络一般也不能兼容。建立网络设备资产的分布式账本，将不同运营商的网络基站通过区块链进行管理，并部署一些用于网络基础设施资源共享和结算的智能合约，将加强网络设备的可信管理。

二是基于区块链的频谱资源可信共享。在明确相关法律法规和适用范围的前提下，可基于区块链技术实现动态频谱的共享。每个频谱拥有者可作为一个区块链节点，通过区块链动态共享各自拥有的授权频段；链上智能合约结合频谱拥有者的使用特点、空闲时段等，确定动态频谱共享机制，进行结算计费。

三是基于区块链的网络运营资源可信共享。例如，在国际漫游结算中引入区块链技术，能够为运营商共享用户的话费、账单，通过智能合约实现高效、低成本、安全及标准化的支付方式。中国移动就在国际漫游清结算等方面进行了区块链的示范应用。中国电信提出了第一个 ITU-T 区块链国际标准，在区块链 SIM 卡（BSIM）、基于区块链的省间清结算等创新业务方面进行了探索与实践。

四是基于区块链的分布式域名管理。目前，互联网中的域名是一种中心化结构的管理模式，ICANN 作为协调机构来统一组织调配域名系统，再逐层分配给下面的域名承包商。从国家安全的角度来考虑，域名资源的去中心化是一个很大的需求。区块链技术的分布式结构能很好地管理域名资源，而不需要一个统一调配机构，所以分布式结构成为满足这个需求的关键技术。例如，Namecoin 公司通过区块链技术，将域名管理系统变成一个分布式的结构，系统中每个节点都可以对域名进行解析，而不再需要通过中心化管理。在这种情况下，任何一个节点的损失都不会对整个域名系统产生影响。Namecoin 对应的域名是.bit，.bit 提供类似.com 的服务，只不过.bit

域名被永久性写入区块链，任何人不能控制，保证了网站能自由地发布信息。Namecoin 通过点对点网络来共享 DNS 查询表，只要网络中有人在运行 Namecoin 服务器软件，域名就能被访问，任何人无法控制。但是，.bit 目前只是一个小众的 DNS。

五是基于区块链的网络安全防御。随着网络攻击手段不断翻新，攻击频度不断增加，世界各国均面临着网络攻击威胁。区块链可以永久记录数据库的动态，有效防止黑客入侵。黑客非法侵入者通常会清理权限日志，用来隐藏非法访问的痕迹。区块链技术将日志分布在多个设备之间，黑客就无法轻易地清理权限日志，痕迹一旦存在就很容易找到黑客，从而进行出击。黑客在入侵网络的时候，想要使用病毒改变数据或者软件代码，用来控制相关设备或者毁坏数据的完整性，但是使用区块链技术后，即便单一节点遭受黑客攻击，也不会影响区块链系统的整体运行。因为区块链的分布式存储有效地降低了数据集中管理的风险。例如，美国国防部正在尝试利用区块链技术创建一个黑客无法入侵的安全信息服务系统。俄罗斯联邦国防部正在 ERA 技术园建立一个独特的研究实验室，专门用来开发区块链技术，而这个技术主要应用于加强网络安全和打击针对关键信息基础设施的网络攻击。

5.2.5 区块链与云计算：构建智能互联网的可信服务

云计算（Cloud Computing）是网上的计算服务，能提供随需而得的网络访问和可配置的计算资源（包括服务器、存储、应用软件等计算资源）服务。区块链也是架构在互联网上的，区块链服务是新一代互联网上的云计算服务之一，也称为区块链即服务（Blockchain as a Service，简称 BaaS），包括分布式账本服务、分布式智能合约服务等。云计算公司都在积极推进商业化的 BaaS，为更多企业级客户提供区块链应用服务。

2016年IBM发布区块链战略，将“区块链即服务”作为其重要的业务方向。IBM 所提供的还是一个面向企业级市场的区块链服务。这些服务是架构在IBM的云计算平台和超级账本Fabric上的，包括开发工具服务、身份服务、共识服务、智能合约服务等。IBM的区块链架构如图5-9所示。

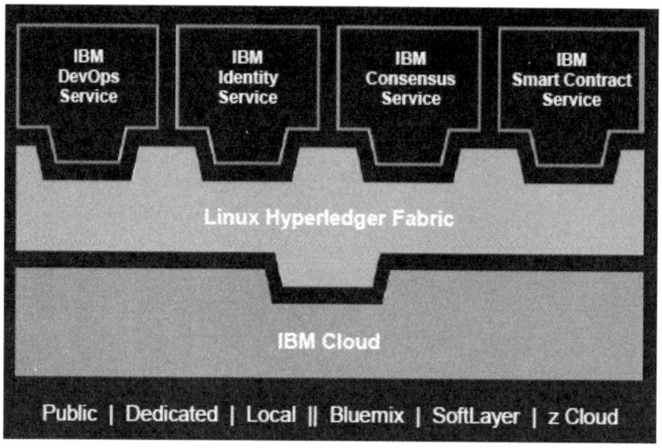

图5-9　IBM的区块链架构

区块链与云计算的结合远不止于此。区块链服务能提供新的分布式云计算服务能力，以实现数字化信任，可扩展现有的云计算服务的能力。区块链可以被用于建立去中心化的命名系统、去中心化的搜索、去中心化的存储系统、去中心化的文件系统、去中心化的邮件系统、去中心化的社交网络系统等。这些去中心化的系统为互联网提供了规模可扩展的、可靠冗余的服务，但由于节点频繁进出的扰动、网络地址转换器造成的连接性问题和安全性问题等，使得这些系统提供的服务并不稳定，性能上也存在很大问题[122]。但作为分布式信任系统，它可以缓解当前互联网数据和服务过分集中于Google、Amazon、阿里云等少数几个云服务商的情况，从而造成中心化的不信任的问题。因此，去中心化云服务，也是云计算发展的一个重要方向。

去中心化存储项目Storj是一个分布式存储服务。Storj使用区块链技术利用用户空闲的磁盘空间来创建一个去中心化市场，并且用内置的数字货币 SJCX 进行交易。Storjcoin X（SJCX）是在 Storj 的网络系统中的一种代币，可以像“燃料”一样允许用户在名为硬盘分享的 App 中使用，通过 SJCX 来租用或者购买存储空间。

星际文件系统 IPFS（InterPlanetary File System）是一个分布式文件系统服务。IPFS 是一个面向全球的点对点的分布式文件系统，能将所有具有相同文件系统的计算设备连接在一起，主要目标是对我们目前统领互联网的超文本传输协议（也就是 HTTP）进行补充。它的原理就是利用基于内容的地址来替代基于域名的地址，简单地说，用户寻找的是存储在某地方的内容，而不是某地址，只需确认验证内容的哈希就能够获得速度更快、安全、健壮、持久的网页。

5.2.6 区块链与大数据：推进智能互联网的可信数据流通

信息技术与经济社会的交汇融合引发了数据迅猛增长，数据已成为国家基础性战略资源，大数据的采集、共享、开放、交易与应用蕴含着巨大的经济社会价值，日益对全球生产、流通、分配、消费活动及经济运行机制、社会生活方式和国家治理能力产生重要的影响。2019 年 10 月，中共十九届四中全会提出，要健全劳动、资本、土地、知识、技术、管理、数据等生产要素，由市场评价贡献、按贡献决定报酬的机制[123]。这是在中央文件中首次提出以数据作为生产要素，按其价值贡献参与收益分配的机制。这为数据确权和资产化提供了政策依据。

数据创造价值，通常以三种方式来实现。一是数据要素与传统生产要素相融合，促进生产效率的提升。通过数字化应用推动实体经济的数据流动和分析，提高经济运行体系中原有生产要素的效率。例如，数字化生产融合了信息技术、数据、劳动工具等生产要素，相比于手工生产，成倍地提高了单位产量和质量。电子商务交易融合了信息技术、数据、物流技术等生产要素，相比线下交易，成倍地提高了交易量。二是数据要素对传统生产要素的替代，节约生产成本。例如，数字化生产对办公物资、人员、能量的替代效应明显，大幅节约了企业生产成本。数字化业务减少了异地出差等，大幅降低了管理成本。三是数据要素本身成为数字化商品，基于数据商品的生产和流通发展数据产业和数据经济。

但是，数据价值的实现也面临着很大的挑战。首先，数据价值贡献评价难。因为数据创造价值的方式不同，使得数据价值贡献的评价和收益分配更加复杂，尤其是数据作为生产要素与其他生产要素共同贡献价值时，很难单独分离出数据所做贡献的比例和大小。其次，数据确权难。数据具有数字化、易复制、易传输、易修改等特点，使得数据权属确定、数据商品化、数据资产化、数据权利保护等都会面临较大困难。另外，数据利用风险大，数据挖掘与分析将产生信息和知识，可能涉及个人隐私侵犯、商业机密泄露、知识产权侵犯、国家信息安全等法律和政策的风险。

美国学者理查德（N.M.Richards）进一步提出了大数据的三大悖论[124]：一是透明化悖论，就是当大数据广泛收集私人数据的所有方面时，大数据自身的操作运营却差不多完全隐藏在法律和商业的保密中。二是身份悖论，就是尽管大数据的布道者都在谈大数据的巨大价值，但他们却忽略了一个事实，大数据是以个人或者集体身份的丧失作为代价来追求更精细化的识别的。三是权力悖论，就是尽管大数据声称能够变革社会，但它是以牺牲普通个体的权利为代价，提供给政府和大公司等实体更多特权。三大悖论极大地阻碍了数据的流通，在大数据广泛收集的背景下，社会上的大部分数据都汇聚到了政府、互联网大公司、大金融机构和电信运营商的后台，而他们进行数据操作的行为却是保密进行的。个人必须出让数据才能享受手机 App 服务，以及随之而来的更多的大数据精准推荐服务，手机 App 和它后面的公司对我们的画像是 360 度的，个人在他们面前完全就是一个透明人，身份的价值被商家利用到了极致。尽管个人的数据被机构大量搜集，但大公司却不愿意开放和共享，个人数据的利用，每个人并不知情。 这种状况得不到改变，大数据在每个人心目中的信任度将大幅降低。

区块链技术有望在解决这些问题和悖论方面提供一种可能性。作为多方共享的分布式账本，区块链有助于数据服务机构向社会公开数据的操作过程；作为数字身份管理的可选工具，区块链有助于将身份的权利和义务结合起来，真正实现“我的数据我做主”；作为信任的载体，区块链有助于通过分布式账本技术和智能合约，为数据确权提供支撑工具，促进数据交易、合作和按“劳”分配，将可能为“数据作为生产要素按照其价值贡献参与收益分配”提供新的数字化手段。当然，这是一个循序渐进的探索过程，我们认为数据区块链的发展步骤如下。

第一步，数据存证。区块链能够为数据的不可篡改的存证提供手段，正如 4.1.2 小节中所述，一份数据可以形成链上唯一的哈希值，通过验证可以证明这份数据的真实存在。

第二步，基于区块链的数据生产和流通。区块链可以形成数据生产流通的对等网络，一份数据在网络成员间的采集、加工、登记、共享、分析和应用的每一步操作及其产出结果，都可以在链上进行登记和存证，数据生命周期都可以在链上通过智能合约进行处理。虽然这是一个很严苛的条件，意味着链下的数据流转是不能被接受的，这在现实的商业应用中很难做到，但它可能有助于建立数据操作的透明性。将数据生产流转过程在区块链上登记和记录，有助于各方释放出更多的数据资源，使数据能够真正“流通”起来。

第三步，基于区块链的数据交易市场。区块链能提供分布式的数据交易流通市场，一个公开的可信市场能够记录数据交易的细节，降低交易的成本，明确数据资产与其他数字化资产的任务分工和绩效贡献，从而为市场评价贡献并按照贡献进行收益分配提供数字化手段。

第四步，基于区块链的数据人格权和财产权拆分。区块链与隐私保护技术的组合能实现“数据可用不可见”。数据权是人格权和财产权的综合体[125]，因此数据的权利人具有二重性，也就是一份数据可能有两个特定权利人，一个是数据所指向的特定对象，如关于张三的个人医疗档案数据，张三肯定是数据权属人；另一个是数据的生产和流通方，如对张三的个人医疗档案数据进行采集、整理、加工的医疗机构和数字化服务商，他们生成了电子病历等档案，也付出了劳动，也具有这份数据的权利。这产生了数据权利归属和划分的难度，使得数据确权很难操作。为了推进数据的生产、流通和应用，“可用不可见”的技术提出一种解决思路，可以在屏蔽特定个人对象隐私的基础上实现对数据的利用，这在逻辑上实现了数据人格权和财产权的拆分。安全多方计算技术、联邦学习等技术就是实现数据“可用不可见”的技术，尽管这些技术还处于商业应用的早期，但却蕴含着巨大的商业潜力。

第五步，建立基于区块链的数据经济激励和分配机制。区块链用于对数据价值贡献进行记录和评估，并根据价值贡献对权属人提供相应的报酬，这是数据经济发展的基础。正如区块链在知识产权保护领域的应用，个人在能够对其数据确权的基础上可以对数据的使用进行收益分配，并获得报酬。

通过以上步骤逐步递进，希望能建立基于区块链的大数据共享流通系统，这将有力地推动数据作为生产要素按照市场评价贡献及贡献参与分配的机制的形成。如果上述步骤都能变为现实，将推动数据数量的积累和数据质量的提升，从而大幅提升数据的商品化和市场化，促进数据定价和数据交易。这将加快数据资产化和数据确权，数据将可能作为“数据资产”列入会计目录，评估数据资产价值，进行投资转让和融资贷款等。数据的财产性在生产要素层面、审计层面的确立，也将会推动数据在产生层面、在数据源头的进一步严格确权。这也将推动从法律层面对数据资源的产权属性予以清晰界定，为数据交易提供法律基础，加强数据产权保护，打击数据信息的非法收集、储存、交易、盗用等违法行为。这也将明晰数据收集和使用的行为规则，促进保护个人数据中与隐私相关的信息不受侵害，防止滥用数据进行不正当竞争，乃至制造市场壁垒等行为。

区块链+大数据已经有很多创新项目和解决方案，如 Factom、百度百科、Zcash、Enigma 等。

1. Factom：重要数据公证平台

公证通项目是数据区块链的早期项目，用区块链帮助记录和公证各类重要数据，如政府行政纪录、法律文件、金融票据、游戏资料、旅游文档、医疗健康档案等。它利用比特币区块链技术革新了整个世界对数据的记录方式，并用区块链来确保数据的证据不可篡改。它的解决方案是在比特币区块链之上又构架出一个数据区块链，用来专门管理数据，比特币区块链上仅保存数据输入的目录。继公证通项目后，又出现了很多将区块链用于数据公证的项目，主要是利用了区块链上数据不可篡改的特性。

2. 百度百科：去中心化数据内容溯源

百度百科启动了词条编辑记录区块链项目，利用区块链进行词条编辑、信息溯源，以实现词条内容的去伪存真。在现有百科内容编辑的流程下，运用区块链技术“不可篡改”的特性，在用户提交词条版本后，将版本内容的签名信息写入百度区块链，以提供对用户版本内容的认证能力，形成各方共同认可的、可信的词条编辑记录。再借助词条编辑记录的溯源能力，监督词条的编辑行为，追踪风险内容，维护词条的正确性。区块链技术赋能下的百度百科相比同类的百科类产品，最大的优势在于修改历史能够被可信地溯源，通过历史版本记录及区块链信息，可以确认词条中的每一个事实、每一句描述的编辑者[85]。

3. Zcash：交易数据隐私保护项目

Zcash 是首个使用零知识证明技术进行交易数据隐私保护的区块链系统。什么是零知识证明机制？它是指证明者能够在不向验证者提供任何有用的信息的情况下，使验证者相信某个论断是正确的。在区块链交易中，零知识证明机制告诉我们一件事“校验一个事件正确与否，并不需要验证者重现整个事件的细节”。例如，判断一笔比特币转账交易是否合法，只要证明三件事：第一，支出的比特币属于支付方；第二，支出方支出的金额等于接收者接收的金额；第三，支出者的比特币确实被销毁了。Zcash 就是用这个思路通过零知识证明机制实现了隐私交易。Zcash 交易自动隐藏了区块链上所有交易的发送者、接受者及数额。在 Zcash 上，用户对交易具有完全控制权，只有拥有查看密钥的用户才能看到交易的完整内容。

4. Enigma：基于区块链+SMPC 实现数据“可用不可见”的项目

基于区块链技术的Enigma平台能在不拷贝原始数据的情况下进行数据计算和数据分析，可以对数据的私密性进行有效保护，杜绝数据的恶意拷贝和分发等隐患。Enigma 保障数据私密性的机制被称为安全多方计算（Secure Multi-Party Computations，SMPC）技术，数据可以被分发往不同的计算节点，没有任何一个机器可以提取到完整的数据，但众多节点可以通过 Enigma 共同计算和分析出数据结果。比如，Enigma 能向一群人开放可访问他们工资数据的路径，并共同计算出群内的平均工资。每个参与者可得知其在该组中的相对地位，但对其他成员的薪酬一无所知。开放访问数据路径进行安全计算的过程是可逆的、可控制的，除原始数据拥有者外，没有人看到原始数据。

5.2.7 区块链与人工智能：构筑智能互联网的可信大脑

区块链和人工智能都被认为是影响未来30年经济社会变革的战略性技

术。区块链技术仅有 10 余年的发展历史，但人工智能技术的发展已经有超过 60 年的发展历史。人工智能技术发展主要有两个学派，一是联结主义，以神经网络算法为代表，模仿人类大脑神经元产生思维的过程；二是符号主义，以知识表示为代表，模仿人类知识推理的过程。自 2015 年以来，借助计算能力提升、大数据涌现和深度学习算法的改进，人工智能技术的发展有了质的飞跃，语音识别和视频识别的各项性能指标（如语音准确率、图像识别准确率等）都有了大幅提升，带动语音识别和视频识别的应用逐步普及。人们说人工智能的又一个春天来了!人工智能对于经济社会的主要贡献在于，它解放了人，让体力劳动、脑力劳动都能由智能机器来完成，这是一次生产力的大幅跃升。

区块链是数字化信任系统，在人工智能和区块链技术的共同推动下，将引领数字经济和数字社会进入可信智能的时代。如果人工智能可类比为“油门”，智能机器能帮助处理更多复杂工作，那么区块链可类比为“刹车”，信任机器帮助建立自我治理的可信环境。这就是两者之间的本质关系，也是区块链和人工智能相互关系的最大公约数。他们共同构成了智能时代的动力系统和制约系统，不可分割。

当前，人工智能系统的发展来自三个动力：一是计算处理能力的大幅提升，特别是并行计算能力的提升，从计算机芯片到分布式计算集群，都使得并行计算的能力大幅跃升；二是大数据，随着互联网、移动互联网和物联网等的发展，有大量的数据可供机器进行训练和学习；三是深度学习算法，要求建立分层的深度神经网络算法，从简单到复杂逐层提取特征并进行学习。

在推动人工智能的发展中，区块链在三个方面可能与人工智能有交集，并发挥作用。一是区块链的共识机制，如 PoW，也依赖于并行计算能力。二是区块链能促进大数据的共享流通和隐私保护。三是区块链打造的数字化信任与基于多智能体的群体智能存在交集。这就产生了区块链+人工智能的一些应用方向。

1. 用于人工智能学习的有用工作量证明

为了解决 PoW 共识算法的能耗问题，计算机学家们提出了针对人工智能的有用工作量证明（PoUW：Proof of Useful Work）共识算法，意图将 PoW 共识算法中毫无意义的“拼密码”运算转变为人工智能实际场景中既困难又有价值的机器学习运算，矿工们通过进行机器学习运算来竞争 PoUW，从而赢得记账权，实现一举两得。鲍尔（M.Ball）[126]、巴尔多米诺（A.Baldominos）[127]、李虎（A.Lihu）等学者分别提出了用于机器学习的 PoUW，其中李虎提出的是一个用于人工智能深度学习运算的 PoUW 共识算法，并完成了概念验证[128]。由于机器学习算法远比“拼密码”的运算复杂，对于运算结果的裁判和奖罚就需要更加公正，以免造成中心化倾向。

2. 区块链+联邦学习算法

为了促进隐私保护下的大数据机器学习，人工智能研究人员把区块链、多方安全计算和人工智能等技术结合起来，构建了基于区块链的数据可信学习的环境。谷歌的联邦学习就是一个例子。联邦学习（Federated Learning）是一种新兴的人工智能基础技术，在 2016 年由谷歌最先提出，其设计目标是在保障大数据交换时的信息安全、保护终端数据和个人数据隐私、保证合法合规的前提下，在多参与方或多计算节点之间开展高效率的机器学习。例如，两个数据拥有方（即企业 A 和 B）想联合训练一个机器学习模型，它们的业务系统分别拥有各自用户的相关数据。此外，企业 B 还拥有模型需要预测的标签数据。出于数据隐私保护和安全考虑，A 和 B 不直接进行数据交换，而使用联邦学习系统建立模型。当然，该架构可扩展至包含多个数据拥有方的场景。谷歌联邦学习模型如图 5-10 所示。

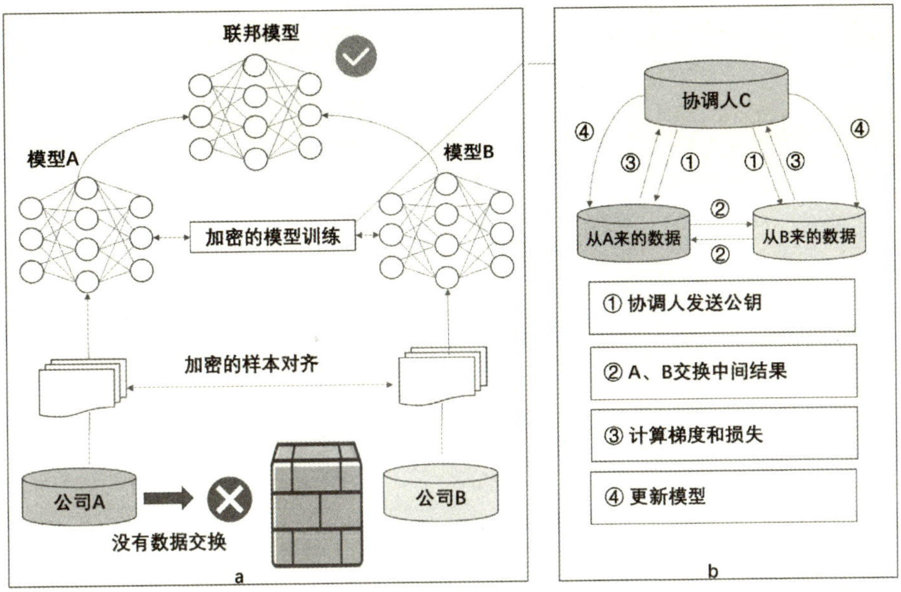

数据来源：tensorflow.org

图 5-10　谷歌联邦学习模型

联邦学习的关键技术包括样本对齐、加密模型训练和效果激励三部分[129]。

第一，由于两家企业的用户群体并非完全重合，系统利用基于加密的用户样本对齐技术，在 A 和 B 不公开各自数据的前提下确认双方的共有用户，并且不暴露不互相重叠的用户，以便联合这些用户的特征进行建模。在确定共有用户群体后，就可以利用这些数据训练机器学习模型。

第二，为了保证训练过程中数据的保密性，需要借助第三方协作者 C 进行加密训练。简单的训练过程可分为四步。第一步，协作者 C 把公钥分发给 A 和 B，用以对训练过程中需要交换的数据进行加密。第二步，A 和 B 之间以加密形式交互用于计算中间结果。第三步，A 和 B 分别基于加密的中间结果进行计算，同时 B 根据其标签数据进行计算，并把结果汇总给 C。C 通过汇总结果计算最终结果并将其解密。第四步，C 将解密后的最终结果分别回传给 A 和 B，A 和 B 根据最终结果更新各自模型的参数。迭代上述步骤直至函数收敛，这样就完成了整个训练过程。在样本对齐及模型训练的过程中，A 和 B 各自的数据均保留在本地，且训练中的数据交互也不会导致数据隐私泄露。因此，双方在联邦学习的帮助下得以实现合作训练模型。

第三，开展效果激励。联邦学习的效果会在实际应用中表现出来，并记录在永久区块链上。提供数据多的机构所获得的模型效果会更好，模型效果取决于数据提供方对自己和他人的贡献。这些模型的效果在联邦机制上会分发给各个机构反馈，并继续激励更多机构加入这一数据联邦。

3. 基于区块链的群体智能合作框架

群体智能是人工智能领域的一个重要分支，它模仿了蚁群、蜂群、雁群等动物或人类群体的合作行为。多智能体间的分布式合作具有规模可扩展性和对单点失效的健壮性，使得它在材料运输、精准农业等多个领域获得应用。但是，机器人自主性、分布式控制和集体行为涌现等关键技术尚未取得突破，也阻碍了这项技术从学术研究走向商业应用。

费雷尔（E.C. Ferrer）[130]、克拉尔特（J.P.Queralta）[131]等学者研究认为，区块链和群体机器人系统的结合，能为群体智能提供了诸多好处。在他们设计的这些群体智能系统中，机器人是区块链网络中的节点，机器人之间的协作被打包在区块中。费雷尔认为，区块链+群体机器人系统有四大好处。

第一，区块链技术能增加群体智能的安全性，通过给机器人加载加密算法等，可以增加群体智能的数据私密性和实体身份的有效性，使得区块链化的群体智能更适合于对信任敏感的应用场景。

第二，区块链技术能增加群体智能的分布式决策能力。分布式决策能帮助群体机器人完成投票或者达成协议，通过分布式账本上的智能合约、多方签名等技术的应用，能够使得群体智能系统的分布式决策和协作更容易被设计、实施和执行。

第三，区块链能帮助群体智能系统实现行为的差异化。通过侧链、跨链等技术，机器人节点可以在不改变控制算法的情况下参与到不同的区块链网络中，从而展现出功能的多样性和对环境的适应能力。

第四，区块链技术有助于帮助群体智能实现新的商业模式。区块链提供了数字化信任的基础设施，确保机器人群体智能系统遵循特定的法律和安全规范，使得它们不断集成到人类社会中，最终促成群体运营的新的商业模式。

但是，增加区块链的模型到机器人群体中也有一些局限性。例如，现有区块链系统的低效延时、区块的存储能力限制、带宽限制等，对于群体智能系统都是不能容忍的。当然，随着低功耗通信和处理芯片的发展，将进一步提升机器人的计算和存储能力，区块链+群体智能将是一个重要的技术发展方向。

5.3 区块链产业发展

5.3.1 基于区块链的组织和应用模式

数字化信任系统具有数字化、社会性、公平性、耦合性、风险性等特点，正因为具有这些特点，使得区块链技术的应用和发展也面临很多挑战。作为一种具有社会性和公共性的数字化信任手段，它的应用会涉及多个成员，在让它发挥作用之前，对区块链技术应用的规划、投资、建设、部署和运维过程也有多方信任的问题。在区块链技术应用中，会形成什么样的业务模式和经济或社会组织形式？这需要平衡好利他和利己、中心化和去中心化、公平和效率、统一和多元、刚性和灵活等关系。

1. 多方合作的区块链系统，应该由谁来投资、建设和运营

这个问题是在问区块链所支撑的经济组织形式。在公有链中，区块链应用是作为一个众筹众包的社区项目来运营的。首先要有一个项目牵头方，负责统筹项目策划、组织和运营等工作。通常，项目方通过私募或者公开募集的方式，向社会募集资金来投资公有链的开发和运营，还要成立一个基金会来对公有链上募集和产生的基金进行管理。项目软件开发由开发者社区通过代码开源的方式进行合作开发和更新，他们可以通过手续费等方式获得酬劳分配。矿工们也自带生产设备以“股东兼员工”的方式加入挖矿队伍中进行生产并获取收益。社区的用户则通过社群可信的交易和应用来获得合作的价值。一个公有链项目就是一个小社会，项目投资、开发、生产和运营都体现了多成员的社会参与。因此，公有链项目的组织形式是社群，体现的业务模式是社群经济或社群合作模式，如图 5-11 所示。

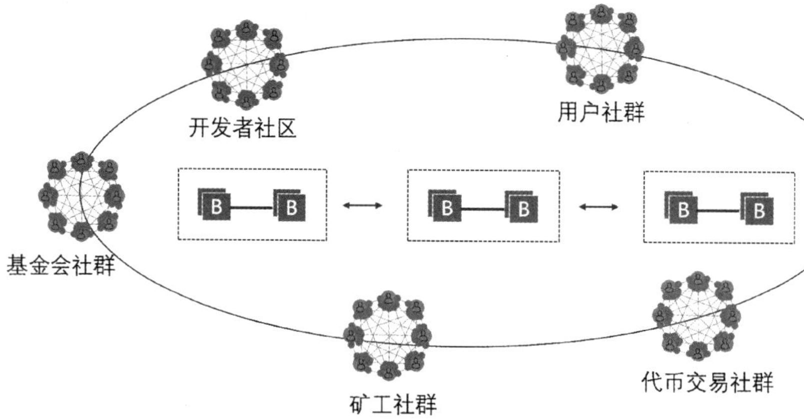

图 5-11　公有链的组织和业务模式

在联盟链中也需要有项目牵头方。联盟链的资金筹集可以采用私募或上市募资的方式进行募集。项目方，通常由联盟所有成员合资成立，如 R3 联盟，或由联盟中的一些龙头企业独立或合作投资建设。在合资的情况下，

项目成立新的合资公司承担联盟链的规划、组织和运营等工作；在独资的情况下，通常由投资企业来承担联盟链的规划、组织和运营等。也有开源的社区支持联盟链软件的开发，如 Hyperledger 开发者社区，但联盟链项目方通常会选购成熟的联盟链软件开发商来完成。联盟链中的计算节点一般是由联盟成员来分担的，因为这代表着成员对分布式账本的所有权和监督权。联盟链的用户是联盟中的所有成员，他们组成了企业联盟的组织形式，通过联盟进行跨企业交易和合作。政府投资建设的联盟链一般委托政府的数据中心或者平台公司进行统一建设或运营，计算节点的所有权和监督权归各个委、办、局成员，各个委、办、局通过联盟链进行跨部门的合作。因此，联盟链项目的组织形式是联盟，体现的业务模式是商业联盟或跨组织协同模式，如图 5-12 所示。

图 5-12 联盟链的组织和业务模式

独木不成林，区块链项目是一个面向社群或联盟的项目。如果应用方一厢情愿，很难完成区块链项目的实施、部署和运营。即使一厢情愿地把系统建成了，可能也会因为合作方少而面临交易清淡的问题。所以，对项目方而言，项目白皮书或可研报告的第一步是要搞清楚区块链上有哪些成员，并积极与成员进行沟通，向他们说明区块链对成员有哪些好处，成员要做出哪些贡献，获得哪些收益，并要争取这些成员对项目的资金、计算资源、人员、数据等方面的支持。如果成员都同意加入区块链网络，还要清楚地说明，分布式账本是被所有记账节点共享的。

术业有专攻，任何一个交易或者合作的工作都可能有一个主题，要划分出主管部门和协作部门，因此这类区块链应用项目就应当由主管部门牵头，主要完成项目投资和建设，并协调其他协作部门共同推进项目建设和运营，协作部门要配合提供计算节点，并积极参与协作事项。比如，多部门联合防汛，主题是汛情，主管部门是水利防汛部门，协作部门包括公安、交通、气象、医疗、通信等部门。在联合防汛的区块链应用场景下，就需要由水利防汛部门牵头完成项目的投资和建设，由公安、交通、气象、医疗、通信等部门配合部署计算节点，并积极参与协作事项。在供应链金融的应用场景中，众多中小供应商企业也很难就区块链应用达成一致，通常由龙头企业和银行来共同牵头投资和建设，中小企业以会员的方式参与。

2. 区块链应该在多大程度上去中心化

去中心化和中心化是一对矛盾，去中心化意味着广泛的参与性，体现公平性，但中心化意味着权威性，体现效率。去中心化和中心化的矛盾，就是公平和效率的矛盾。在 5.1.2 节我们已经提到，公平和效率兼顾是区块链技术应用的关键。如图 5-13 所示，在这条轴的最左端是完全去中心化，在轴的最右端是完全中心化。在区块链应用中，不同的应用场景总要在这条轴的中间找到自己的位置，强调公平性，就稍往左倾斜，如大部分公有链应用；强调效率，就往右倾斜，如大部分联盟链应用。每个应用都需要找到这个平衡点，但最右端的应用一定不是区块链应用，它已经用中心化权威完全取代了数字化信任。

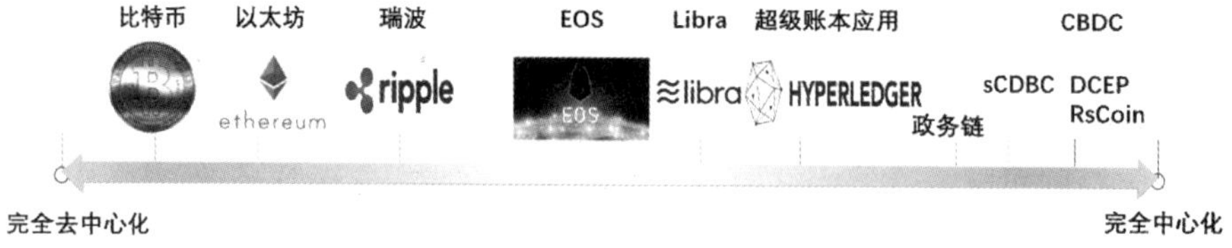

图 5-13　区块链应用去中心化程度

3. 区块链应该统一化还是多元化

互联网是一张网，通过 TCP/IP 把所有计算机连接起来。区块链也是在互联网上的点对点网络。那么未来，全球究竟是一个区块链系统，还是若干个区块链系统？这个问题很难回答。但区块链的本质是信任，数字化信任既有“普遍”信任，又有“特殊”信任。对于普遍信任，可能需要统一的区块链系统来实现支撑，对于特殊信任，就需要针对不同社群提供不同的解决方案。因此，区块链发展的终极目标可能需要一个统一化的区块链网络，为人类构建数字化信任的基石，但在区块链的发展过程中，我们需要的是面向不同社群、不同联盟的多元化的区块链。在发展的过程中，再逐步通过技术的标准化探索技术的统一化。

4. 区块链系统应该刚性化还是灵活化

区块链系统是一种刚性的系统信任机制，它通过程序和代码固化了很多信任构建的模式，如不可篡改、一致性共识等，如支付即结算，如触发即履约，让欺诈无处遁形。从这个意义上说，区块链是刚性化的。但是，区块链上部署的算法和智能合约都可以遵循人类的法律法规进行协商、部署和修正，犯了法或者出现漏洞可以做硬分叉，浪费资源可以变更共识规则等，从这个角度上看，区块链是灵活的。区块链终究还只是技术手段，控制权在人类手中。

5.3.2 区块链产业生态

区块链技术领域有很多从业者，既包括项目方、应用方，也包括开源社区、用户社群等新型业态。区块链产业生态体系逐步健全，为区块链技术研发和应用奠定了很好的发展基础。

1. 项目方

区块链项目方是从事区块链技术研发和应用的企业或社群，分为区块链平台服务商、区块链硬件制造商、区块链软件开发商、区块链应用服务商等。比特币、以太坊、瑞波币、EOS、超级账本等在国际上都是较为知名和领先的区块链项目。我国在区块链硬件、软件、服务和应用等领域都涌现出了一批创新企业，例如在硬件和芯片领域的比特大陆、嘉楠耘智，在分布式存储领域的迅雷，在联盟链领域的趣链、布比、众享比特、金丘、赛智区块链等，在公有链领域的唯链、小蚁等，在行业应用的百度超级链、蚂蚁金服、腾讯区块链、矩阵金融、万向区块链等。随着区块链技术的发展，区块链领域的初创公司也如雨后春笋般涌现出来。这些初创公司将区块链技术应用到多个领域，如支付汇款、智能债券、资产发行与交易后清结算、数字存证、物联网、供应链、医疗、公益、文化娱乐等领域。如图 5-14 所示，饮鹿网的 2019 年中国区块链产业创新图谱展示了中国优秀的区块链创业项目。

数据来源：饮鹿网（innov100.com）

图 5-14 中国区块链产业创新图谱

2. 开源社区

区块链技术发源于开源社区，并依靠开源社区中的开发人员的贡献不断创新发展。目前，具有代表性的区块链开源项目有两类：一类是公有链技术社区的开源项目，如比特币、以太坊。另一类是联盟链开源项目，最具代表性的是 Linux 基金会的超级账本。

3. 区块链计算节点（矿工）

对区块链网络而言，尤其是公有链，需要大量区块链计算节点的加入，每个区块链项目都拥有大量的区块链计算节点提供方，即矿工。将矿工整合起来集体挖矿，就产生了矿场。

4. 数字货币交易流通方

区块链加密数字货币或者代币 Token 的资产持有者希望进行加密数字货币的交易、兑换和其他金融投资活动，就产生了加密数字货币服务商，如数字资产交易所、数字资产经纪人等。如前所述，数字资产交易所在我国是非法的。

5. 基金会或投资机构

资金是推动区块链技术发展不可或缺的力量之一，各类投资机构也是区块链生态的重要组成部分。很多公有链自带资本属性，因此成立了募集资本的基金会，如比特币基金会、以太坊基金会等，用于支持项目和社区发展。由于区块链技术仍处于较为早期的阶段，风险投资机构也是区块链领域内的重要投资力量。以高盛为代表的传统金融机构在区块链投资领域也占据重要地位。随着区块链技术的快速发展，区块链领域的投资金额一直在成倍地增长。自 2009 年以来，全球已有数百亿美元的资金投入区块链行业中。2015 年以前，投资主要集中在与比特币相关的企业中，比如矿机芯片、交易平台、支付汇款、钱包服务等相关企业。随着区块链技术的发展，越来越多的资金投入在区块链技术的研发及行业应用上，包括交易后清结算、智能合约、供应链、物联网、医疗、身份认证、数据存证、数据分析等。

6. 应用方

在银行、证券、保险、供应链、电力、制造、互联网等各个领域，有大量利用区块链技术建立数字化信任的应用方。

7. 产业联盟

随着区块链技术的发展，其在各行业的应用潜力开始受到各方关注。为了协调推进区块链技术和应用的发展，国内外先后成立各种类型的区块链产业联盟。例如，美国银行、花旗银行、纽约梅隆银行、德意志银行、法国兴业银行、摩根士丹利等国际大型金融机构曾参加的R3区块链联盟，万向控股、乐视金融、上海矩阵等发起成立的分布式总账基础协议联盟（简称：Chinaledger），微众银行、平安银行、招银网络、恒生电子等共同发起成立的金融区块链合作联盟（金联盟）。

8. 区块链媒体及第三方服务商

随着区块链技术产业规模的增长，行业内也涌现出一批区块链媒体、社区推广、培训、咨询、活动、资产评级、大数据分析等增值服务商。

9. 监管机构

区块链涉及包括金融在内的多个行业，各国监管机构在区块链技术的发展与落地中势必会发挥重要的作用。当前，各国政府对以比特币为代表的加密数字货币政策的监管态度不同。但对于区块链技术，各国政府普遍采取积极支持的态度。

区块链产业生态的不同角色如图5-15所示。

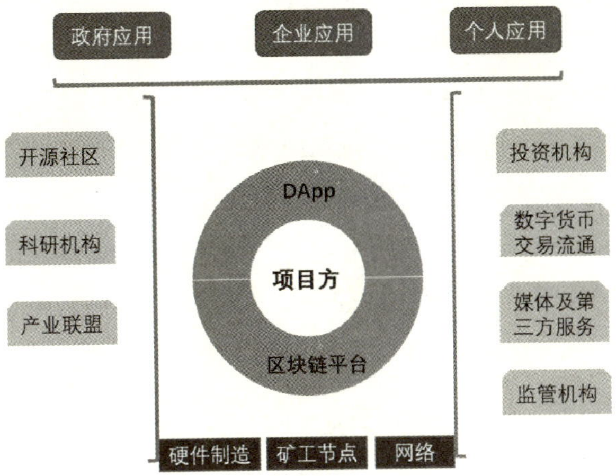

图 5-15　区块链产业生态的不同角色

5.3.3　产业聚集区

1. 硅谷

硅谷是区块链技术创新的摇篮，在区块链技术创新创业、产业投资、产业升级和人才培养等方面都引领着全球区块链产业的发展。

在区块链创业方面，全球知名的 100 家区块链创业公司中有一半以上都来自硅谷，覆盖了区块链全产业链。数字资产交易所 Coinbase、数字货币储存及兑换应用 Circle、跨境支付 Ripple、跨链交易 Blockstream、金融区块链应用 Chain，以及 Stellar、Filecoin、Align Commerce、PeerNova、Bitfury、Veem、Chronicled、Skuchain、Blockai、BlockCypher、ShoCard、Augur、OX、Uphold 等一大批知名项目均诞生于硅谷。硅谷的创业公司有着非常执着的改变世界的决心，不仅技术创新领先，他们也在努力着、争取着各方的支持和认同，Coinbase 是美国第一家持有正规牌照的比特币交易所，Circle 也获得了纽约州金融服务局颁发的数字货币许可证和英国金融市场行为监管局颁发的电子货币发行牌照。

在产业投资方面，Draper Associates、Andreessen Horowitz、Polychain、Digital Currency Group（DCG）、Union Square Ventures（USV）、丹华资本、Plug and Play、Y Combinator、AngelList 等一批顶级的投资机构和孵化器纷纷成立区块链和数字货币的投资基金，投入大量资金，在硅谷培养和孵化区块链创业公司。除了风险投资机构，一些互联网企业和传统投行也纷纷投资区块链项目，谷歌母公司 Alphabet 就密集投资区块链项目，Alphabet 投资过的区块链公司包括 Ripple 和交易平台 LedgerX。

除了新型的创业公司，老牌的互联网公司也纷纷加快发展区块链业务，促进产业升级。IBM 是最早进行区块链布局的传统科技公司之一，是区块链开源项目 HyperLedger 的发起方和核心代码贡献者之一。Google 的云服务团队正在进行和区块链有关的研发，并为开发者提供了区块链有关的云服务。Google 母公司 Alphabet 旗下的 Deepmind 正在进行和医疗信息有关的区块链加密技术研发。Amazon 推出 Blockchain Templates，让开发人员能创建基于以太坊和 Hyperledger Fabric 的项目。Facebook 拟发行加密数字货币 Libra。Apple 申请了使用区块链技术来创建和验证时间戳的专利。Intel 给开发者提供软件保护扩展（SGX）技术，为区块链信息进行底层加密。

在区块链技术研发和创新人才培养方面，硅谷的产学研合作蔚然成风。斯坦福大学开设有 Beyond BitCoin Class 等课程，斯坦福大学内部有一个 BitCoin Club，经常邀请一些项目方的创始人和投资机构去分享一些经验，斯坦福大学校友还组建了“斯坦福区块链联盟”。IPFS 等创始人就是斯坦福毕业的。Berkeley Blockchain Lab 是伯克利大学为区块链领域的实践和研究而设立的学术和商业合作机构，由伯克利大学教授和资深区块链企业家共同发起，目的是给学生和合作企业提供人才和技术支持，他们与硅谷的许多科技公司有深入的合作，是全球最早开始深入研究落实区块链技术的大学组织之一，也诞生了对业界影响比较大的零知识证明 Zcash、OasisLab 等项目。MIT（美国麻省理工学院）也是 GitHub 上贡献区块链项目源代码最多的院校之一。

总之，硅谷的技术研发、创业、投资和人才培养，保持着引领新兴科技产业发展的一贯传统，对全球区块链产业的发展发挥着重要的引领作用。

2. 瑞士加密谷

瑞士加密谷是全球区块链项目的一个重要集聚地。瑞士加密谷已经建立起区块链生态体系，在瑞士楚格的加密谷集中了区块链项目所需的各种产业生态上下游服务，包括交易所、基金会、公链平台、社区、媒体、法律、咨询、税务、会计、KYC / AML 公用事业等。以太坊基金会、ShapeShift 交易所、Bitcoin Suisse、Xapo、Tezos、Melonport、Monetas、数字金融合规协会、比特币协会、瑞士卢塞恩应用科技大学等 500 家机构都在这里。这对区块链创业企业有很大的吸附力。那么这个生态体系又是怎样建立起来的呢？下面从五个方面进行讲解。

第一是监管有度。瑞士拥有先进的法律体系，对区块链项目及其比特币等加密数字资产交易有明确的界定，并配套有相关的实施细则。瑞士金融市场监督管理局（FINMA）将加密货币定义为资产而不是证券，所以在现行法律体制的规定下，加密代币公司并不需要从 FINMA 那里获得专门的牌照和许可。在涉及加密货币监管事务上，比特币创业公司也可以选择直接被 FINMA 监管或成为金融服务标准委员会的成员，并遵守其有关反洗钱方面的规定。总体上，瑞士政府对区块链是敞开怀抱表示欢迎的，区块链项目在一个监管有度、相对宽松的环境下发展，减少了项目创业的不确定性，这相比其他国家就会更有吸引力。同时，行业自律也是瑞士加密谷的特色之一。

2018 年 1 月，550 个公司和个人会员共同发布了官方的《ICO 行为准则》（the Code of Conduct for ICOs），制定了一套用于代币产品 ICO 行为的准则，该准则旨在为 ICO 中涉及的道德、法律、安全实践和义务提供指导建议。其中包括公司应该进行公开透明的披露机制，包括资金的预期用途、代币功能、如何评估投资及技术相关的风险因素，以及企业在向潜在的投资者解释协议时要考虑投资者缺乏技术背景，避免使用专业术语，用容易理解的方式解释清楚复杂的操作或功能。

第二是税收政策。瑞士被称为“避税天堂”，这个国家一直奉行的是“低税收高福利”的政策。而瑞士楚格的税收费率又远远低于瑞士的大部分地区，成为众多公司创业选址的理想之地。

第三是金融市场。作为世界金融业发展较早的国家之一，瑞士在世界银行发展史上拥有重要的地位。银行业是瑞士的支柱产业，每年的直接产值占国民生产总值的 34%，目前全世界私人资本的 36%存放在瑞士的资本管理银行里。瑞士银行业的发展也为区块链在金融行业的应用及加密数字货币、加密数字资产创新应用等提供了很好的试验场。但这方面还需要瑞士银行业以更开放的心胸推进区块链应用，目前当地大部分银行还是拒绝向加密货币或 ICO 领域企业提供银行服务。

第四是龙头导入。以太坊基金会是行业龙头，它的总部设在瑞士，这为加密谷的发展起到了龙头牵引的作用。通过以太坊基金会这个起点促使楚格形成了一个全新的加密经济学生态系统，包含毕马威等律师事务所、税务事务所、会计事务所、智能合约 DApp 公司、初创企业及大学等纷纷落地。

第五是组织保障。加密谷本身是一个新兴区块链非营利组织，由约翰·盖弗斯（Johann Gevers）在 2013 年发起，起初定位为加密技术发展中心，着力打造“加密谷”生态系统。他们与当地政府一起，吸引领先的加密技术创业公司入驻，帮助他们建立业务，提供专业服务，推动友好监管环境的发展。2017 年 1 月，又成立加密谷协会 CVA，致力于组织、协调、加速和扩大加密谷进一步发展成为世界上最好的加密技术发展中心，CVA 被瑞士金融市场监督机构 FINMA 指定为自我监管组织（SRO）。协会或者联盟对加密谷的产业发展起到了很好的组织协调作用。

最后是人文生态。瑞士环境优美，各类人才储备众多，就业率高，这为加密谷的发展也奠定了很好的基础。因此，政策开放、监管有度、生态完善等方面的组合拳是瑞士加密谷吸引全球区块链创业项目的制胜法宝。

3. 以色列

以色列是“创新国度”，在区块链发展方面也捷足先登，无论是在创新项目、区块链应用、产业投资、人才培养和政策监管等方面都值得称道，在全球区块链产业发展中占有重要地位。

在区块链创新项目方面，以色列先后涌现出一批好项目，涉及区块链硬件、平台、交易所、钱包、应用等各个方面，在创新性方面不逊色于硅谷，而且有很多软硬结合的好项目和公司。

在区块链生态方面，包括数字货币钱包应用 Colu、数字资产交易所 Bancor、加密货币交易所 DX Exchange、支持比特币金融交易的 Zen Protocol、集中式数字货币支付服务的 COTI、加密货币的自动交易机器 Capitalise、加密投资者的社交网络 CoinDash、加密货币衍生品的区块链平台 Firmo、利用群体智慧进行决策的加密投资平台 CrowdWiz 等。

在区块链技术创新方面，包括区块链 3.0 项目 Top Chain、DAGlabs、采用 DAG 的区块链云平台 Orbs、与富士康生产第一款开源区块链智能手机 Finney 的 Sirin Labs、区块链隐私解决方案提供商 Starkware、基于区块链无人机注册的 Applied Blockchain、自动驾驶区块链项目 Vectoraic、无需公网 IP 就可以访问设备 Beame、区块链技术开发公司 Jelurida 等。

在区块链应用创新方面，如去中心化开源社交网络社区 Synereo、文件管理和数字签名的 Erachain、钻石交易二级市场 Carats、面向大学生就业的 BitJob、基于区块链技术的虚拟游戏经济平台 Buff、基于区块链的技能分享平台 Vanywhere、利用礼品卡让人们使用加密方式进行购物的 Zeex、以区块链技术改变移动应用程序合作方式的 Mobilechain、区块链拼车应用

La’Zooz、区块链政务应用 CoaIiChain 等。

毫无疑问，以色列是技术创新的国度，网络安全和加密技术是以色列国防部门和军队建设的重要内容，区块链技术又正好整合了以色列网络安全和金融科技领域两方面的创新力量，顺势发展起来。区块链领域的知名公司也纷纷在以色列设立研发中心，如比特大陆等，进一步加强了区块链的创新力量。

在应用领域，以色列很早就支持比特币的使用。同时，在政府、国防、金融、社会等多领域推进区块链的技术应用。例如，CoaliChain 公司开发了一个互动政务平台，帮助政府制定更加开放的政策，消除选民和竞选者之间的沟通鸿沟，并利用智能合约技术追踪竞选者所做出的竞选承诺，比如预算提案和其他政策。以色列财政部和央行也希望通过区块链的相关技术，最大限度地遏制腐败、洗钱和逃税等金融风险。特拉维夫证券交易所（TASE）已经开发出了基于区块链的证券借贷平台。

在产业投资方面，以色列创业投资基金如 JVP、Alignment 等对区块链项目都有布局，因为优质项目众多且廉价，世界各地的投资者也纷纷涌入以色列。例如，2019 年 7 月，投资银行 Benson Oak 就宣布将筹集 1 亿美元成立一个专注于区块链创业公司的投资基金，专门投资以色列市场。中国顶级的 Token 基金也纷纷布局以色列，抢夺好的项目。

在技术人才培养方面，以色列政府为很多企业和教育机构提供资金支持，并与之合作，不断促进区块链技术开发和科学创新。以色列理工学院是其中的佼佼者，培养了大量区块链技术人才和创新项目，著名的区块链隐私解决方案 ZK-Starks 项目就是该校研发的，该校教授 Eli Ben-Sasson、Idit Keidar 都是区块链技术领域的知名学者，研究成果丰富。以色列区块链协会也非常活跃，积极推动区块链技术和产业的发展。

在政策监管方面，以色列证券局（ISA）对代币 ICO 是认可的，但要进行合理的监管和管理。ISA 基于每个 ICO 的特点进行监管需求和法律责任评估，具有证券特点的代币 ICO 会纳入 ISA 的监管范围，不属于证券范畴的代币 ICO，ISA 就不会对其进行监管。但不属于证券范畴的 ICO 将可能被纳入企业法监管范畴。同时，ISA 也加强了对上市公司的监管，它提出一项修正案，禁止那些主要投资、持有或挖掘加密货币的公司股票交易。2018 年 1 月，以色列税务局发布计划草案，建议对 ICO 收益征收增值税，根据该草案，代币收入超过 1500 万以色列新谢克尔（INS）（约合 438 万美元）的公司将需要纳税。随后，以色列税务局把加密数字货币列为一项资产，买卖加密数字货币就是一个涉税行为，这被当作一次易货交易，对于交易的资产的价值产生相应的资本利得税。监管的规范在某种程度上促进了以色列区块链产业的发展。

总之，以色列的区块链发展是产、学、研、用、政共同推进的结果，其在全球区块链发展中已经举足轻重。

4. 中国

我国区块链产业发展起步较早，在区块链硬件、软件、服务和应用等领域都涌现出了一批创新企业，例如比特大陆、趣链、布比、太一云、众享比特、赛智区块链等，产业生态体系逐步健全，为区块链产业的应用和发展奠定了很好的发展基础。

在区块链技术创新领域，有四股力量在推动着我国区块链技术的自主创新。第一股力量是科技公司区块连技术的研发力量，华为、蚂蚁金服、腾讯、百度、京东、迅雷、360 等公司都比较早地开始了区块链技术的研发。第二股力量是国内创业公司的区块链技术研发力量，如布比、秘猿等。第三股力量是高校科研院所的区块链技术创新力量，如浙江大学、北京航空航天大学、电子科技大学等都是区块链技术创新的重要院校。浙江大学教授、中国工程学院院士陈纯团队创立了趣链科技，千人计划蔡维德教授团队创建了天德区块链，在区块链底层架构研发方面都有很多建树。第四股力量是从海外回国的区块链技术研发力量。比如，Wanchain、Arcblock 等创业团队。

在应用方面，区块链在我国数字货币、金融、实体经济、社会治理和民生服务领域的应用都已经从概念验证走向推广应用。比如，在金融领域，有央行的法定数字货币和数字票据、工商银行的扶贫基金应用、建设银行的公积金应用、招商银行的跨境结算、邮储银行的资产托管、微众银行的联合贷；在实体经济领域，有海尔的供应链管理、茅台酒的防伪溯源、航天科工的工业区块链；在政府治理领域，有深圳国税的电子发票、贵阳的身份链、杭州的互联网法院存证；在民生服务领域，有蚂蚁金服的公益慈善捐款、百度的医疗数据分享等应用。这些应用推进着区块链技术和产业的发展。

区块链领域的创业投资十分活跃，一批创业投资机构都成立了区块链投资基金。当然，从国内看，在技术创新领域的创业投资还比较少。

国家和地方政府对区块链的产业支持政策不断增强，形成了一些产业聚集区。截至 2019 年底，北京、上海、广东、江苏、浙江、贵州、山东、河北等省市发布政策指导文件，开展区块链产业链布局，涌现出了北京、杭州等区块链产业聚集区。

（1）北京市区块链产业聚集区。北京市区块链产业生态较为丰富，截至 2019 年底，北京约有 400 家以上正规的区块链企业。北京的区块链技术创业公司在区块链密码算法国产化改造、区块链应用框架性能提升等区块链基础技术研究上取得了一定的成果。北京市的区块链产业链条已基本形成，上游企业聚焦于区块链通用应用及技术扩展平台，包括智能合约、密码算法、隐私安全、数据服务、分布式存储等；下游企业聚焦于服务最终的用户，根据最终用户的需要定制各种不同种类的区块链行业应用。

北京市高校和各科研机构陆续成立了一批区块链实验室。据不完全统计，全市共建立了区块链重点实验室 11 家。民间机构和企业在区块链科研方面也非常活跃，截至 2019 年上半年，民间区块链研究机构一共有 13 个，这些民间机构都是由从事区块链业务的企业创办的。北京市区块链专利数量的增长速度也十分迅猛，走在全国前列。2018 年全国区块链专利数量北京市排名第一，达到 1177 件。2019 年上半年，北京市区块链专利数量已达到 2040 件。

（2）浙江省杭州市区块链产业聚集区。全国首个区块链产业园区落户于浙江省杭州市西湖区西溪谷互联网金融小镇。2017 年 4 月 28 日，西溪谷区块链产业园揭牌成立。杭州市西湖区政府很快出台了针对区块链企业的扶持政策，凡是入驻并注册在西溪谷区块链产业园区的区块链企业，每年享有不超过 50 万的房租补贴，为期三年。目前已经集聚了蚂蚁金服、网商银行、支付宝等一大批知名的互联网金融企业，集合了区位、产业、人才、资本、政策五大优势。趣链、巴比特、秘猿、数秦等区块链公司都位于杭州。

5.3.4 产业监管

区块链作为一项在金融、经济、社会协作等多领域具有较大应用潜力的新兴技术，其去中心化、共识机制等技术特性将会使当前的社会生产关系引发重大变革，也带来巨大挑战。例如，比特币等加密数字货币中充斥着洗钱、勒索和黑市交易等犯罪活动，山寨币涉嫌非法集资、传销、资金盘、金融诈骗等，严重影响了国家的经济秩序和金融体系的稳定。智能合约的合法性问题与当前法律体系尚未协调兼容，对国家相关的法律体系会产生较大影响。

由于区块链技术处于创新萌芽阶段，当前对区块链技术有两种典型的治理方法：一是发布指导政策或法规，即国家签署发布政策法规，明确在现有的法律体系下新兴技术的应用范围，如中央网信办发布的《区块链信息服务管理规定》。或者出台新的立法措施，能够以法律形式明确权利义务和责任，鼓励技术创新。但因新技术发展变化非常快，立法过早也可能对一些问题和风险考虑不足。二是监管沙箱，通常是在国家出台相关法律法规前提供一个“安全空间”，为创业者营造一个宽松的监管环境，达到创新和管控双赢的局面。

1. 产业监管政策和法规

在我国，中央网信办发布了《区块链信息服务管理规定》，旨在明确区块链信息服务提供者的信息安全管理责任，规范和促进区块链技术及相关服务的健康发展，规避区块链信息服务的安全风险，为区块链信息服务的提供、使用、管理等提供有效的法律依据。主要内容包括以下五个方面。

第一，区块链信息服务提供者应当按照《中华人民共和国网络安全法》的规定，对区块链信息服务的使用者进行基于组织机构代码、身份证件号码或者移动电话号码等方式的真实身份信息认证。用户不进行真实身份信息认证的，区块链信息服务提供者不得为其提供相关服务。

第二，区块链信息服务提供者应当在提供服务之日起十个工作日内，通过国家互联网信息办公室区块链信息服务备案管理系统填报备案信息，变更服务项目、平台网址等事项，或者终止服务的，应当办理变更或注销手续。

第三，区块链信息服务提供者开发上线新产品、新应用、新功能的，应当按照有关规定报国家和省、自治区、直辖市互联网信息办公室进行安全评估。

第四，完成备案后，区块链信息服务提供者应当在其对外提供服务的互联网站、应用程序等的显著位置标明其备案编号。

第五，区块链信息服务提供者应当对违反法律、行政法规规定和服务协议的区块链信息服务使用者，依法依约采取警示、限制功能、关闭账号等处置措施，对违法信息内容及时采取相应的处理措施，防止信息扩散，保存有关记录，并向有关主管部门报告。

2. 产业监管沙箱

如何平衡好区块链技术创新和区块链监管，这是世界各国政府和金融监管者所面临的共同难题。监管沙箱被认为是一种很不错的模式，就是在“沙箱”的小范围内做测试，成功后再推广到市场。类似于我国的“试验区”模式。

监管沙箱是英国人发明的。2016 年 5 月，英国金融行为监管局（FCA）正式启动全球首个“监管沙箱”（Regulatory Sandbox）项目，为金融科技创新提供了一个安全的测试环境（沙箱），力图有效地平衡金融科技创新和法律监管之间的矛盾。该监管沙箱提供了三个机制，一是金融科技创新的测试机制，即在既有的监管框架下，在限定的范围内简化和降低市场准入标准和流程。二是消费者保护机制，即确保创新测试带来的风险不从企业传导至消费者。三是创新激励机制，即允许金融科技创新企业或业务快速落地运营，使真正有价值的创新有机会在实际运作中试营，除了可以观察这些创新商业模式的营运情况，还可以让本来在实验室的观念得到实际的临场验证，并根据其在“监管沙箱”内的测试情况决定是否准予推广。

金融科技创新项目加入监管沙箱的具体流程可分为申请、评估和测试三步。

第一步，向 FCA 提交使用监管沙箱的申请。

第二步，FCA 审核评估申请。在决定申请人的产品或服务能否进入监管沙箱测试时，所参照的审核标准包括：（1）测试的产品或服务是否属于金融行业；（2）是否属于创新或与现有方案显著不同；（3）是否有消费者明显受益的前景；（4）是否确有在沙箱测试的必要；（5）公司是否在新产品服务上有足够的资源投入，对适用法规有充分的了解，能采取措施减轻相关的风险。如果企业申请通过审核，则进入第三步。

第三步，完成测试。FCA 与公司确定测试方案。企业开始测试。其间，FCA 全程监测测试情况。FCA 审核公司提交的最终测试报告，报告通过后，公司决定产品是否上市。

截至 2018 年底，FCA 已经为 11 家区块链和分布式账本技术相关的公司提供了监管沙箱服务。例如，通过智能合约来提高债务融资效率的 Capexmove 公司、基于区块链发行股票和数字货币的 Fineqia 公司、利用区块链搭建融资平台的 Globacap 公司，以及 Twenty Thirty 公司、BillonAn e-money platform、Bit XA、Epiphyte、Nivaura、Otonomos、SETL、Tramonex 等区块链项目。

监管沙箱制度随后被其他国家和地区竞相效仿。新加坡财政部（MAS）在 2016 年 11 月发布监管沙箱实施指引，致力于通过新的监管政策促进金融领域中利用科技和创新来更好地管理风险、提高效率和强化竞争。根据该指引，MAS 针对金融科技企业推出了监管沙箱机制，监管沙箱提供一个试验区，在这个试验区内放松产品和服务的法律监管和约束，即只要任何在沙箱内注册的金融科技公司，允许在事先报备的情况下从事与目前法律法规有所冲突的业务，即使之后被官方终止相关业务，也不会追究相关的法律责任，并根据测试的结果修改相关规定，提出新的法律制度建议。

中国香港在 2016 年 9 月开始探索金融科技创新进入监管沙箱测试。2016 年，澳大利亚开展监管沙箱实践的咨询。2018 年 3 月，欧盟积极推进区块链监管沙箱，建立欧盟金融科技实验室、区块链观察站，推动注册公司的信息数字化进程、网络安全工作和“监管沙箱最佳运作机制”等五项计划。2018 年 7 月，泰国央行正在通过监管沙箱审查用于文件认证、供应链金融、跨境支付等领域的多个区块链应用申请。2018 年 7 月，美国消费者金融保护局（CPFB）推出了一个监管沙箱，以鼓励区块链和其他金融技术创新，在沙箱中测试加密货币、基于区块链的平台，以及其他私人货币和个人小额贷款。

在金融科技创新领域，中国北京 2017 年曾推出监管沙箱。但国内总体上对区块链技术领域的监管沙箱还不多见，对政策突破和创新方面的力度还不够。但区块链技术创新的需求很强烈，建立地方区块链监管沙箱或试验区，期待有远见和胆识的地区能取得突破。

第 6 章 数字化信任的未来

数字化信任是一种数字化的系统信任，是一种新型的信任机制。就新生事物而言，我们总是对它充满希望，对它的价值给予充分的发现和利用。但是，技术是把双刃剑，数字化信任也会带来新的问题。比如，数字化信任的应用和发展会与现有体制、机制产生冲突，如数字货币之争；数字化信任中的新要素的快速发展带来新的冲突，如机器信任的成熟对人际信任的冲击；数字化信任体系的假设条件出了问题，如量子计算对密码学的冲击带来的问题。由此，我们提出一些新问题，数字化信任会不会崩塌？会不会因此带来数字化信任的危机？我们该如何面对这些挑战？未来数字化信任的发展趋势是什么？

6.1 数字货币之争

未来，数字货币的发展可能会形成一种三分天下的格局，如图 6-1 所示。货币具有主权属性，法定数字货币在这场竞争中还处于优势地位。但是，其固有的一些中心化问题并没有因为数字化而得到根本改变。加密数字货币是数字货币创新的试验场，在区块链技术创新、数字货币、数字资产交易、数字化信用等多领域的试验，极大地推动了货币金融的发展，它们也有很大的用户基础，但其法律地位很难得到确认。基于互联网账户的数字货币支付体系，拥有互联网用户的基础，其商业模式创新能力强，但容易形成商业化的强中心。那么，未来数字货币的发展趋势是什么？还不能匆忙下结论，三者的影响力都在增强，此消彼长中，可能有合作、有融合，也有可能出现数字货币的“战争”。

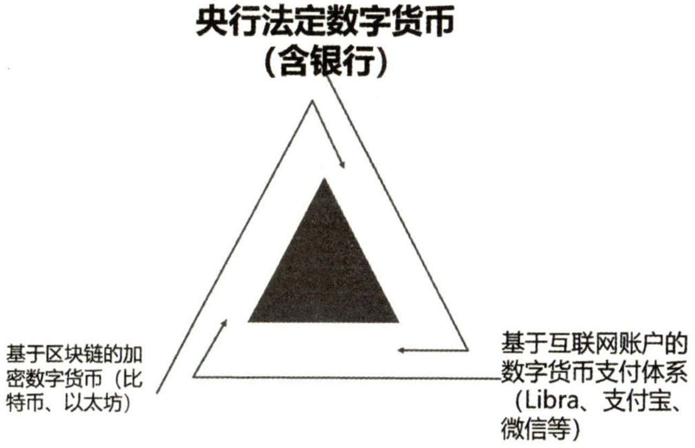

图 6-1　数字货币的演变格局

加密数字货币一直在努力得到主流社会的认可。随着其影响力的增强，在一些国家，加密数字货币在监管下的合法性逐步得到认可。虽然，比特币 ETF 暂时还没有得到监管机构的批准。但是，2019 年，Blockstack 作为全球第一家获得美国证监会 SEC 正式批准 STO（证券化代币发行）的区块链项目，使其代币获得了合法的投资身份，历史意义重大。美国怀俄明州立法机构宣布，“数字资产分类”草案已于 2019 年 1 月 31 日正式被通过，3 月 1 日生效。该草案旨在将数字资产分为三大类：数字消费资产（Digital Consumer Assets）、数字证券（Digital Securities）和虚拟货币（Virtual Currencies），而这三类资产将被视为“无形个人财产”，即跟法定货币拥有相同的法律待遇，这意味着加密数字货币届时将在怀俄明州获得与法定货币同等的法律地位。

私人部门和公共部门都在发力，矫正加密数字货币“缺乏价值支撑”

这一根本性缺陷。主要是按照加密稳定币的思路实现加密数字货币与真实资产的价值锚定，特别是 IMF（国际货币基金组织）提出的合成央行数字货币，实际上是实现加密数字货币对央行货币的锚定。在这种情况下，姚前认为，加密数字货币有可能成为真正意义上的货币，只是在货币层次上，它不一定是数字现金 M0，也有可能是比银行存款货币更高层次的货币：M*n*。与数字 M0 相比，M1、M2…M*n* 等高层次货币的数字化或更具有想象空间[117]。

加密数字资产的燎原之势已经形成。随着加密数字资产的普及度和应用范围的不断扩大，监管力度也将不断加强，发行操作会越来越规范，加密数字资产的价格波动性将逐步减小，加密数字资产的价值会变得更加稳定。越来越多的人将把加密数字资产作为一个重要资产配置，加密数字货币账户也将可能成为很多经济活动的网络账户，加密数字资产对中央银行的影响将越来越大。

监管机构认识到，加密数字货币的广泛应用会对中央银行在全球货币政策中的主导地位构成严峻的挑战。IMF 总裁称，加密数字货币将会导致货币政策被“大规模颠覆”。哈佛大学政治经济学教授弗里德曼（B.Friedman）表示：“随着加密货币的兴起，中央银行设定的利率将逐渐变得不那么重要，而他们通过利率调整货币政策的能力也会受到限制”[132]。

为了应对上述挑战，中央银行需要权衡是否创建自己的中央银行数字货币。如前所述，中国、英国等国家都在积极研究本国的法定数字货币方案。中央银行数字货币的支持者认为，数字法币既能有效地利用区块链技术手段创新货币体系，提升货币交易和使用时的便利性，又能保持央行货币政策的相对稳定性。但 IMF 认为，数字货币同时也会给中央银行的运营带来额外的风险。英国央行的研究报告则提出，法定数字货币对银行可能造成冲击，央行数字货币相对于银行存款可能更具有吸引力。假如市场参与者不需要中介直接对接央行资产负债表，同时保留支付功能，将可能对商业银行部门造成严重后果，会对金融稳定产生诸多副作用。

中央银行在尝试推出数字货币的时候，需要在利益和风险之间找到平衡，这主要取决于每个国家的自身金融和技术发展程度。因此，决策者必须思考数字法币推出的时机和造成的影响。另外，全球各国政府需要加强对加密数字货币的规范，用数字化的方式实现对加密资产监管过程的有效介入，以防止监管套利。IMF 的建议意味深长，“央行的主要责任是维持公众对法定货币的信心，并在去中心化服务经济的博弈中能够做到始终领先一步”。同时，对以加密数字货币的 ICO 等相关经济活动要加强监管。

数字货币的“战争”，实际上有利于数字货币的发展。

6.2 人机信任共存

如前所述，人类的信任分为两种类型，一种是人与人间的人际信任，另一种是人通过制度、系统、规范等所建立的系统信任。区块链所建立的数字化信任属于一种系统信任，通过区块链系统，节点后面的人即使不了解其他人，仍可以信任区块链系统，因为他相信，在区块链上的数据不可以篡改，交易不可以抵赖，满足了条件的契约就可以执行。那么，是不是未来有了区块链系统，人与人之间的人际信任，或者人与人之间借助制度、规范、组织、文化等人文关系所建立的信任就不再重要或者可有可无了呢？让我们来分析一下。

6.2.1 人际信任与数字化信任的共存

人与人之间的信任始终是这个社会文明进步的基础。随着社会网络的扩大，熟人信任的情景逐步在向陌生人信任的情景转变。各种系统信任的存在简化了在陌生人之间构建信任的复杂性。数字化信任也是系统信任的一种形式，未来它将与其他人类信任的形式相辅相成，共同构建起社会信任的体系，促进经济和社会的有序发展。

和其他系统信任一样，数字化信任也是一种手段，最终目的是帮助人们建立彼此的信任。数字化节点背后还是人的信任，不同的是，人是在数字化系统的约束下建立的信任。系统信任最终所起到的作用是“外化于行，内化于心”。它希望让人们在系统的“约束”之下，不要心存欺诈之念，逐步形成信任其他人的习惯。而且基于区块链的数字化信任系统所信仰的原则和精神，是强调利他互惠的合作精神，最终可能提升人际信任。正如波伊尔（R.Boyle）等研究的成果：一方合作性举动会增加另一方对他的信任，而不合作行为会降低另一方对它的信任[133]。因此，构建数字化信任的最终目的是优化人际信任，这在很大程度上也将增强人与人之间的信任。

当然，人们也会担心，在冷冰冰的数字化信任系统的刚性约束下，用户更多展现的是顺从，人际信任关系可能因此而麻木和减弱。在现代社会，人们生活在制度、规范和数字化系统中，个体的本体性安全源于对抽象体系的信任惯常化。但这可能会对个体的心理带来不利的影响。因为对制度和系统的信任既无交互性，也不能提供情感性的帮助，有的只是冷冰冰的稳定性和可靠性。例如，在人与人的交往中，一切唯制度、唯程序办事，某些时候会带来人的情感“懒惰”，由于制度的冷漠而带来人情的淡薄。因此，吉登斯说，现代社会的人有一种强烈的想寻找可信任的人的心理需要，但缺乏制度性地组织起来的个人联系。系统信任逐步取代人际信任是社会进步的标志，但是人际信任始终是这个社会的意义所在。事实上，不管是哪种形式的系统信任，都离不开也不应离开既有的人际信任及人类既有的文化和道德共识。

总之，未来数字化的系统信任会逐步替换人际信任，但人际信任和数字化信任的共存是长期的。

6.2.2 人文的系统信任与数字化信任共存

人与人之间借助法律规范、组织、制度、文化等建立的系统信任是经济社会发展的基础，数字化信任中本身就内嵌了很多人文的系统信任机制，如规则共识、契约合作、互惠激励等。但这并不意味着数字化信任能够完全替代人文的系统信任机制，两者之间仍然是和谐共生、相辅相成的关系。

人类共同认可的规范、制度、组织、文化等，得到了更多人类文明的实践检验。现有的法律规范和制度一方面将信任制度化，以制度来维系社会成员之间的信任；另一方面，当社会成员将制度内化后，相信其他人也会像自己一样遵守制度，就会增强对他人诚实可信的信念，并在成员间自发产生协调合作意识，从而进一步促进社会成员间的信任。这些法律规范和制度也在外部约束着数字化信任的运行。即使在数字化信任与人文的系统信任相冲突时，在优先级上，人们也更愿意遵从人类已经形成的系统信任共识。加密数字货币领域，有人提倡“代码即法律”。这句口号掷地有声，它表达了信仰者的愿望，他们希望去中心化系统中的代码作为程序和算法共识的结果，不能随意被中心化的人的行为所篡改。这是无可厚非的，它符合建立数字化信任系统的原则，但可能与现行的法律法规和制度相冲突。

事实上，这种冲突已经产生，在比特币、以太坊等系统发生资产被盗事件后，就出现了两种声音和行动，一部分成员强调，为了保证代码的公平性，即使发生了比特币偷盗等事件，仍然要将错就错；另一部分成员强调，区块链系统不能与人类的法律、伦理和制度相违背的，错了就要改正。当然，最终大多数成员还是支持通过硬分叉来遵从现有的法律规范，不认可违反人类法律法规的行为。一小部分成员坚持“代码即法律”，继续原有的区块链，就产生了社群的分化。

未来，人文的规范和制度也将进一步从内部影响数字化的信任结构。例如，在共识算法的设计中，强调西方文化价值观的程序员和强调东方文化价值观的程序员，可能在共识算法的选择上就会有不同的倾向。西方人强调竞争，东方人强调和谐，在共识算法上西方人偏向 PoW，东方人可能会偏向 DPoS，在激励机制的选择上也会有所差别，西方人强调物质激励，东方人会强调中庸的物质激励与精神鼓励相结合，这在某种程度上都会影响数字化信任的模式构建。同时，数字化信任的发展也将充实和完善人文的法律、规范和制度，例如智能合约的合法性也将会逐步纳入人类已有的法律规范和制度，去中心化的商业模式和组织形式也将会得到社会的认可。

6.2.3 科层制与去中心化组织的共存

依托数字化信任所建立起来的新的人文组织、模式等，只是社会多样性的一种体现，在一些领域体现出了更大的优越性，但不是在所有领域都具有适用性。例如，借助数字化信任系统，人们提出建立去中心化自治组织（DAO ：Decentralized Autonomous Organization）。DAO 是基于区块链技术和数字化信任系统建立的，代表的是一种分散的社群化的组织形式。与它相对的正是我们所熟知的科层化组织。

虽然，组织形式是多样的，但科层制却是当前最广泛采用的组织形式。社会学家认为，科层制是市场理性和集体理性行动的选择。韦伯（M.Weber）认为，资本主义的理性秩序已经成为囚禁人性的铁笼，科层制是理性精神在组织中的表现形式，它作为控制人们的手段是如此有效和强有力，一旦建立，科层化的气势就不可撤销了[134]。韦伯认为，科层化是由三个原因导致的，一是企业之间在市场上的竞争，二是国家间的竞争增强了统治者控制下属和公民的需要，三是中产阶级要求在法律面前得到平等的保护。迪马乔（P.J.DiMaggio）和鲍威尔（W.W.Powell）认为，理性化和科层制引擎已经从竞争性的市场转向了国家和专业组织，一旦一群组织作为一个领域出现，一个悖论就产生了，理性行动者在试图改变其组织时却让组织越来越相似，导致这种结果的趋同过程是强制、模仿和社会期待[135]。于是人们越试图改变科层制，却越是趋向科层制。

但是，未来的组织一定具有多样性，人们不仅会关注科层制的企业或政府，也会关注群体生态、组织网络，以及去中心化自治组织等各种组织现象。分布式自治组织的概念是 2006 年美国作家布莱福曼（O.Brafman）在一本名为《海星和蜘蛛》的书中首先提出来的[136]。在他的书中，中心化组织被比喻为蜘蛛，去中心化自治组织被比喻为海星。他在书中说，蜘蛛是中心化组织，如果把蜘蛛的头切掉，蜘蛛就无法生存了；但海星是由彼此对等、无中心的一堆细胞组成的去中心化组织，撕下海星的每只触手，触手中的组织将变成更小的去中心化组织，继续发挥作用，都能再成长为完整的海星。他认为，相比之下，海星型去中心化组织可能具有更加强大的生命力。布莱福曼认为，互联网是孕育无领袖组织的温床，在这个网络串联比跟邻居联络更容易的世界，海星随时会出现在你身边，它代表着灵活、反应迅速的分权组织，就如今天在我们身边出现的自媒体和微商等。

区块链技术为去中心自治组织提供了技术手段，去中心自治组织很快就被区块链项目所借鉴，并给了它更加技术化的定义。去中心化自治组织是指一个被区块链上运行的智能合约所编码的规则来进行自主控制的组织，它主要依赖代码运行，消除了对组织控制中的人员和文档的需求[137]。2013 年 9 月，EOS 创始人 Dan Larimer 在 DAO 的基础上提出了去中心化自治公司（DAC）的概念，他把比特币比作一个 DAC 公司，它运作在比特币区块链上，股东是比特币持有者，雇员是矿工[138]。同年，以太坊创始人 Vitalik Buterin 也深入阐释了基于以太坊的 DAO[139]，他认为 DAO 是建立在以太坊上的没有任何经理进行管理的组织，区块链及智能合约软件技术取代了管理层，并能够自主招募和支付人员薪水来执行有助于组织使命的任务[140]。但他也承认，DAO 还严重依赖于人来执行它本身无法完成的某些任务。所以在这个定义下，运行在区块链智能合约上的应用、组织和业务就分别被称为去中心化应用、去中心化组织、去中心化业务。

DAO 不同于科层制组织，控制不是它的主要属性，信任才是它的主要属性。因此，它很像是区块链软件支撑下的合作共同体，具备公共产品的集体行动能力。海星组织是一种去中心化的自治组织，它强调的是小型组织的灵活性和自主性，这与基于区块链的去中心化社群组织尽管可能有交叉，但还不是完全相同。王飞跃团队认为，未来 DAO 有望成为应对不确定、多样、复杂环境的一种新型有效组织[141]。

6.2.4 中心化与去中心化商业的共存

去中心化和中心化商业的争论也将一直持续下去。围绕着区块链技术的发展，会出现去中心化商业、去中心化金融、去中心化应用、去中心化治理等新的理念和模式。但是，去中心化真的能解决所有问题吗？不会。用辩证法看，任何事物的发展总是有矛盾的两个方面，中心化有利于资源统筹、提高效率，但带来了资源垄断、权力集中；去中心化有利于资源共享、体现公平，但带来了资源分散，效率降低。

在区块链应用的初期，涌现出一些去中心化的商业模式，如去中心化租车模式。去中心化租车模式与互联网平台的滴滴打车完全不同，他们没有中心化的打车平台公司，社群中的车主和用户只是基于区块链平台进行点对点的直接交易和服务。权且不论区块链技术开发商或社群是不是中心化的，假设去中心化商业模式成立。制度经济学强调，企业或者平台的出现是为了降低市场的交易成本。区块链技术的出现能够帮助提高交易各方信任，也能带来市场交易成本的降低。但要分析的是，区块链所带来的交易成本的降低是不是足以抵消企业和平台对市场交易成本的降低？区块链是不是可以完全取代中心化的企业或者平台？

对市场交易的双方而言，只是希望快速简单地完成交易，但前提是车主或用户是可信任的。仅就车主和用户的可信度的评估，在互联网平台下，平台商承担了识别双方尤其是车主信用的责任，平台商也具有对失信行为惩罚的能力，但是平台商出于利益动机，存在作弊的机会。比如，为了增加用户和流量，一些平台商容忍了车主之间关于性骚扰等不道德话题的讨论，但这为车主对乘客实施性骚扰提供了某种原因，可能造成对用户的伤害。在区块链平台下，发生的交易不可抵赖，上链的信息不可篡改，区块链技术服务商也无法更改不良行为信息，车主基本无法伪造其信用纪录，这种情况下去中心化商业模式是优于平台商业模式的。

但是，去中心化商业模式还存在技术性能低、制度不匹配等很多现实问题，还不是一种成熟的商业模式。例如，一旦出现安全风险，在平台模式下，责任是由用户和平台企业共同承担的，但在分布式商业模式下，区块链平台可以证明其可信度，责任只能由用户自身来承担。因此，去中心化商业模式尽管是一种趋势，但还有很长的路要走。更加辩证的办法是将中心化和去中心化模式结合起来，在去中心化的基础上要向中心化妥协，或者在中心化的基础上实现去中心化的妥协。该把握怎样的尺度，市场会做出更合理的选择。

6.2.5 机器人信任与数字化信任的共存

随着人工智能的发展，人类会面临一个新的问题，从被信任者角度看，人们是否能够像信任他人一样信任人工智能系统？从信任者角度看，人工智能系统如果具备足够的理性思考能力，能否像人类一样信任其他人或其他人工智能系统？人工智能系统能否信任制度、组织、区块链等系统信任？人工智能系统的信任与本书论述的数字化信任是什么关系？我们以机器人信任为例，来探讨这些问题。

在人类设计人工智能系统时，决定将人类繁重的体力、脑力劳动的工作委托给机器人来完成。所以，最初人工智能系统被设计成为完全按照人类的指令来完成任务。这个阶段，对人类来说，机器人只是唯命是从的程序化机器。在完全确定的环境中，没有风险作为信任的基础，人类不是在通常的意义上信任机器人，只是说人类完全相信机器人能按照程序行事。但是，人类不满足于此，深度学习等人工智能算法和程序使得机器人具备了自我学习的能力。在此基础上机器人所涌现的智能，不是人类设计者所能掌控的，除非通过断电或者取走芯片让机器人休克。那么对于具备自我学习能力的机器人，人类是不是能够像信任他人一样信任机器人？这还是取决于算法，究竟机器人是被人类设计成为诚实可信的，还是狡猾多变的？如果算法设计成“诚实可信”的，那么这个机器人就可信，算法设计成“狡猾多变”的，那么这个机器人就不可信。从这个角度上说，人际信任的很多研究和观点依然适用于机器人作为被信任者的人机信任。

从人际信任的角度来看人和机器人之间的信任，曹云霞有一个很详细的研究，她指出机器人的自身性能、机器人的外观、人与机器人的实体接触，以及人的文化背景等，都会影响到人对机器人信任的建立[142]。

第一，机器人的自身性能决定了人对其信任的建立，Peter 研究发现，与机器人自身相关的因素，尤其是它们的性能，如可靠性、误警率和故障率等，对信任有很大影响。而与机器人属性相关联的因素，如亲近性、机器人个性、拟人化等则仅有相对较小的影响。Tanaka 认为，机器人的自主性、风险或脆弱性、交互性是考察人机信任度的时候要考虑的主要因素，机器的自主性越高，风险或脆弱性越高，交互方式越直接，人类越倾向于信任机器人。

第二，机器人的外观可以影响人对机器人的信任。Broadbent 等认为，外观可以深刻地影响机器和人类之间的相互作用，一个具有更人性化的脸部显示器的机器人被认为有更好的个性。他们招募了 30 名年龄在 18 到 38 岁之间的志愿者，与三种不同的外观的机器人进行互动，机器人帮助志愿者测量血压。三种机器人分别有人性化的脸、银色人脸、无面。前两个机器人具有人脸特征，眉毛和肉质肤色非常像欧洲学生。结果表明最受欢迎的是具有人性化的脸的机器人，参与者最不喜欢具有银色人脸的机器人，认为此类机器人最令人毛骨悚然，且具有更低的信任值。但当机器人的外表、动作和人类的相似度继续上升的时候，人类对他们的情感反应亦会变回正面。同时，机器人外观很可能会影响用户对机器人个性和心灵的看法。Ho 等研究表明，机器人与人的某些外部特征的不良混合可能是人感到怪异的原因。与此一致，Bartneck 等研究发现，有明显非人外观的机器人比极像人的机器人更受欢迎。虽然，人们喜欢与具有类人外观的机器人互动，但是，人们却不一定会信任这些机器人。

第三，正如人际信任，身体接触在人机信任中也可以增强相互的信任程度。Bainbridge 等人探讨了机器人的实体存在如何影响以机器人为社会伙伴的人的判断。他们发现相对于视频显示，当机器人物理存在时，参与者更有可能实现信任。Bevan 考察了与谈判代表“Nao”人形机器人握手之前和之后分别发起谈判的效果，结果表明握手这一实体接触动作提高了合作的概率。

第四，不同文化背景的人，对不同类型的机器人建立信任的方式不同。

从信任者的角度，机器人可以信任他人吗？承担易受伤害之风险的意愿亦是人际信任之核心。机器人的“人际”信任模型可以按照人类构建信任的途径进行设计，根据信任的心理学和社会学等研究成果，模拟人际信任的心理、认知和学习机制。按照列维克等提出的行 “算计→知识→认同”的信任发展模型[45]，信任者机器人需要对被信任者 B 进行更多的理性算计，可以根据科尔曼等提出的理性计算模型，评估信任收益大于信任成本的风险概率，并通过与 B 反复沟通，建立对 B 的知识库，最终形成对 B 做 X 的信任决策。对被信任者的理性期望、风险评估、知识构建、合作策略等进行算法建模后，逐步学习和构建机器人对他人的信任。当然，在机器人对其他人的信任中，还要按照合作模型，加入“囚徒困境”等博弈论算法，从而建立起机器人的社会合作行为。在多智能体代理、多智能机器人协调合作等领域，也已经有非常多的研究和应用成果。

人与机器人的信任、机器人对人或机器人的信任，与人类社会的人际信任相类似。机器人的信任也有从“人际”信任向系统信任过渡的趋势。机器人也必须建立对人类规范、制度、组织等的信任。同样，基于区块链技术，可以建立机器人参与的数字化系统信任。在区块链网络中，机器人只是P2P网络上与人类用户一样的机器人用户，它代理了人类用户的行为，基于区块链的多智能体的合作将是群体智能技术创新的重要方向[143]。

在数字化信任体系中，为了简化系统设计，我们做了一个假设，当前的计算节点还不具备人类的理性，智能合约也并不具备智能，只是一段简单的执行代码。那么，如果没有这个假设，计算节点配置了人工智能算法，成为一个会思考的计算节点，智能合约也具备根据环境协商调整契约的能力，那么数字化信任系统是不是能够具备学习和自我进化的能力？具备了学习和自我进化能力的区块链系统，其构建信任的原则和机制会发生哪些变化？未来智能化信任会往哪个方向发展？我们认为，这是数字化信任的未来发展趋势，但这些问题的研究不是本书讨论的重点，我们把它留给未来的研究。

6.3 数字化背叛的防御

甘贝塔（D.Gambetta）认为，被信任者“一定有退出、背叛、逃脱的可能性”[144]。施奈尔（B.Schneier）认为，所有的复杂系统中都可能存在背叛者，这是生存的支配性规律之一，背叛者就像是生命体中的病毒，他们与生命体形成寄生关系[145]。社群中存在着一些行为规则，但却无法保证足够的人能够合作并遵循这些规则。当社群的整体利益与社群中独立个体的利益相互抵触时，就会出现群体中的害群之马，当他们成长得过于庞大、过于强势、过于成功以至于最后毁灭了这个群体。因此，保证背叛势力不在群体中占据优势是很重要的，然而同等重要的是，让群体的成员相信背叛者始终处于劣势。

在区块链构成的数字化信任机制中，如果计算节点或者智能合约背后的人类有了背叛的动机，就可能产生在数字化信任中的背叛行为，这被称为作恶节点或者犯罪合约。在人类信任中，存在虚构信任值的很多恶意行为，破坏了信任[146]。数字化信任已经建立，也要防范作恶节点或者犯罪合约的欺诈和背叛行为，这些行为主要有以下几类。

（1）欺骗。这是很常见的一类恶意行为，其目的就是在交互过程中，伪装不符合实际的交易，达到欺骗的目的。例如在交易过程中，通过虚假交易来积累积分。区块链能够实现已经发生的交易不可抵赖，但自身也不能做到自动识别虚假的交易。比特币和以太坊等公有链，为了屏蔽垃圾交易，采取了交易手续费的机制。例如，每笔比特币转账手续费约为 0.001～0.0015 个比特币，比特币交易手续费的存在可以提高转账的门槛，有效防止区块链中充斥垃圾信息。以太坊的使用必须消耗燃料税 Gas，也能够防止垃圾的小额交易。

（2）偷盗。这是故意设置或利用区块链系统的代码漏洞等，或者利用用户私钥保存漏洞等，进行数字资产偷盗。程序员在编写智能合约时，很可能会有意或无意地引入安全性漏洞，成为犯罪合约[147]。例如，某些合约可能会错误地把资产发送到不受控的地址，或者资产无限期锁死，导致全网的可用代币减少等。区块链系统还存在很多无意制造的系统漏洞，这些漏洞被非法利用，也是对区块链所建立的信任的损害。例如，以太坊上的分布式自治组织 DAO 项目因为以太坊的“递归调用漏洞”被黑客攻击，丢失了 360 万个以太币，导致以太币价格暴跌，让人们对以太坊的信任程度大幅降低。

（3）合谋。这是指多个计算节点狼狈为奸。在公有链网络中，一般不会限制节点加入，所以攻击者可以通过制造大量同谋节点，完成协同欺骗。最严重的就是发起双花攻击或 51%攻击。理论上，在区块链中，只要达到51%的算力就可以发起欺诈攻击，尽管在比特币等公有链中成本巨大，但是在一个中心化程度稍高的公有链中，欺诈的成本并没有那么高。

（4）舞弊。这是指计算节点为谋私利的舞弊行为。自私挖矿（Selfish Mining）是指计算节点故意延迟公布其计算得到的新块，构造一条自己控制的私有分支，并保持长度优势，造成链的分叉，并在适当时候公布，造成诚实节点的工作无效[148]。顽固挖矿（Stubborn Minging）是对自私挖矿的拓展，可以使攻击者的收益率比自私挖矿提高 13.94%[149]。PoS 共识算法存在“无利害关系（Nothing at Stake）”的问题，即区块链发生分叉时，矿工可能会在多个分叉上同时下注，以谋取不当利益。

（5）贿赂。这是一个节点通过贿赂实现自身目的的行为。区块链贿赂攻击（Bribery Attacks）就是指在一个区块链协议之外的贿赂者通过一个条件来收购代币或者挖矿算力，从而达到攻击原有区块链的目的。

（6）取代。恶意节点通过某种欺诈方式取代正常节点，发起欺诈交易，或者发布假的信息。女巫攻击（Sybil 攻击）是指一个恶意节点非法地对外呈现出多个身份，通常把该节点的这些伪造身份称为 Sybil 节点。女巫攻击对区块链网络的主要影响体现在以下三个方面[150]。

一是虚假节点的加入。在区块链网络协议下，任何网络节点都可以向区块链网络发送节点加入请求消息，收到请求消息的区块链节点会立即做出响应，回复其邻居节点信息。利用这个过程，女巫攻击者就可以获取大量的区块链网络节点信息，分析区块链网络拓扑，以便更高效地对区块链网络进行攻击或破坏。

二是误导区块链网络节点的路由选择。节点间路由信息的实时交互是保证区块链网络正常运行的关键因素之一。每个节点只需定时地向其邻居节点宣告自己的在线情况，就能保证自己被邻居节点加入其路由表中。恶意的 Sybil 入侵者通过这个过程可以入侵正常区块链节点的路由表，误导其路由选择，大大降低区块链节点的路由更新和节点查找的效率。

三是虚假资源的发布。Sybil 攻击者一旦入侵区块链网络节点的路由表，就可以随意发布自己的虚假资源。

（7）攻击。恶意节点通过非法攻击阻止正常节点对区块链网络的访问，例如日蚀攻击或 DDos 攻击。日蚀攻击（Eclipse 攻击）是指攻击者通过侵占节点的路由表，将足够多的虚假节点添加到某些节点的邻居节点集合中，从而将这些节点“隔离”于正常区块链网络之外。当节点受到 Eclipse 攻击时，节点的大部分对外联系都会被恶意节点所控制，由此恶意节点得以进一步实施路由欺骗、存储污染、拒绝服务及 ID 劫持等攻击行为。因此，Eclipse 攻击对区块链网络的威胁非常严重。对于区块链网络来说，Eclipse 攻击破坏了网络的拓扑结构，减少了节点数目，使得区块链网络资源共享的效率大大降低。在极端情况下，它能完全控制整个区块链网络，把它分隔成若干个区块链网络区域。对于受害的区块链节点来说，它们在未知的情况下脱离了区块链网络，所有区块链网络请求消息都会被攻击者劫持，所以它们得到的回复信息大部分都是虚假的，无法进行正常的资源共享或下载。

DDoS 攻击是指将多个计算机联合起来作为攻击平台，对一个或多个目标发动攻击，从而成倍地提高拒绝服务攻击的威力。利用病毒、木马、缓冲区溢出等攻击手段入侵大量主机，形成僵尸网络，并通过僵尸网络发起 DoS 攻击。

（8）破坏。恶意节点发起扣块攻击（Sabotage）[151]，某些已加入联合采矿池的恶意成员不发布任何挖到的区块，从而降低了采矿池的收益，浪费了其他成员提供的算力。通常恶意矿工不会有任何收益，但扣块攻击的主要危害是浪费矿池算力资源，减少矿池收入，但是这样做的成本也非常高。

对数字化信任体系中的背叛行为，主要通过区块链安全技术来进行防范，见第 5 章区块链安全技术创新的相关内容。

6.4 迎接量子信息时代

量子计算将使得区块链技术的密码学机制面临巨大挑战。谷歌宣布实现量子霸权，我国“天河二号”超级计算机计算出量子霸权的标准。所谓量子霸权是指，如果能证明量子计算机在某个问题上的计算能力远远超过目前性能最好的超级计算机，就实现了量子计算机对传统计算机的霸权。

传统加密技术包括对称加密技术和非对称加密技术。对称加密技术的通信双方都知道同一组密钥，密码本身可以是安全的，但密钥的分发不安全。为了解决密钥分发安全的问题，产生了非对称加密技术，有一对公钥和私钥，公钥是公开的，私钥是隐秘的，有了私钥很容易拿到公钥，但有公钥却很难拿到私钥，并且用公钥加密的数据，只能用自己的私钥才能解密。这样就保证了信息传输的安全性。区块链就是采用了这样的非对称加密技术。

但非对称加密技术也不能保证绝对安全。理论上，量子算法能破译 Diffie-Hellman 算法、RSA 算法、椭圆曲线算法等非对称加密算法。比如经典 RSA 公钥加密算法，它是基于一个十分简单的数论事实：将两个大质数相乘十分容易，但是想要对其乘积进行因式分解却极其困难，因此可以将乘积公开作为加密密钥。但是 RSA 算法在理论上已经被量子的因数分解算法攻克了。1993 年量子计算领域著名 Shor 算法被提出来，基于量子力学的基本原理，采用 Shor 算法可以在多项式时间内实现大数因式分解，这直接威胁到了人们广泛使用的 RSA 公钥密码体系的安全性，从那之后人们开始致力于构建量子计算机和开展新型密码系统的研究。2017 年 2 月，Google 公开破解了密码学的一个主要算法 SHA-1。只要有足够的计算力，就能有效地破解算法，比特币中采用的 SHA-256 算法的攻破也许指日可待。量子计算算法对非对称加密体系的威胁较大，但对对称加密体系的影响相对较小。

这就是当前密码学的难题，对称加密技术本身是安全的，但输送密钥的环节是不安全的。非对称加密技术不需要密钥输送，但它可能被数学方法破解。

量子密钥分发是一种新兴的密码学技术，它吸收了对称和非对称加密两种技术的优点，克服了它们的缺点，实现了一种真正安全的保密通信。理论上，它是回到对称加密技术，且取消密钥信使，能让双方直接共享密钥。量子密钥是在双方建立通信之后，通过双方的一系列操作产生出来的。利用量子力学的特性，可以使双方同时在各自手里产生一串随机数，而且不用看对方的数据就能确定对方的随机数序列和自己的随机数序列是完全相同的。这串随机数序列就被用作密钥。

量子密钥的产生过程同时就是分发过程。整个量子保密通信的全过程分为两步。第一步是密钥的产生，这一步用到量子力学的特性，需要特别的方案和设备。第二步是密文的传输，这一步就是普通的通信，可以利用任何现成的通信方式和设施。量子密钥分发可以建立起安全的通信密码，通过“一次一密”的加密方式实现点对点的安全通信。这里的安全性在数学上已经获得严格证明，是传统通信迄今为止做不到的。任何截获或测量量子密钥的操作都会改变量子状态，从而确保两地之间通信的绝对可靠。现有的量子密钥分发技术可以实现百千米量级的量子密钥分发。量子通信可能又提供了另外一种加密的新方式，量子密钥分发保证了密钥的绝对安全。

当前，量子区块链已经被学术界提出来成为学术研究领域的一个热点，它就是结合了区块链的分布式共识和量子密钥分发等技术的综合技术解决方案。所以，量子信息可能不是区块链的终结，而是区块链的开始。

密码学历来是在编码和破译、攻击和防守、矛和盾的对抗中发展起来的，量子计算时代也可构造抗量子密码体制，比如多变量公钥密码体制、基于 Hash 函数的数字签名方案、基于纠错码的密码体制和基于格的密码体制等。针对量子密钥攻击，应研究抗量子密码算法，业界已提出了基于格上困难问题的密码算法和基于纠错码的密码算法等,为“区块链”提供新的技术元素，将其改造成基于量子科学的一种新的技术体系，例如内存复杂的 PoW 算法、类 BFT 共识协议+格密码学等。

在未来的量子时代，基于区块链技术的加密货币或许将继续存在，只不过它可能会采用更先进的抗量子密码技术。在量子时代，一种新型的基于量子技术的货币形态——量子货币或将登上历史舞台[152]。量子货币本质上是一种基于密码学的数字货币，其优于经典数字货币的核心是利用量子叠加态和量子计算而实现的量子防伪技术。1969 年，美国哥伦比亚大学研究生 Stephen Wiesner 首次提出量子货币的概念，经过 50 年的发展，量子货币验证机制、量子货币私钥、量子货币公钥、量子支票、量子货币防伪、量子货币双花、量子货币验钞等技术方案被科学家提出和研究。

量子计算正加速发展，量子时代已不再遥远，数字化信任的形态和内涵扩展将如何演变，让我们共同探寻。

参考文献

[1] Satoshi Nakamoto. Bitcoin: A Peer-to-Peer Electronic Cash System. Bitcoin.org, 2008.

[2] Vitalik Buterin. Vitalik.ca, Nov.2013.

[3] 贵阳市人民政府新闻办公室. 贵阳区块链发展和应用白皮书[M]. 贵阳：贵州人民出版社, 2017: 1.

[4] World Economic Forum. Deep Shift Technology Tipping Points and Societal Impact[R]，Sep.2015.

[5] McKinsey & Company. Blockchain beyond the hype: What is the strategic business value[R], Jun.2018.

[6] The Promise of the Blockchain: The Trust Machine[J]. Economist, 2015, 31.

[7] Arvind Krishna. How blockchain will transform business and society[R]. IBM, Dec.2015.

[8] Goldman Sachs. Emerging Theme Radar: the Blockchain Could Disrupt Everything[R], Dec.2015.

[9] Glodman Sachs, Blockchain: Putting Theory into Practice[R], May.2016.

[10] 专题：央行数字货币研究与探讨[J]. 中国金融, 2016, 17.

[11] 范一飞. 关于央行数字货币的几点考虑. 中国人民银行官方微信公众号. (2019-08-21).

[12] 易纲. 庆祝新中国成立 70 周年活动新闻中心首场新闻发布会讲话.新华网. (2019-09-24).

[13] Mark Walport. Distributed ledger technology: beyond block chain[R]. The Government Office for Science of UK, Jan.2016.

[14] Monetary Authority of Singapore(MAS). The future is here Project Ubin: SGD on Distributed Ledger[R], Mar.2017.

[15] 克里斯蒂娜·拉加德.欧洲议会 ECON 委员会上的介绍性发言. Blockchain.News 中文网. (2019-12-02).

[16] Luisa Geiling. Distributed Ledger: The technology behind virtual currencies: the example of blockchain. Deutsch BaFin. (2016-01-03).

[17] Villeroy de Galha. 法国审慎监管管理局(ACPR)会议发言.(2019-12-04).

[18] Lael Brainard. Digital Currencies, Stablecoins, and the Evolving Payments Landscape. The Fed[R]. (2019.10.16).

[19] Stephen Murchison. Central Bank Money: The Next Generation. Bank of Canada[R]，Oct.2019.

[20] 翟学伟, 薛天山. 社会信任：理论及其应用[M]. 北京：中国人民大学出版社, 2014.

[21] 郑也夫. 信任论[M]. 北京：中信出版社, 2015.

[22] M. Deutsch. Trust and Suspicion[J]. Journal of Conflict Resolution, 1958, 2: 265-279.

[23] Julian B Rotter. Interpersonal Trust, Trustworthiness, and Gullibility[J]. American Psychologist, 1980, 35:

1-7.

[24] C.F. Sabel. Studied Trust: Building New Forms of Cooperation in a Volatile Economy[J]. Human Relations，1993, 46(9): 1133-1170.

[25] 肯尼斯·阿罗. 组织的极限[M]. 万谦译. 北京：华夏出版社，2006.

[26] Fred Hirsch. The Social Limits to Growth[M]. Routledge & Kegan Paul Ltd, 1977.

[27] 道格拉斯.C.诺思. 制度、制度变迁与经济绩效[M]. 刘守英译. 上海：上海三联书店出版，1994: 37-47.

[28] 马克·格兰诺维特. 社会与经济：信任、权力与制度[M]. 罗家德译. 北京：中信出版社，2019.

[29] 西美尔. 货币哲学[M]. 陈戎女等译. 北京：华夏出版社, 2002.

[30] 詹姆斯.S.科尔曼. 社会理论的基础(上，下)[M]. 北京：社会科学文献出版社, 1999.

[31] 尼克拉斯·卢曼. 信任——一个社会复杂性的简化机制[M]. 瞿铁鹏译. 上海：上海人民出版社, 2005.

[32] 弗朗西斯·福山著. 信任：社会美德与创造经济繁荣[M]. 郭华译. 南宁：广西师范大学出版社, 2016.

[33] 罗伯特·D·帕特南. 使民主运转起来：现代意大利的公民传统[M]. 王列、赖海榕译. 北京：中国人民大学出版社, 2015.

[34] 罗素·哈丁. 我们要信任政府吗：马克·E·沃伦. 民主与信任[G]. 吴辉译. 北京：华夏出版社, 2004.

[35] 马克·E·沃伦. 民主与信任[G]. 吴辉译. 北京：华夏出版社, 2004.

[36] 彼得·什托姆普卡. 信任:一种社会学理论[M]. 北京：中华书局出版, 2005.

[37] J.D.Lewis, A.Weigert. Trust as a Social Reality[J]. Social Forces, 1985, 63(4): 967-985.

[38] D.J.McAllister. Affect and Cognition based Trust as Foundations for Interpersonal Cooperation in Organizations[J]. Academy of Management Journal, 1995, 38(1): 24-59.

[39] A.J.Weigert. Sociology of Every day Life[M]. Longman, 1981.

[40] Lynne G Zucker. Production of trust: Institutional sources of economic structure 1840 -1920[J]. Research into Organizational Behavior, 1986, 8: 53-111.

[41] S.B.Sitkin, N.L.Roth. Explaining the Limited of Legalistic "Remedies" for Trust/Distrust[J]. Organization Science, 1993, 4: 367-392.

[42] 周怡. 信任模式的社会建构[N]. 光明日报, 2013-08-31(11).

[43] 杨中芳，彭泗清. 中国人人际信任的概念化：一个人际关系的观点[J]. 社会学研究，1999，2.

[44] Toshio Yamagishi，Midori Yamagishi. Trust and commitment in the United States and Japan[J]. Motivation and Emotion, 1994, 18(2): 129-166.

[45] R.J.Lewick, B.B.Bunker. Developing And Maintaining Trust In Work Relationship[G]. In Kramer&Tyler(Eds), Trust in Organizations. Thousand Oaks, CA: Sage, 1996.

[46] M.Granovetter. Economic Action and Social Structure: The Problem of Embeddedness[J]. American Journal of Sociology, 1985, 91(3): 481-510.

[47] 罗纳德·S.伯特. 结构洞: 竞争的社会结构[M]. 任敏、李璐、林虹译. 上海: 汉语大词典出版社, 2008.

[48] R.C.Mayer, J.H.Davis, F.D.Schoorman. An Integrative Model of Organizational Trust[J]. Academy of Management Review, 1995, 20: 709-734.

[49] 埃米尔·涂尔干. 社会分工论[M]. 渠东译, 上海: 生活·读书·新知三联书店, 2000.

[50] 安东尼·吉登斯. 现代性的后果[M]. 田禾译. 南京: 译林出版社, 2000.

[51] Roger V.Gould, Roberto M. Fernandez. Structures of Mediation: A Formal Approach to Brokerage in Transaction Networks[J]. Sociological Methodology, 1989, 19: 89–126.

[52] 李礼辉. 五大举措构建数字社会信任机制.在第十五届中国国际金融论坛上的讲话. 新浪财经. (2018-12-15).

[53] Leslie Lamport, Robert Shostak, Marshall. The Byzantine General Problem[J], ACM Transactions on Programming Languages and Systems. 1982, 4(3).

[54] 罗伯特·阿克塞尔罗德. 合作的进化[M]. 吴坚忠译, 上海: 上海世纪出版集团, 2007.

[55] Nirmalya Kumar. The Power of Trust in Manufacturer-Retailer Relationships[J]. Harvard Business Review, 1996, 11-12.

[56] Adam Back. Hashcash- a denial of service counter measure, 2002.

[57] Sunny King, Scott Nadal. Ppcoin: Peer-to-peer crypto-currency with proof-of-stake. self-published paper, Aug.2012.

[58] Miguel Castro, Barbara Liskov. Practical Byzantine Fault Tolerance[C]. Proceedings of the Third Symposium on Operating Systems Design and Implementation. Laboratory for Computer Science. Massachusetts Institute of Technology, 1999.

[59] 理查德·道金斯. 自私的基因(40 周年增订版)[M]. 卢允中等译. 北京: 中信出版社, 2018.

[60] 理查德·乔伊斯. 道德的演化[M]. 刘鹏博、黄素珍译. 南京: 译林出版社, 2017.

[61] 央视货币纪录片主创团队. 货币[M]. 北京: 中信出版社, 2012.

[62] 熊比特. 经济分析史[M]. 北京: 商务印书馆, 1996, 第一卷.

[63] 姚前. 中国法定数字货币原型构想[J]. 中国金融, 2016, 17.

[64] 王永红. 数字货币技术实现框架[J]. 中国金融, 2016, 17.

[65] 范一飞. 稳妥推进数字化形态法定货币出台应用[N]. 第八届中国支付清算论坛讲话稿. 上海证券报, 2019-11-28.

[66] 周小川. 央行数字货币: 在清华大学五道口金融学院的专题讲座[J]. 中国金融, 2019, 8.

[67] 刘晓春. 中国央行数字货币的七大猜想. 财新网. (2019-12-06).

[68] 卡尔·马克思. 资本论[M]. 北京: 中国社会科学出版社, 1983.

[69] 王哲, Lucy Lu. 稳定币的前世今生, 一文看懂稳定币经济体系重要性.巴比特资讯. (2018-08-07).

[70] Tobias Adrian. From Stablecoins to Central Bank Digital Currencies. IMF. (2019-09-26).

[71] 周子衡. 中央银行发行法定数字货币的五个问题[J]. 清华金融评论, 2017, 4.

[72] 周子衡. 账户——新经济与新金融之路[M]. 北京: 社会科学文献出版社, 2017.

[73] 孟岩. 通证经济是一种高维经济. 搜狐网. (2018-08-14).

[74] 冯迪凡, 周艾琳. 经济学诺奖着眼世界运转的契约设计[N]. 第一财经日报, 2016-10-11.

[75] B.Holmström. Moral Hazard and Observability[J]. Bell Journal of Economics, 1979, 10 (1): 74-91.

[76] 哈特. 企业、合同与财务结构[M]. 费方域译. 上海: 上海人民出版社, 2006.

[77] S. J. Grossman, O. D. Hart. The Costs and Benefits of Ownership: A Theory of Lateral and Vertical Integration[J]. Journal of Political Economy, 1986, 94(4): 691-719.

[78] 奥利弗·E.威廉姆森. 资本主义经济制度: 论企业契约与市场签约[M]. 段毅才、王伟译. 北京: 商务印书馆, 2002.

[79] 赵刚. 区块链: 价值互联网的基石[M]. 北京: 电子工业出版社, 2016.

[80] 马智涛. 分布式技术催生分布式商业. 新浪网. (2019-07-26).

[81] 区块链在贸易金融领域应用发展情况分析. 链门户. (2018-05-25).

[82] Olivier Rikken. Why Blockchain Could Enable a True P2P Insurance Model. Coindesk. (2016-04-23).

[83] Emmanuelle Ganne. Can Blockchain revolutionize international trade[R]. WTO, Nov.2018.

[84] 国网电商公司. 深度解析: 国家电网区块链技术应用十大场景. 北极星电力网. (2019-12-26).

[85] 百度发展研究中心, 百度区块链系统部. 区块链之问[R], 2019.

[86] 北京打造“目录区块链”10 分钟解决数据共享难题[N]. 新京报, 2019-11-04.

[87] 黄军甫, 曹小艺. 区块链技术在政府数据开放中的实现路径[J]. 延安大学学报, 2018, 10.

[88] 克雷默，泰勒. 组织中的信任[M]. 管兵、刘穗琴译. 北京: 中国城市出版社出版, 2003.

[89] Dietlind Stolle. Bowling Together, Bowling Alone: The Development of Generalized Trust in Voluntary Associations[J]. Political Psychology, 1998, 19: 497-526.

[90] 海伦.微软、百度相继布局, DID 是数字化进程的必然选择吗. 巴比特资讯. (2019-11-27).

[91] Partha Dasgupta. Trust as a commodity[G]. in Diego Gambetta(ed.). Trust. Making and Breaking Cooperative Relations. New York: Blackwell, 1988: 49-72.

[92] 巴伯. 信任, 信任的逻辑与局限. 牟斌等译. 福州: 福建人民出版社, 1989.

[93] 叶初升, 孙永平. 信任问题经济学研究的最新进展与实践启示[J]. 国外社会科学, 2005, 3.

[94] 倪鹏飞. 扬长避短推动长三角一体化高质量发展[N]. 中国城市报, 2019-08-19(16).

[95] Leslie Lamport. Paxos Made Simple[J]. ACM SIGACT News, 2001, 32(4): 51-58.

[96] Diego Ongaro, John Ousterhout. In Search of an Understandable Consensus Algorithm. Stanford University. (2014-06-19).

[97] Y.Gilad, R.Hemo, S.Micali, G.Vlachos, N.Zeldovich. Algorand: Scaling Byzantine Agreements for Cryptocurrencies. Cryptology ePrint Archive, 2017, 454.

[98] Hyperledger Sawtooth. PoET 1.0 Specification.

[99] Decred: PoW+PoS 如何达到去中心化的乌托邦. 链得得百家号. (2019-05-26).

[100] BM 与 V 神再次交锋, EOS 针对 DPOS BFT 共识机制做出改进. 金色财经. (2018-05-16).

[101] 袁勇，倪晓春，曾帅．区块链共识算法的发展现状与展望[J]．自动化学报, 2018, 44(11): 2011-2022.

[102] Vitalik Buterin. Sidechains vs Plasma vs Sharding. (2019-06-12).

[103] L. Luu, V. Narayanan, C. Zheng, K. Baweja, S. Gilbert, P. Saxena. A Secure Sharding Protocol For Open Blockchains[C]. In Proceedings of the 2016 ACM SIGSAC Conference on Computer and Communications Security. New York :CCS '16, 2016: 17–30.

[104] Zilliqa team. Zilliqa Technical Whitepaper, Aug.2017.

[105] E.Kokoris-Kogias, P. Jovanovic, L. Gasser, N. Gailly, E. Syta, B.Ford. OmniLedger: A Secure, Scale-Out, Decentralized Ledger via Sharding, Cryptology ePrint Archive, 2017, 406.

[106] M.Zamani, M.Movahedi, M.Raykova. RapidChain: Scaling Blockchain via Full Sharding[C]. the 2018 ACM SIGSAC Conference, Oct.2018.

[107] Joseph Poon, Thaddeus Dryja. The Bitcoin Lightning Network:Scalable Off-Chain Instant Payments, Jan.2016.

[108] Miller, I.Bentov, R.Kumaresan, C.Cordi, P.McCorry. Sprites and State Channels: Payment Networks that Go Faster than Lightning, arXiv:1702.05812v2.

[109] 胡凯，白晓敏，高灵超，董爱强．智能合约的形式化验证方法[J]．信息安全研究, 2016, 2(12).

[110] 中国计算机学会区块链专委会．区块链关键技术研究进展. (2019-11-26).

[111] S. Goldwasser, S. Micali, C. Rackoff. The knowledge complexity of interactive proof systems[J]. SIAM J. on Computing, 1989, 18: 186-208.

[112] Craig Gentry. A Fully Homomorphic Encryption Scheme [D]. Standford University, 2009.

[113] Oded Goldreich. Secure Multi-Party Computation, Mar.1999.

[114] Andrew Poelstra. Mimblewimble, Oct.2016.

[115] Sergio Demian Lerner. DagCoin Draf, Sep.2015.

[116] 李博．先解决这四大问题再谈论区块链吧．巴比特资讯. (2016-02-17).

[117] 姚前．数字资产和数字金融．第五届区块链全球峰会上的演讲稿．亿欧网. (2019.09.24).

[118] 中国互联网金融协会区块链专题调研组．区块链技术在金融领域应用调查研究[J]．清华金融评论, 2019, 11.

[119] Gartner. 2023 年的战略物联网趋势和技术研究报告[R], Nov.2018.

[120] P. G.Lopez, A.Montresory, A.Dattaz. Please. Do not decentralize the Internet with (permissionless) blockchains. arXiv: 1904.13093. (2019. 04. 30).

[121] Kate. What Do IoT & Blockchain Have in Common. Letstalkpayments. (2015-10-08).

[122] R. Jim´enez, F. Osmani, B. Knutsson. Connectivity properties of mainline bittorrent dht nodes[C]. in Proc. of the 9th Int.Conf. on Peer-to-Peer Computing. IEEE, 2009: 262–270.

[123] 中共中央关于坚持和完善中国特色社会主义制度推进国家治理体系和治理能力现代化若干重大问题的决定．中国政府网. (2019-11-05).

[124] N.M.Richards, J. King. Three Paradoxes of Big Data[J]. Stanford Law Review Online, 2013, 4.

[125] 大数据战略重点实验室，连玉明主编. 数权法 1.0 数据的理论基础[M]. 北京：社会科学文献出版社, 2018.

[126] M.Ball, A.Rosen, M.Sabin, P. N.Vasudevan. Proofs of useful work[C]. IACR Cryptology ePrint Archive, 2018, 203.

[127] Baldominos, Y.Saez. Coin.AI: A proof of-useful-work scheme for blockchain-based distributed deep learning. CoRR. arXiv 1903.09800. (2019-07-25).

[128] Lihu, J.Du, I.Barjaktarevic, P.Gerzanics, M.Harvilla. A Proof of Useful Work for Articial Intelligence on the Blockchain. arXiv: 2001-09244. (2020-01-25).

[129] 草棚. 联邦学习. CSDN 网. (2019-04-27).

[130] Eduardo Castell´o Ferrer. The blockchain: a new framework for robotic swarm systems[C]. In Proceedings of the Future Technologies Conference, 2018: 1037–1058.

[131] Jorge Pe˜na Queralta, Tomi Westerlund. Blockchain-Powered Collaboration in Heterogeneous Swarms of Robots. arXiv:1912.01711. (2020-01-20).

[132] 国际货币基金组织：中央银行已被挑战，加密货币或将成为“未来的货币”. Odaily 星球日报搜狐号. (2018-06-06).

[133] Richard Boyle, Phillip Bonaci. The Development of Trust and Mistrust in Mixed-Motive Games[J]. Sociometry, 1970, 33(2): 123-139.

[134] 马科斯·韦伯. 新教伦理和资本主义精神[M]. 苏国勋、覃方明、赵立玮、秦明瑞译. 北京：社会科学文献出版社, 2010.

[135] Paul J. DiMaggio, Walter W. Powell. The iron cage revisited: Institutional isomorphism and collective rationality in organizational fields[J]. American Sociological Review, 1983, 48: 147-160.

[136] Ori Brafman, Rod Beckstrom. The Starfish and the Spider[M]. Portfolio Hardcover，2006.

[137] Decentralized Autonomous Organization (DAO). Steem Center.

[138] Dan Larimer. The Hidden Costs of Bitcoin. Letstalkbitcoin. (2013-09-07).

[139] Vitalik Buterin. Bootstrapping a Decentralized Autonomous Organization Part I.II.III. Bitcoin Magazine. (2013-09-20).

[140] Philippe Honigman. What is a DAO. Hackernoon. (2019-07-04).

[141] 丁文文，王帅，李娟娟，袁勇，欧阳丽炜，王飞跃. 去中心化自治组织：发展现状、分析框架与未来趋势[J]. 智能科学与技术学报, 2019, 1(2): 202-213.

[142] Yunxia Cao. Exploring the Influencing Factors of Human-Robot Trust from the Perspective of Interpersonal Trust[J]. Advances in Social Sciences, 2018, 7(4), 556-561.

[143] Ilya Afanasyev et al. Towards Blockchain-based Multi-Agent Robotic Systems: Analysis, Classification and Applications. arXiv:1907.07433. (2019-07-17).

[144] Diego Gambetta. Mafia: the price of distrust[G]. in Trust. Making and Breaking Cooperative Relations. New York: Blackwell, 1988: 218-219.

[145] 布鲁斯·施奈尔. 我们的信任——为什么有时信任，有时不信任[M]. 徐小天译. 北京：机械工业出

版社, 2013.

[146] 何颖，侯雅婷. 信任机制研究综述[J]. 软件导刊, 2017, 16(6).

[147] Juels, A.E.Kosba, E.Shi. The Ring of Gyges: Investigating the Future of Criminal Smart Contracts[C]. Proceedings of the 2016 ACM SIGSAC Conference on Computer and Communications Security, 2016: 283–295.

[148] Eyal, E.G. Sirer. Majority is not enough: Bitcoin mining is vulnerable[J]. Communications of the ACM, 2018, 61(7): 95-102.

[149] K. Nayak, S. Kumar, A. Miller, E. Shi. Stubborn mining: Generalizing selfish mining and combining with an eclipse attack[C]. 2016 IEEE European Symposium on Security and Privacy (EuroSP), 2016: 305–320.

[150] 区块链安全: 基于区块链网络攻击的方式原理详解. 天下数据. (2018-06-19).

[151] N. T. Courtois, L. Bahack. On subversive miner strategies and block withholding attack in bitcoin digital currency. arXiv:1402.1718. (2014-12-02).

[152] 姚前. 量子货币: 一种学术假想[J]. 清华金融评论, 2019, 12.

反侵权盗版声明

举报电话：(010)88254396；(010)88258888

传　　真：(010)88254397

E－mail　：dbqq@phei.com.cn

通信地址：北京市万寿路 173 信箱

电子工业出版社总编办公室

邮　　编：100036